GUIDO KNOPP

Die Wehrmacht

W0039906

Guido Knopp

Die Wehrmacht

Eine Bilanz

In Zusammenarbeit
mit Alexander Berkel, Christoph Gunkel,
Peter Hartl, Sönke Neitzel, Mario Sporn

Redaktion: Mario Sporn

GOLDMANN

Umwelthinweis:
Alle bedruckten Materialien dieses Taschenbuches
sind chlorfrei und umweltschonend.

1. Auflage
Taschenbuchausgabe Juli 2009
Wilhelm Goldmann Verlag, München,
in der Verlagsgruppe Random House GmbH
Copyright © der Originalausgabe 2007
by C. Bertelsmann Verlag, München,
in der Verlagsgruppe Random House GmbH
Lizenz durch: ZDF Enterprises GmbH
© ZDF (2007)
- Alle Rechte vorbehalten -
Umschlaggestaltung: UNO Werbeagentur, München
unter Verwendung des HC-Motivs
(R·M·E Roland Eschlbeck/ Rosemarie Kreuzer)
Umschlagfoto: AKG, Berlin
GJ · Herstellung: Str.
Druck und Bindung: CPI Clausen & Bosse, Leck
Printed in Germany
ISBN: 978-3-442-15561-3

www.goldmann-verlag.de

Inhalt

Die Wehrmacht

Eine Bilanz

Fast 18 Millionen Männer dienten in ihr, mehr als fünf Jahre führte sie den wohl blutigsten Krieg der Weltgeschichte, hielt zeitweise halb Europa besetzt und endete doch in der totalen Niederlage: Hitlers Wehrmacht war mehr als nur die größte kriegführende Armee der deutschen Geschichte; sie war ein Millionenheer, das einen größeren Machtbereich besetzte als je eine deutsche Streitmacht zuvor. Auf die Person des Tyrannen persönlich vereidigt, verkam sie zum Werkzeug der Diktatur und zum Erfüllungsgehilfen des wahnhaften Rassekriegs – gehorsam bis zum eigenen Untergang: Fast fünf Millionen Wehrmachtsoldaten kamen im Krieg oder in der Gefangenschaft ums Leben.

Zehn Jahre, nachdem die Ausstellung »Verbrechen der Wehrmacht« für einen einzigartigen und dauerhaften Streit in Deutschland gesorgt hat, ist es an der Zeit, eine Bilanz der Wehrmacht zu ziehen. Viele Zeitzeugen sind nun in einem Alter, in dem sie noch befragt werden können, in dem die Zurückhaltung früherer Tage dem Bedürfnis weicht, die oft bedrückenden, traumatischen Erlebnisse mitteilen zu können.

Die »Wehrmachtdebatte« hat eine Vielzahl von Forschungen angestoßen, die es uns heute ermöglichen, ein neues und differenziertes Bild zu zeichnen. Zumal in den Archiven Osteuropas aus neuen Quellen geschöpft werden konnte. Überdies wurde ein großer Fundus von Protokollen des britischen Geheimdienstes ausgewertet, der die Gespräche deutscher Generäle und hoher Offiziere in der Gefangenschaft belauscht und aufgezeichnet hat. Deren Aussagen vermitteln neue, ungeschminkte Erkenntnisse zu der Frage, wie namhafte Militärs den Krieg und die Verbrechen sahen und inwieweit sie selbst verstrickt waren.

Dabei geht es nicht nur um die Institution Wehrmacht, sondern auch um ihre Akteure – die Generäle, die Offiziere, die Unteroffiziere und Soldaten, um »ganz gewöhnliche Männer« in der Armee. Eine Truppe gehorsamer »Jawoll«-Sager? Oder ein Millionenheer missbrauchter junger Männer?

Wie konnte die durch die Bestimmungen des Versailler Vertrags eingeschränkte Armee derart aufrüsten, dass sie in den ersten Kriegsjahren überaus schlagkräftig war? Wie gerieten die deutschen Streitkräfte in den Sog des Regimes, wie veränderte sich das Verhältnis zu Hitler? Wie wurde aus der »Wehrmacht« eine Vernichtungs-Kriegsmacht? Wie ließ sie sich in Verbrechen gegen die Menschlichkeit verstricken? Was wussten die Soldaten von den Verbrechen an der Front und hinter der Font? Warum gab es nur so wenig Widerstand? Und wie gelang es dem Regime, die Wehrmacht in einem aussichtslosen Kampf bis zum bitteren Ende an sich zu binden?

Im Zentrum stehen authentische Schicksale von Offizieren und Soldaten, die spiegeln, wie sich das Selbstverständnis, die Handlungsspielräume, die Erfahrungen von Sieg und Niederlage in Hitlers Heer wandelten – und es geht um Menschen anderer Nationen, die gegen deutsche Soldaten kämpfen mussten, unter ihrer Besatzung lebten oder litten. Sie berichten aus verschiedenen Perspektiven, welche Erfahrungen sie mit der Wehrmacht verbinden.

Angriff auf Europa

Als die Wehrmacht am 1. September 1939 Polen angriff, war ganz Europa überrascht von der Schlagkraft einer Armee, die noch sechs Jahre zuvor nur aus 100 000 Mann bestanden und weder Flieger noch Panzer besessen hatte. Leistete die alte »Reichswehr« noch auf eine Verfassung den Eid, gab es seit 1934 das Treuegelöbnis auf Hitler persönlich. Es war ein Schritt zur Sicherung bedingungsloser Gefolgschaft – mit fataler Wirkung.

Viele Deutsche hatten sich nach 1935 für eine Laufbahn in der Armee entschieden oder fanden Arbeit in den Rüstungsbetrieben, denen die Nazis nun die Auftragsbücher füllten. Doch der Krieg war eine Sache der Generalität. Anders als 1914 gab es 1939 unter der Bevölkerung und unter den Soldaten wenig Kriegsbegeisterung. Einige der Generäle freilich hatten Hitler schon im Februar 1933 zumindest nicht widersprochen, als der

»Lebensraum im Osten« als sein Ziel angab. Die Sehnsucht nach Revanche für die Niederlage von 1918 machte es dem Staatschef leicht, die Reichswehrführung auf sich einzuschwören. Das Verhalten hoher Militärs wie Walther von Brauchitsch zeigt, dass die scheinbar »unpolitischen« Kriegshandwerker Hitlers unbedingtem Eroberungswillen nichts entgegenzusetzen hatten. Die Zweifler in der Reichswehrführung waren längst kaltgestellt worden, und Staatsstreichpläne, wie sie von Ludwig Beck und Franz Halder erdacht wurden, erwiesen sich mangels Gelegenheit und vor allem Entschlossenheit als Makulatur.

Der Polenfeldzug war nach sechs Wochen beendet. Schon hier, nicht erst in Russland, war die Kriegführung nach Hitlers Willen äußerst brutal. Erste Kriegsverbrechen wurden verübt, Tausende von polnischen Soldaten und Zivilisten widerrechtlich exekutiert. Überdies wurden im Rücken der Wehrmacht von SS-Einheiten Dörfer zerstört und Zivilisten ermordet, die Bevölkerung fast rechtlos gemacht. Nur wenige aus der Wehrmacht erhoben, wie General Johannes Blaskowitz, Einspruch – auch mit dem Argument, die Polen würden so erst recht in den Widerstand gegen die Deutschen getrieben. Solche Kritiker ließ Hitler rasch ablösen: Blaskowitz musste gehen.

Der Sieg über Frankreich im Juni 1940, der entgegen der Legende an einem seidenen Faden hing, wurde zu einem folgenschweren Triumph. Denn es war Hitler, der die Strategie eines talentierten Generals wie Erich von Manstein gegen den Widerstand der Heeresführung um Halder durchgesetzt hatte und recht behielt. Obschon der Diktator bei Dünkirchen einen vielleicht kriegsentscheidenden Fehler beging – die Niederlage des sogenannten »Erbfeindes« verlieh ihm wenigstens nach außen hin die Aura der Unbesiegbarkeit.

Wende des Krieges

Als Hitler befahl, Pläne für einen Angriff auf die Sowjetunion zu entwerfen, war der Widerstand der Generäle schwach. Dabei war es ein Vabanquespiel, in das Hitler die Wehrmacht schickte. Denn was der Diktator schon von Anfang an geplant hatte – Lebensraum im Osten zu erobern –, folgte keiner militärischen Logik. Die Propagandathese, mit einem Präventivkrieg einem Angriff der Sowjetunion zuvorzukommen, wurde dennoch von vielen Soldaten geglaubt.

Die meisten von ihnen waren überrascht und beunruhigt, als am 22. Juni 1941 der bis dahin geheime Plan zum Überfall auf die Sowjetunion Wirklichkeit wurde. Fatal auch hier, dass die schnellen Siege der ersten Wochen offenbar nahtlos an den Krieg der ersten beiden Jahre anzuknüpfen schienen.

Anders als an der Westfront oder in Afrika wurden im Rücken der Ostfront die Einsatzgruppen der SS aktiv, die Jagd auf Menschen machten, vor allem auf Juden. Die Besatzung, die viele Soldaten mit ihrer Kamera dokumentiert haben, folgte der Logik des totalen Krieges: Geiseln wurden erschossen, das Land ausgeplündert, die Bevölkerung als Feind behandelt. Dies war der Krieg, in dem auch Einheiten der Wehrmacht sich in zahlreiche Verbrechen verstrickten.

Im Dezember 1941 kulminierte die Entwicklung: Der Angriff auf Moskau scheiterte, die USA traten in den Krieg ein. Die Wehrmacht kämpfte an immer mehr Fronten. Oft griff Hitler direkt ins Geschehen ein. Die meisten Generäle ließen das zu – manche aus Überzeugung, etliche aus Furcht vor den Wutausbrüchen des Diktators, der nun selbst die einstigen »Helden« entließ, wie den Panzergeneral Guderian. Tatsache ist aber auch, dass viele Generäle Dotationen und Rittergüter erhielten. So entmündigte Hitler die Militärs und stempelte sie zu Sündenböcken.

Die Wehrmacht geriet so zur Armee Hitlers, der sie in ausweglose Situationen manövrierte. Mehr und mehr hieß die Devise »Alles oder nichts«: »Wenn das deutsche Volk einmal nicht mehr stark und opferbereit genug ist, sein eigenes Blut für seine Existenz einzusetzen, so soll es vergehen und von einer anderen, stärkeren Macht vernichtet werden.« Aus dem Angriffskrieg wurde ein selbst provozierter Überlebenskampf, und Hitler nahm die Wehrmacht in die selbstzerstörerische Pflicht.

In diesem Buch berichten ehemalige Soldaten, wie sich der Krieg im Osten radikalisierte, wie sie die Wende vor Moskau erlebten, wie das Vertrauen in die Führung nach und nach schwand, wie sich vor Stalingrad die Propagandabilder mehr und mehr als Lügen entlarvten und wie es dennoch keine Möglichkeit zu geben schien, dem Krieg den Rücken zu kehren – es sei denn durch Desertieren.

Verbrechen der Armee

In jüngster Zeit ist die Frage nach den Verbrechen der Wehrmacht genauer erforscht worden. Erbitterte Auseinandersetzungen in der Öffentlichkeit haben neue Studien angestoßen. Das Ergebnis ist facettenreich: Es gab zahlreiche Verbrechen, vor allem an der Ostfront, gegen Zivilisten und Soldaten, an denen Einheiten der Wehrmacht beteiligt waren. Und es gab immer wieder deutsche Soldaten, die der Stimme ihres Gewissens folgten. Verallgemeinerungen sind gerade hier nicht zulässig. Begriffe wie »manche«, »viele« oder »alle« haben einen schalen Beigeschmack. Viele hatten wenig und wenige hatten viel zu verantworten. Zumindest aber waren es »allzu viele«, die nicht nur von Verbrechen wussten, sondern diese auch mit begangen haben. Nach konservativen Schätzungen waren zumindest fünf Prozent der Wehrmachtsoldaten an Verbrechen beteiligt. Das wären allein an der Ostfront rund 500 000 Mann gewesen.

Der berüchtigte »Kommissarbefehl« verlangte die sofortige Erschießung der politischen Kommissare der Roten Armee, wenn sie in Gefangenschaft gerieten. Lange wurde behauptet, dieser Befehl sei nur in Ausnahmefällen befolgt worden. Tatsächlich hat die Auswertung der deutschen Akten ergeben, dass der Kommissarbefehl bei über 80 Prozent der deutschen Divisionen ausgeführt worden ist.

Gerade aus den abgehörten Gesprächen der gefangenen deutschen Offiziere in britischem Gewahrsam wird deutlich, dass die Wehrmacht sowohl an Kriegsverbrechen gegen die sowjetische Zivilbevölkerung beteiligt war als auch am Massentod der Kriegsgefangenen. Und eben auch am Holocaust: Die Generäle sprachen ebenso freimütig über Euthanasie und Geiselerschießungen wie über die Ermordung von Juden. In diesen Gesprächen kommt unmissverständlich zum Ausdruck, dass Verbrechen eben nicht nur die SS betrafen, sondern auch der Wehrmacht zur Last gelegt werden müssen.

Doch es gab vereinzelt Männer, die verbrecherische Befehle umgingen. Männer wie beispielsweise der Oberstleutnant Horst Drossel. Ihr Beispiel zeigt, dass sich trotz alledem auch immer wieder Handlungsspielraum auftat für Menschlichkeit. Es sind die stillen Helden des verbrecherischen Krieges.

Widerstand in Uniform

Die Wehrmacht war nach 1933 der einzige Machtfaktor, der noch in der Lage gewesen wäre, dem NS-Regime die Stirn zu bieten. Deshalb war – trotz der Vielzahl anderer Widerstandsgruppen und -formen – die Opposition aus den Reihen der Wehrmacht als einzige Erfolg versprechend.

Was die wenigen Männer des militärischen Widerstands am Ende einte, war die Überzeugung, dass der NS-Staat ein amoralischer, verbrecherischer Anschlag auf das Weltgewissen war, dass Deutschland auf eine Katastrophe zusteuerte, wenn Hitler nicht beseitigt werden würde. Viele der Verschwörer hatten dem Diktator anfangs voller Begeisterung gedient. Und manche waren selbst in den Vernichtungskrieg verstrickt gewesen. Truppenführer wie Erich Hoepner oder Karl-Heinrich von Stülpnagel übertrafen in Armeebefehlen noch die antisemitischen Sprachregelungen aus dem Oberkommando der Wehrmacht.

Auch Stabsoffiziere wie etwa Henning von Tresckow oder Philipp von Boeselager standen in der Befehlskette des Vernichtungskriegs. Doch sie ergriffen die Initiative und zogen Konsequenzen, waren enttäuscht über das devote Verhalten der Feldmarschälle und der Generäle im Angesicht der Verbrechen. Nicht die höchsten Militärs, sondern ihre Offiziere waren die führenden Köpfe des Widerstands.

Die Männer, die den wahngetriebenen Psychopathen endlich töten und den Krieg aus eigener Kraft beenden wollten, waren einsame Verschwörer, die nicht von der Volksstimmung getragen wurden, sondern nur von ihrem eigenen Pflichtgefühl. Sie waren sich bewusst, dass ein Anschlag auf die Person des »Führers« weder in der Wehrmacht noch in der Bevölkerung auf Verständnis stoßen würde. Doch sie sahen es als ihre sittliche Pflicht, der Welt zu zeigen, dass nicht alle hinter jenem kriminellen Wahnsinn standen. Widerstand in Uniform jedoch war nicht nur auf das Offizierskorps beschränkt. Er hatte viele Facetten: Einen Gefangenen laufen lassen. Befehle nachlässig ausführen, umdeuten, missachten. Sie offen zu verweigern, das wagten nur wenige. Zehntausende jedoch desertierten, vor allem zum Ende des Krieges. Wurden sie gefasst, so wartete der Tod auf sie: Am Ende führte das Regime Krieg gegen seine eigenen Leute, die ihm die Gefolgschaft verweigerten.

Kampf bis in den Untergang

Im Herbst 1944, nach fünf Jahren Krieg und millionenfachem Sterben, wurde die Wehrmacht auf die alten Reichsgrenzen zurückgedrängt. Jetzt mussten schon die Sechzehn-, Siebzehnjährigen an die Front. Je schneller sich der alliierte Vormarsch auf das deutsche Territorium zubewegte, desto älter und jünger wurden die Soldaten.

Im Oktober 1944 erreichte die Rote Armee im Osten deutschen Boden. Das NS-Regime verbot die Evakuierung der Bevölkerung. Es gab das perfide Kalkül, dass schutzbedürftige Frauen und Kinder den Widerstandswillen der Soldaten stärkten. Die Wehrmacht war von Hitler zum Halten jedes Zentimeters Boden verdammt. Generäle, die sich dagegen auflehnten, wie Friedrich Hoßbach, mussten gehen.

Bis zuletzt versuchte die Propaganda die Kriegsbereitschaft aufrechtzuerhalten – mit Drohungen und Illusionen. Junge Pimpfe, aufgeputscht von den Lügen des Regimes, eilten an fassungslosen altgedienten Soldaten vorbei an die Front. Überall in den Städten des Reiches wurden Zivilisten gehängt, die durch eine Kapitulation die Vernichtung abwenden wollten. Was hielt die Disziplin der Truppe noch aufrecht? Was motivierte die Soldaten, im Massensterben durchzuhalten? Tatsächlich kämpften die meisten Verbände bis zuletzt, trotz fürchterlicher Verluste und einer immer ausgloser werdenden Lage. Aus immer noch ungebrochenem militärischem Ethos, aus Angst vor einem schlimmeren Schicksal in sowjetischer Gefangenschaft oder aus Furcht vor Rache nach all den von Deutschen verübten Verbrechen?

Die durchschnittliche Lebenserwartung eines Rekruten der Wehrmacht betrug im Jahr 1945 nur noch knapp vier Wochen. Allein von Januar bis zum Mai 1945 starben noch 1,3 Millionen deutsche Soldaten. Auch die Verluste der Kriegsgegner gingen in die Millionen. Die Wehrmacht hatte sich zum Werkzeug machen lassen für den mörderischsten Krieg der Weltgeschichte – bis zum eigenen Untergang.

Tod, Zerstörung, Leid – all das, was diese Armee über die Welt gebracht hatte, schlug am Ende auf sie selbst zurück. Die Wunden schmerzen bis heute.

Angriff auf Europa

Als Heinrich Husmann, Soldat im Schützenregiment 14 der 5. Panzerdivision, am 1. September 1939 in einem Schützenpanzer nachts auf die polnische Grenze zurollte, vertraute er einem älteren Kameraden an, was ihm sein Vater mit auf den Weg gegeben hatte. »Mein Vater hatte mir gesagt: ›Ich wünsche dir nie, dass du in einen Krieg gehst. Aber merk dir eines, wenn ein Krieg anfängt: Wer den ersten Schuss abgegeben hat, das halten die Historiker sofort fest. Wer den letzten abgibt, weiß kein Mensch.‹« Der Neun-

> So wie ich selber bereit bin, jederzeit mein Leben einzusetzen – jeder kann es mir nehmen – für mein Volk und für Deutschland, so verlange ich dasselbe auch von jedem anderen. Wer aber glaubt, sich diesem nationalen Gebot, sei es direkt oder indirekt, widersetzen zu können, der fällt! Verräter haben nichts zu erwarten als den Tod!
>
> Hitler, 1. September 1939

zehnjährige war beileibe kein Aufrührer – er hatte den Fahneneid auf Adolf Hitler gerne geschworen und wollte sich als tapferer Soldat beweisen. Doch bereits am ersten Kriegstag bekam er eine Lektion erteilt, die er nicht vergessen sollte: Ein Leutnant, der das Gespräch mitgehört hatte, machte Husmann klar, dass die väterlichen Weisheiten ihm höchst verdächtig erschienen. Die Drohung des Leutnants ließ an Klarheit nichts zu wünschen übrig: »Schütze Husmann, wenn ich Sie bei der geringsten Feigheit erwische, stelle ich Sie vor ein Kriegsgericht.« Husmann wusste nun: Nachdenkliche Töne waren in der Wehrmacht nicht erwünscht – und dabei brachte der Krieg so vieles mit sich, was einen nachdenklich stimmen musste. Denn schon am zweiten Kriegstag folgte die nächste, weitaus ernstere Lektion, erinnert sich Husmann: »Am 2. September hatten wir dann die ersten zwei Toten in unserer Kompanie, beim Angriff auf Pleß. Da hatten die Polen eine Bunkerlinie, und wir als Fußsoldaten sollten diese Bunker, in denen sie schwere Maschinengewehre und kleine Kanonen hatten, mit bloßer Brust nehmen. Das gelang uns nicht.«

Soldaten wie Heinrich Husmann erlebten in Polen ihre Feuertaufe – und die hatte wenig mit Heroismus, dafür aber viel mit Chaos zu tun. Das merkte auch der Soldat Justus Habermann, der als Kraftfahrer in der 10. Panzerdivision den Polenkrieg miterlebte: »Bei der Stadt Graudenz sind wir von den Polen angegriffen worden. Wir hatten die Fahrzeuge abgestellt. Und plötzlich fing da eine große Schießerei an. Das knallte an allen Ecken. Man weiß gar nicht, woher geschossen wird, man ist ja auch nicht orientiert. Aber das sortiert sich dann allmählich, man krabbelt auf der Erde rum, man verschanzt sich, man versucht den Gegner zu orten.« An Gegenwehr war für Habermann nicht zu denken – sein Gewehr stand in der Halterung im Fahrzeug. »Es gab gleich Verwundete. Da war natürlich allerhand Theater. Ein Kamerad hatte über dem Magen einen Streifschuss, und der ist dann unters Fahrzeug gekrabbelt; die Sanitäter mussten ihn wieder rausziehen, damit er verbunden werden konnte. Man versteckt sich am liebsten. Man verkriecht sich, automatisch. Aber das nutzt nicht immer was.« Der damals Einundzwanzigjährige merkte, dass der Einzelne allein ohne Chance war: »Man ist in der Gruppe und in der Gemeinschaft dabei. Da kann man nicht einzeln weglaufen.«

Warum er in einem Krieg gegen Polen kämpfte, war Justus Habermann nur vage klar: »Grob gesagt wusste ich nur, dass wir durch den Versailler Vertrag sehr eingeengt waren und dass wir den Korridor zurückhaben wollten. Weiter habe ich nicht gedacht.« Heinrich Husmann dagegen wunderte sich, dass es überhaupt zu diesem Krieg gekommen war: »Hitler hat ja immer wieder gesagt, er kenne den Krieg, sei schwer verwundet aus dem Ersten Weltkrieg zurückgekommen – also waren alle davon überzeugt, dass er keinen Krieg anfangen würde. Und ich muss sagen: Im Polenfeldzug haben wir angenommen, dass die Polen in ihrem Größenwahnsinn die Kriegsschuld hätten.« Seine Generation kannte kaum etwas anderes als die offizielle Propaganda des Dritten Reiches – und die hatte eine Welt der Ungerechtigkeiten und Bedrohungen beschworen, unter denen Deutschland angeblich zu leiden hatte. Horst Basemann war damals 17 und noch in der Lehre: »Sieben Jahre Hitlerjugend – die haben uns geprägt, die haben uns blind gemacht.« Er begrüßte den Kriegsausbruch. »Wir haben uns gar nicht vorstellen können, dass uns die Parteiführung belügt – im Gegenteil: Wir waren ganz heiß, wir wollten schnell auslernen, wir wollten dabei sein.« Bei ihm verfing die Propagandalüge vom polnischen Überfall auf den deutschen Sender Gleiwitz: »Da waren wir natürlich empört, was die Polen sich rausnehmen«, so Basemann. Und gehörte Polen nicht zu den Nationen, die von der neuen Weltordnung als Folge des Ersten Weltkriegs profitierten? Jene Polen, die von vielen Deutschen so abgrundtief verachtet wurden? »Es gab ja nur negative Meinungen über Polen. Polnische Wirtschaft und so weiter und so fort. Dreckig und unmodern und hässlich. Alles, was unmodisch war, war polnisch, und wenn was dreckig war, das war auch polnisch«, erinnert sich der damals vierundzwanzigjährige Luftwaffenleutnant Hermann Conrad an die Vorurteile jener Zeit. Viele fürchteten angesichts der raschen Erfolge in Polen, den Krieg zu verpassen – so auch der zwanzigjährige Offiziersanwärter Walter Heinlein: »Ich war begeistert. Gott sei Dank, jetzt geht es los. Ich wollte unbedingt auch noch was erleben.« Doch die jugendliche Kriegsbegeisterung übertrug sich nicht auf das gesamte Volk – Jubel, wie bei der Verkündung der Mobilmachung 1914, wollte sich nicht einstellen. Der damals siebzehnjährige Abiturient Horst Kühne war beim Arbeitsdienst und hatte den Militärdienst noch vor sich. Er erinnert sich an die erste Reaktion in seiner Familie: »Großes Erschrecken. Großes Erschrecken, es legte sich wie ein Alb auf die Menschen. Wir hörten am Marktplatz in Bunzlau von den Lautsprechern Verhaltensregeln für den Luftschutz – und da war auf einmal ein böses Erschrecken.« Ein Gefühl der Beklemmung stellte sich ein, so Kühne. »Die Menschen dachten: Bisher hatte Hitler es immer geschafft – in Österreich und im Sudetenland war es ihm gelungen, das Ganze ohne Krieg zu beenden. Und diesmal hat er es nicht geschafft, diesmal hat er überreizt.«

> **Wir waren innerlich darauf vorbereitet, dass es zu einer kriegerischen Auseinandersetzung kommen würde. Aber wir empfanden keinerlei Begeisterung dafür, weil wir auch das ungeheure Risiko sahen.**
>
> Bernd Freiherr Freytag von Loringhoven, Generalstabsoffizier

Hitler hatte sein Spiel keineswegs »überreizt« – im Gegenteil: Diesen Krieg hatte er ganz systematisch herbeigeführt. Und das wichtigste Instrument seiner Politik war von Anfang an die Wehrmacht gewesen. Gegenüber den Militärführern hatte er nie ein Hehl aus seinen Absichten gemacht. Schon vier Tage nach seiner Machübernahme, am 3. Februar 1933, hatte er die oberste Generalität der Reichswehr in die Dienstwohnung des Chefs der Heeresleitung, General Kurt von Hammerstein-Equord, im Berliner Bendlerblock beordert. Auf dem Programm stand ein Abendessen mit dem neuen Reichskanzler: Dass er sich schon so kurz nach Amtsantritt an sie wandte, schmeichelte den Militärs. Dennoch verhielten sich die meisten Uniformträger reserviert und kühl, als Hitler eintraf – für die standesbewusste Militärelite war er immer noch der sprichwörtliche »böhmische Gefreite«, der erst seit Kurzem den Staatsmann markierte und sich dafür in einen Frack gezwängt hatte. Das Essen wurde rasch zur Nebensache, als Hitler sich anschickte, zum eigentlich wichtigen Programmpunkt des Abends überzugehen: Der Reichskanzler war gekommen, um den Militärs darzulegen, wie er sich eine gedeihliche Zusammenarbeit vorstellte. Der neue Reichskanzler nahm kein Blatt vor den Mund: Der »Aufbau der Wehrmacht« sei eines der Ziele – mit Wohlgefallen notierte einer der Anwesenden, Generalleutnant Liebmann, in Stichwörtern, was Hitler zu sagen hatte: »Ausrottung des Marxismus mit Stumpf und Stiel, Kampf gegen Versailles.« Und schließlich: »Vielleicht Erkämpfung neuer Exportmöglichkeiten, vielleicht – wohl besser – Eroberung neuen Lebensraumes im Osten und dessen rücksichtslose Germanisierung.«

Liebmanns Stichwortprotokoll ist Historikern seit Langem bekannt – das Papier gilt als Zeugnis für die frühe Liaison zwischen Nationalsozialismus und Wehrmacht. Doch General Liebmann war nicht der Einzige, der sich an diesem Abend im Speisezimmer des Generals Hammerstein-Equord Notizen machte. Anwesend waren neben den geladenen Offizieren auch Marie-Louise und Helga von Hammerstein, die Töchter des Gastgebers. Die beiden jungen Damen sollten, ganz offiziell, die Rede stenografieren. Ihr vollständiges Stenoprotokoll, das vor einigen Jahren in einem Moskauer Archiv entdeckt wurde, offenbart die ganze Tragweite der Brandrede, die Hitler an

»Beim Sprechen tritt starker Wille und idealer Schwung hervor, und man hat den Eindruck eines Mannes, der weiß, was er will, und der entschlossen ist, seine Ideale mit äußerster Energie in die Tat umzusetzen.«

Generalleutnant Liebmann über Hitler, 3. Februar 1933

Dass diese Rede sofort nach der Machtergreifung stattfand, bei der ersten und besten Gelegenheit, zeigt, wie wichtig es Hitler war, die Reichswehr für sich und seine Pläne zu gewinnen.

Reinhard Müller, Historiker und Entdecker der Geheimrede in Moskau

diesem Abend im kleinen Kreis hielt. »Wie kann Deutschland nun gerettet werden?«, fragte er. Er bot den Generälen den nationalsozialistischen Unterdrückungsstaat als Wegbereiter zur geistigen Wehrhaftmachung des deutschen Volkes an: »Erst muss der Marxismus ausgerottet werden. Dann wird das Heer durch die Erziehungsarbeit meiner Bewegung ernsthaftes Rekrutenmaterial haben. … Ich setze mir eine Frist von sechs bis acht Jahren, um den Marxismus vollständig zu vernichten. Dann wird das Heer fähig sein, eine aktive Außenpolitik zu führen, und das Ziel der Ausweitung des Lebensraums des deutschen Volkes wird auch mit bewaffneter Hand erreicht werden.« Mit derartigen Ausführungen entlarvte sich Hitler schon drei Tage nach Amtsantritt – doch vieles, was die Militärs zu hören bekamen, lag ganz auf ihrer Linie. Geschickt wickelte der Kanzler seine Zuhörer mit Versprechungen ein: Die Armee werde eigenständig bleiben und zu alter Größe zurückfinden: »Wir werden der Armee zur Seite stehen und mit der Armee und für die Armee arbeiten. Die ruhmreiche deutsche Armee, in der noch derselbe Geist herrscht wie während ihrer Heldenzeit im Weltkrieg, wird selbstständig ihre Aufgaben erfüllen.«

Am 5. Februar titelte der *Völkische Beobachter*: »Die Armee Schulter an Schulter mit dem neuen Kanzler!« Das Reichswehrministerium gab – kaum weniger euphorisch – das Kompliment zurück: »Niemals war die Wehrmacht identischer mit den Aufgaben des Staates als heute«, verkündete der neu ernannte Chef des Ministeramts im Reichswehrministerium, Oberst Walter von Reichenau. Er benutzte statt des Ausdrucks »Reichswehr« bereits die Bezeichnung »Wehrmacht«, die im dienstlichen Sprachgebrauch innerhalb des Heers schon seit Langem üblich war. Nur der Gastgeber, General Kurt Freiherr von Hammerstein-Equord, in der Weimarer Republik wegen seiner Kontakte zu Gewerkschaftern auch als »der rote General« bezeichnet, war besorgt – ihm war klar, dass der Gast eine höchst beunruhigende Rede gehalten hatte. Schon in den Wochen zuvor hatte General von Hammerstein bei Hindenburg interveniert, um die Ernennung Hitlers zum Reichskanzler zu verhindern. Doch das war nicht gelungen, und

> **Nun richte ich an Sie, meine lieben Herren Generäle, die Bitte, mit mir für das große Ziel zu kämpfen, mich zu verstehen und mich zwar nicht mit Waffen, aber moralisch zu unterstützen.**
>
> Hitler, 3. Februar 1933

> **»Diese Zusammenkunft ist angesichts der Wende des 30. Januar von besonderer Wichtigkeit. Sie bewies die enge Verbundenheit der Politik der neuen Regierung mit den Aufgaben der Wehrmacht.«**
>
> *Völkischer Beobachter*, 5./6. Februar 1933

19

Hitlers Auftritt bei Hammerstein schien nun die schlimmsten Vorahnungen des Generals zu bestätigen. Hammerstein-Equord reichte noch im Jahr 1933 seinen Abschied ein. Mit diesem konsequenten Schritt war er die große Ausnahme unter den deutschen Generälen.

Das Treffen des neuen Reichskanzlers mit der Militärelite am 3. Februar 1933 bei Hammerstein-Equord war von einem Mann arrangiert worden, der das Verhältnis zwischen Hitler und der Wehrmacht wesentlich prägen sollte: General Werner von Blomberg. Der Pour-le-Mérite-Träger war als Reichswehrminister in das neue Kabinett Hitlers eingetreten. Berufen in

»Die Armee Schulter an Schulter mit dem neuen Kanzler«: Hindenburg (vorn Mitte) sowie Blomberg, Papen, Hitler und Göring (von links) am Gedenktag für die deutschen Gefallenen des Ersten Weltkriegs, März 1933

dieses Amt hatte ihn Paul von Hindenburg, der damit demonstrieren wollte, dass er – der Reichspräsident – über die Armee verfügen konnte, nicht der zukünftige Reichskanzler Hitler. Und so hatte am 30. Januar 1933 Hindenburg seinen Kandidaten Blomberg zwei Stunden vor Hitler vereidigt. Das Militär, dem sich der Ex-Feldmarschall Hindenburg innerlich stets zugehörig fühlte, bewahrte seine Eigenständigkeit – das war die Botschaft dieser

Geste. Selten aber verpuffte eine Machtdemonstration so wirkungslos wie diese. Denn Werner von Blomberg war ein Bewunderer Hitlers und hielt dessen politische Ziele für richtig und vernünftig. Schon am frühen Morgen des 30. Januar 1933, dem Tag, an dem Hitler die Macht übertragen wurde, suchte von Blomberg das Gespräch mit dem designierten Reichskanzler, und man wurde sich schnell einig: Beide wollten die Aufstellung eines »Volksheeres«, eine »weit gespannte industrielle Mobilmachung« und eine dominante Rolle einer modernen Luftwaffe, die sowohl Blomberg als auch Hitler als wichtigste Waffe zukünftiger Kriege erachteten. Damit erwies sich Blomberg als »neuzeitlich denkender« Offizier, der bereit war, sich gegen das traditionelle Denken der Generalität zu stemmen. Als »neuzeitlich« musste man wohl auch das eindeutige Bekenntnis des damals Fünfundfünfzigjährigen zum Nationalsozialismus bewerten – stolz trug er später an der Uniform das goldene Parteiabzeichen. Damit machte er sich zum Außenseiter in der konservativen Militärkaste, die sich von den »pöbelhaften Methoden« der NS-Bewegung eher abgestoßen fühlte. In Generalskreisen wurde Blomberg schon bald als »Hitlerjunge Quex« verspottet – der gleichnamige Propagandafilm von 1933 erzählt die Geschichte eines Hitlerjungen, der für die NS-Bewegung sein Leben opfert.

> **Viele Generäle sahen in Hitler den braunen Revolutionär, einen aus der Gosse emporgestiegenen Volkstribunen, dessen vulgäres Auftreten sie ebenso abstieß wie seine unverhüllte Brutalität. Hitler hingegen äußerste sich sehr sarkastisch über die preußische Militäraristokratie, die er als reaktionär und als romantisch verhöhnte.**
> Karl-Heinz Frieser, Historiker

Hitler aber ahnte bei seinem Machtantritt: Von der Armee, vermeintlich ein Hort tugendhafter preußischer Tradition, hatte er wenig zu befürchten. Von Blomberg war als Reichswehrminister auch der Oberbefehlshaber über die Armee – und gleichzeitig sein treuer Gefolgsmann. Professor Hans-Erich Volkmann vom Militärgeschichtlichen Forschungsamt Freiburg urteilt: »Unabhängig von der immer wieder aufflackernden Debatte über das Maß der ideologischen Affinitäten zur NSDAP hat die Wehrmachtführung entscheidend zur Festigung und Etablierung des NS-Staates in dessen instabilster Phase beigetragen. Ganz anders, als die bisherige Forschung dies verstanden hat, machte Blomberg bereits 1933 deutlich, dass der 30. Januar keinen normalen Regierungswechsel bedeutete, sondern synonym für die nationalsozialistische Revolution stand.« Blomberg handelte fortan nach dem Credo, das er im Juni 1933 in einem

»Jetzt ist das Unpolitischsein vorbei«: Reichswehrminister Werner von Blomberg galt als treuer Anhänger Hitlers

engeren Kreis verkündete: »Jetzt ist das Unpolitischsein vorbei, und es bleibt nur eins: der nationalen Bewegung mit aller Hingabe zu dienen.« Das war nichts anderes als die Unterwerfung der Armee – Blomberg stellte sich und die Wehrmacht in den Dienst der Hitler'schen Politik.

Doch warum fiel diese Unterwerfung ihm und vielen anderen »unpolitischen« Offizieren so leicht? Die militärische Elite des Deutschen Reiches hatte eine prägende und einigende Erfahrung gemacht: Sie stand noch ganz und gar unter dem Eindruck des Ersten Weltkriegs – und der Niederlage. Und diese Niederlage hatten die meisten weder verstanden noch innerlich akzeptiert. Sie wussten, dass sie tapfer und geschickt gekämpft hatten – und konnten nicht begreifen, warum die Kapitulation dennoch unvermeidlich geworden war. Statt einzusehen, dass spätestens mit dem aktiven Eintritt der USA in das Kriegsgeschehen das Kräfteverhältnis eindeutig zugunsten der Alliierten verschoben worden war, klammerte sich die deutsche Offizierskaste seit 1918 an die »Dolchstoßlegende«: Das tapfere deutsche Heer sei im Felde ungeschlagen geblieben, an der Heimatfront aber hätten Sozialisten und Pazifisten den Wehrwillen des Volkes untergraben – diese absurde Fabel hatte General Erich Ludendorff in die Welt gesetzt. Er stand 1918 mit Hindenburg gemeinsam an der Spitze der Obersten Heeresleitung und hatte selbst für Friedensverhandlungen plädiert – aus der Erkenntnis handelnd, dass das Reich militärisch und materiell ausgeblutet war. Doch Ludendorffs Lüge wurde begierig aufgegriffen. Nicht zuletzt die konservativen Eliten des Kaiserreichs glaubten, so den Untergang des wilhelminischen Deutschland erklären zu können.

Den Militärs half die Verleugnung der historischen Fakten bei der Bewältigung eines schmerzhaften Prozesses, denn die Niederlage 1918 hatte für unzählige ehemalige Offiziere einen gesellschaftlichen Abstieg mit sich gebracht. Unter den Eliten des Kaiserreichs hatte die Offizierskaste an oberster Stelle gestanden und vielerlei Privilegien genossen. Die Armee war als »Schule der Nation« betrachtet worden, ihre Führer galten als treueste Diener des Kaisers. Mit der Niederlage 1918 hatten die Militärs ihren Sonderstatus eingebüßt – sie waren gesellschaftlich ins Abseits geraten, denn der neue demokratisch-parlamentarische Staat brauchte zwar Soldaten, er hofierte sie aber nicht in dem Maße wie das Kaiserreich. Umgekehrt blieb der Mehrzahl der Militärs das demokratische Staatswe-

Versailles war Dauergespräch, vor allem unter den ehemaligen Offizieren, die am Ersten Weltkrieg teilgenommen hatten. Denn natürlich war die Behauptung dieses Vertrages, den wir ja ohne irgendeine Diskussion unterschreiben mussten, dass Deutschland die Alleinschuld an diesem Kriege trüge, eine ungeheure Verleumdung und entsprach der Wahrheit überhaupt nicht.

Gottfried von Bismarck, Wehrmachtoffizier

sen der Weimarer Republik fremd. Und die meisten Offiziere wurden schlichtweg überflüssig, denn die Versailler Verträge erlegten dem besiegten Deutschland massive militärische Beschränkungen auf: Die Reichswehr durfte nur 100 000 Mann umfassen, schwere Artillerie und Panzer blieben ihr ebenso versagt wie eine Luftwaffe, die Marine durfte nur kleine Schiffe zur Küstensicherung behalten. Und in Versailles wurde offiziell verkündet, dass Deutschland die alleinige Kriegsschuld treffe. All das empfanden patriotisch eingestellte Militärs als äußerst schmachvoll.

Bei dieser Demütigung sollte es nicht bleiben: Im Krisenjahr 1923 besetzten französische Truppen das Ruhrgebiet. Begründet wurde diese Aktion mit Verzögerung deutscher Reparationsleistungen – in erster Linie aber handelte es sich um eine Machtdemonstration der Großmacht Frankreich. Der Chef der Heeresleitung, General Hans von Seeckt, erwog anfangs, im Falle eines weiteren Vorrückens der Franzosen bewaffneten Widerstand zu leisten. Es gab sogar Vorbereitungen zu einer Mobilmachung. Doch am Ende siegte die Vernunft: Die Reichswehr verfügte lediglich über Munitionsvorräte, die insgesamt nicht mehr als ein einstündiges Feuergefecht ermöglicht hätten. Insgesamt wäre also jede Art von Widerstand zum Scheitern verurteilt gewesen – sie hätte höchstens zu einer Art Partisanenkrieg geführt. Auch der wurde tatsächlich in Betracht gezogen, denn mit Wissen der Reichswehrführung gab es während der ganzen zwanziger Jahre in Deutschland geheime Waffenverstecke. Dort lagerten Gewehre in einer Anzahl, die weit über das hinausging, was eine 100 000-Mann-Armee brauchte. Diese Lager zu betreiben war vertragswidrig, doch dieser Verstoß galt als Kavaliersdelikt. Aber die Idee vom Partisanenkrieg wurde schließlich ebenfalls verworfen; es blieb 1923 beim Aufruf an die Bürger im Ruhrgebiet, sich passiv zur Wehr zu setzen. Die Erfahrung der absolu-

»Heerlos, wehrlos, ehrlos«: Hans von Seeckt, der Chef der Heeresleitung der Reichswehr, 1925 im Kreis von Schülern der Infanterieschule Dresden

»Die Bestimmungen von Versailles umgehen«: Soldaten der Reichswehr gestalten mittels hölzernen Seitenteilen einen Pkw zu einem »Panzer« um

ten Machtlosigkeit gegenüber den ehemaligen Kriegsgegnern wirkte wie ein Schock auf die meisten Deutschen. Insbesondere die aktiven Militärs empfanden es als äußerst schmachvoll, 1923 nicht einmal zur Landesverteidigung imstande gewesen zu sein. Der Militärhistoriker am Militärgeschichtlichen Forschungsamt, Oberst Karl-Heinz Frieser, beschreibt im ZDF-Interview sehr prägnant die Stimmung unter den Weimarer Militärs: »Es gab damals eine ganz einfache Formel, um die Auswirkungen des Versailler Vertrages auf Deutschland und seine Verteidigungsfähigkeit zu charakterisieren – nämlich ›heerlos, wehrlos, ehrlos‹.«

Diese neue Weltordnung wollte die deutsche Militärelite so nicht hinnehmen: Die Armee führte ein Eigenleben. Während die demokratisch gewählten Politiker der Weimarer Republik versuchten, die außenpolitischen Realitäten der zwanziger Jahre zu meistern, dachten die Militärs gar nicht daran, diese Gegebenheiten zu akzeptieren. Sie blickten in die Zukunft, und dort sahen sie ein ganz anderes – keineswegs schwaches – Deutschland. Ein neuer Krieg sollte ihnen die herbeigesehnte Revision von Versailles verschaffen. Doch dieser zukünftige Krieg war nur mit einer autoritären Regierung vorstellbar. Es war selbstverständlich, dass dieser Krieg, der Deutschlands Vormachtstellung in Europa wiederherstellen sollte, nur durch ein massives Aufrüstungsprogramm ermöglicht werden konnte. Das jedoch war nur zu verwirklichen, wenn man die Bestimmungen von Versailles missachtete und umging. Unter dem Eindruck der Ruhrbesetzung von 1923 ging die Heeresführung daran, systematische Pläne für eine zukünftige deutsche Armee zu erstellen. 1925 entstand der sogenannte Große Plan: Er listete genau auf, wie der Personalbedarf und die Ausstattung einer kriegsfähigen Armee auszusehen hatte. Statt der erlaubten 100 000 Mann wollte man 2,8 bis drei Millionen Mann aktivieren können, statt der sieben Divisionen der Reichswehr sollten es 102 Divisionen sein, statt von bisher 46 Reichswehrgenerälen sollte die zukünftige Armee von 252 befehligt werden. Der »Große Plan« war kein Hirngespinst, sondern eine klare Richtschnur und eine durchdachte Handlungsanleitung. Und nach Hitlers Machtantritt wurde er fast wortgenau umgesetzt: Am 1. September 1939, als die Wehrmacht Polen angriff, verfügte das deutsche Heer über 2,8 Millionen Mann, organisiert in 102 Divisionen, geführt von 252 Generälen.

Bis es so weit war, musste die deutsche Militärführung jedoch viel Geduld aufbringen – noch lasteten die Reparationszahlungen auf Deutschland. Unter General Wilhelm Heye, dem Nachfolger Seeckts als Chef der Heeresleitung, suchte die Reichswehr, die bis dahin eine betonte Distanz zur gewählten politischen Führung des Reiches gewahrt hatte, eine engere Abstimmung mit der Regierung. Mit deren Rückendeckung konnte in den späten zwanziger Jahren ein aufstrebender Stabsoffizier im Reichswehrministerium, Oberst Werner von Blomberg, das »1. Rüstungsprogramm« planen. Ziel war die Schaffung eines Heeres, das 21 Divisionen und genügend materielle Reserven hatte, um sich sechs Wochen lang zu verteidigen.

1928 wurde ein Fünfjahresplan verabschiedet: Mit Billigung der Regierung, aber ohne Wissen der Parlamentarier im Reichstag, sollten jährlich 80 Millionen Mark aus Geheimfonds bereitgestellt werden. Wohlgemerkt: Damit wurden keine sichtbaren Divisionen aufgestellt und keine zählbaren Soldaten ausgerüstet – damit schuf man aber sehr wohl die planerischen, wirtschaftlichen und technischen Strukturen, die eine sofortige Mobilisierung des Personals und Ausrüstung der Einheiten ermöglicht hätten. So waren zum Beispiel rund 1000 Fabriken darauf vorbereitet, ihre Produktion sofort auf die massenhafte Fertigung von Rüstungsgütern umzustellen.

Die Aufrüstung war also längst in die Wege geleitet, als Hitler am 30. Januar 1933 an die Macht kam. Der hocherfreute neue Minister von Blomberg brauchte nur noch das schon zu Weimarer Zeiten konzipierte Rüstungsprogramm aus der Schublade zu ziehen. Blomberg erhielt Haushaltsmittel zur beliebigen Verwendung. Hitlers Machtergreifung schien also die idealen Rahmenbedingungen für das zu bieten, was sich die Militärs schon lange gewünscht hatten. Sie fabulierten von einem »Zwei-Säulen-Modell«: Der neue deutsche Staat, der sich auf künftige militärische

Die Wiederaufrüstung war im allgemeinen Verständnis für die Offiziere und Soldaten, aber auch für die übrigen Bürger eigentlich eine Selbstverständlichkeit. Dass wir wieder in die Lage kamen, militärisch gleichwertig zu sein.

Gottfried von Bismarck, Wehrmachtoffizier

Was will der Generalstab im Krisenfall zur Verfügung haben? Dazu werden die nötigen Divisionen und ihre Ausrüstung geplant, und dann wird das im Detail verfeinert, sodass man auf Knopfdruck zur Durchführung übergehen kann. Das war der Zweck dieses Planes, eine Grundlage für die notwendigen Beschaffungen, die notwendigen Gelder, das notwendige Personal. Man kam auf insgesamt einen Bedarf von 3,75 Millionen Köpfen.

Carl Dirks, Historiker

Abenteuer vorbereitete, sollte auf zwei Säulen ruhen – der Partei und der Wehrmacht. Der NSDAP fiel die politische und ideologische Mobilmachung zu, die Armee übernahm die Durchführung der Aufrüstung und die Planung eines Krieges zur Wiedererlangung der deutschen Großmachtstellung. Für 1938 war zunächst ein voll ausgerüstetes und einsatzbereites 21-Divisonen Heer vorgesehen. Doch angesichts verstärkter Rüstungsanstrengungen in Frankreich und Großbritannien genügte dies der Wehrmachtführung bald nicht mehr. Der deutsche Generalstab beschloss einen neuen Plan: Ziel war nun das »Große Heer«, das schon im »Großen Plan« von 1925 anvisiert worden war. 102 Divisionen wollte man – einsatzbereit bis Anfang der vierziger Jahre.

Im Januar 1934 befahl von Blomberg, die Einführung der allgemeinen Wehrpflicht im Geheimen vorzubereiten – umgesetzt wurde der Plan mit Wirkung vom 16. März 1935. Die damit einhergehende Vergrößerung der Armee hatte einen Nebeneffekt, der enorm zum Prestige des NS-Regimes unter den Offizieren beitrug: Viele von ihnen hatten jahrelang auf Beförderung und Karriere gewartet – im kleinen 100 000-Mann-Heer gab es wenig Aufstiegschancen. Professor Gerhard Weinberg, Emeritus der Universität Chapel Hill in North Carolina, sieht den psychologischen Effekt: »Für Männer, die lange Jahre in niedrigem Rang warten mussten – manchmal unter dem Rang, den sie im Weltkrieg erreicht hatten –, brachte der schnelle Aufbau der deutschen Streitkräfte so etwas wie Erlösung von scheinbar endlosem Warten. Ihre Karrieren wurden nach einem Bummelzug nun von einem D-Zug befördert; dass dieser in die Katastrophe raste, merkten die meisten erst viel zu spät.«

Bemerkenswert war, wie der Grad der Verflechtung zwischen der Wehrmacht und dem Regime noch weiter vorangetrieben wurde. Federführend war wieder Werner von Blomberg. Als im Juni 1934 die SS im Auftrag Hitlers gewaltsam gegen die SA-Führung unter Ernst Röhm vorging, zeigte sich, dass das Regime auch vor Gewaltverbrechen nicht zurückschreckte – die angebliche »Niederschlagung des Röhm-Putschs« war nichts anderes als eine staatlich geplante Mordaktion, die Rivalen und lästige Kritiker aus dem Weg schaffen sollte. Manchenorts nahmen die SS-Schergen, die den Mordauftrag ausführten, sogar die logistische Unterstützung der Wehrmacht in Anspruch. Blomberg begrüßte die Entmachtung der paramilitärischen SA, die von der Armee eifersüchtig als

Konkurrenz betrachtet worden war. Er verbeugte sich symbolisch vor Hitler – und dankte ihm »im Namen des Reichskabinetts für sein entschlossenes und mutiges Handeln als Staatsmann und Soldat, durch das er das deutsche Volk vor dem Bürgerkrieg bewahrt hat«. Stellvertretend für die Wehrmacht bedankte er sich also für eine Terror- und Mordaktion, bei der auch Kameraden – etwa die kritischen und daher unliebsamen Ex-Generäle von Schleicher und von Bredow – liquidiert worden waren. Der Historiker Hans-Erich Volkmann urteilt: »Die als einziger Waffenträger der Nation aus dem Gemetzel hervorgetretene Wehrmacht feierte einen Pyrrhussieg. Um der formalen Aufwertung willen hatte sie ihre moralische Integrität geopfert.«

Doch Blomberg ging noch weiter. Im Kabinett stimmte er dem Plan zu, dass nach dem Tod des greisen Hindenburg dessen Funktionen als Reichspräsident auf den Kanzler Hitler übertragen werden sollten. Und das war nicht alles: Nach dem Ableben des Reichspräsidenten wollte er sofort die Wehrmacht auf Hitler als Staatsoberhaupt vereidigen. Damit tat von Blomberg den entscheidenden Schritt zur kompletten Unterwerfung der Armee. Hitler musste sich die Wehrmacht nicht gefügig machen, sie war – verkörpert durch Werner von Blomberg – so gefügig, wie er es sich nur wünschen konnte. Die Eidesformel, die bis zum Tode Hindenburgs am 2. August 1934 galt, lautete: »Ich schwöre bei Gott diesen heiligen Eid, dass ich meinem Volk und Vaterland allzeit treu und redlich dienen und als tapferer und gehorsamer Soldat bereit sein will, jederzeit für diesen Eid mein Leben einzusetzen.« In der am 20. August 1934 von Reichswehrminister Blomberg verfügten Eidesformel hieß es dagegen: »Ich schwöre bei Gott diesen heiligen Eid, dass ich

> Mein Regimentskommandeur hat es uns dann auch so versucht zu deuten, dass mit Röhm eine Gefahr für den Bestand des Heeres beseitigt wäre und dass wir uns auf die Führung von Hitler verlassen könnten.
>
> Raban von Canstein, Generalstabsoffizier

> Der 30. Juni wurde zunächst von uns allen so aufgefasst, als dass Hitler sich endgültig für die Armee und gegen die SA entschieden hätte, was natürlich in dieser Form nicht stimmte. Aber so haben wir das damals tatsächlich empfunden.
>
> Johann Adolf Graf Kielmannsegg, Generalstabsoffizier

> Ich habe weder den rechten Arm erhoben noch die Eidesworte gesprochen. Das hätte mir wahrscheinlich im Zweifelsfall nichts genutzt im Dritten Reich, aber ich war für mich jedenfalls von Anfang an der Meinung, niemals einen Eid auf den sogenannten »Führer« abgelegt zu haben.
>
> Heinz Drossel, Wehrmachtsoldat

> Ich habe mein Gewissen vertauschen müssen gegen die Verpflichtung zum Gehorsam – heute würde ich sagen: Kadavergehorsam.
>
> Friedrich Hassenstein, Wehrmachtsoldat

dem Führer des Deutschen Reiches und Volkes, Adolf Hitler, dem Oberbefehlshaber der Wehrmacht, unbedingten Gehorsam leisten und als tapferer Soldat bereit sein will, jederzeit für diesen Eid mein Leben einzusetzen.« Ein Mitarbeiter von Oberst Reichenau, dem Leiter des Wehrmachtsamts, war Major Hermann Foertsch. Er erkannte schon damals – ohne dass es ihn gestört hätte –, was es mit dem Eid auf sich hatte: »Es ist eine Eidesform, die keine Vorbehalte, keinen Ausweg in sich schließt.«

Am 5. November 1937 begann eine neue Phase in den Beziehungen zwischen der Wehrmacht und Hitler. Der Diktator machte an diesem Tag klar, dass er nun in eine Phase der aggressiven Außenpolitik übergehen

»Eine Eidesform, die keine Vorbehalte, keinen Ausweg in sich schließt«: Nach dem Tod Hindenburgs werden Soldaten der Reichswehr auf Hitler vereidigt

wolle – in der Reichskanzlei kündigte er vor den Oberkommandierenden der drei Teilstreitkräfte an, dass er einen Angriff auf die Tschechoslowakei anstrebe. Kriegsminister Blomberg und der Oberbefehlshaber des Heeres, von Fritsch, nahmen diesen Plan eher zögerlich auf. Dennoch formulierte von Blomberg als Oberbefehlshaber der Wehrmacht am 21. Dezember 1937 eine interne Weisung, in der es hieß, dass Vorbereitungen zu treffen seien für »einen Angriffskrieg gegen die Tschechoslowakei und damit die Lösung des deutschen Raumproblems«. Allerdings waren Blombergs Tage an der Spitze der Wehrmacht gezählt. Im Januar 1938 ließ Hitler ihn wegen eines Gesellschaftsskandals fallen.

Nachdem der Witwer von Blomberg eine 35 Jahre jüngere Frau geheiratet hatte – als Trauzeugen waren Hitler und Göring aufgetreten –, wurde bekannt, dass seine Gattin einst Prostituierte gewesen war und für Aktfotos posiert hatte. Das war mit den moralischen Vorstellungen jener Gesellschaftsklasse, der Blomberg angehörte, absolut unvereinbar. Vor allem aber fühlte sich der Trauzeuge Hitler düpiert. Der Skandal führte zur Ablösung Werner von Blombergs. Bei allem Ärger über die peinliche Affäre bedauerte Hitler, einen so wertvollen Helfer und Gefolgsmann wie von Blomberg verloren zu haben.

Die Krise an der Spitze der Wehrmacht war damit keineswegs beendet. Zur gleichen Zeit wie von Blomberg geriet der Oberbefehlshaber des Heeres, Freiherr Werner von Fritsch, in Schwierigkeiten. Hitler hatte ihn auserkoren, die Nachfolge von Blombergs anzutreten. Aber von Fritschs Karriere wurde durch skandalträchtige Gerüchte beendet. Ein Zeuge hatte bereits 1936 angegeben, ihn im Homosexuellenmilieu getroffen zu haben. SS-Gruppenführer Reinhard Heydrich, Chef der Sicherheitspolizei, legte Hitler die alte Akte zum »Fall Fritsch« wieder vor. Hitler – durch die Vorgänge um Blomberg erschüttert und misstrauisch geworden – schenkte einem Ehrenwort des beschuldigten Generals keinen Glauben: Fritsch verlor am 3. Februar 1938 seine Stellung als Oberkommandierender des Heeres. Die Anschuldigungen erwiesen sich später als reine Verleumdungen.

So führte der private Skandal eines wichtigen Repräsentanten der Wehrmacht zu einer weitreichenden Machtverschiebung im Verhältnis zwischen Hitler und der Armee. Der »Fall Blomberg« war kein inszenierter Angriff auf die Führung der Wehrmacht, sondern eine skurrile Arabeske der Geschichte. Fritsch dagegen, so wird heute spekuliert, wurde wahrscheinlich das Opfer von Ma-

> Ein Vorgesetzter von mir hat in unserem Kasino unter Tränen gesagt: »Heute hat man uns das Rückgrat gebrochen.« So haben wir das auch empfunden.
> Günther Reichhelm, Generalstabsoffizier

> Der »Fall Fritsch«, das waren Intrigen, um ihn wegzubringen. Denn er hatte eine Reihe von Befehlen erlassen, die, wenn man sie heute ansieht, ganz klar auf Abschirmung gegen Eindringen von NS-Geist gerichtet waren.
> Johann Adolf Graf Kielmannsegg, Generalstabsoffizier, Neffe von Fritsch

31

Oben: »Skurrile Arabeske der Geschichte«: Generalfeldmarschall von Blomberg (links) und der Oberbefehlshaber des Heeres, Werner von Fritsch (Mitte, hier 1936 mit Erich Raeder, dem Oberbefehlshaber der Kriegsmarine), verloren 1938 ihre Ämter
Unten: »Fügsamer und ergebener Diener seines Herrn«: Hitler und der neu ernannte Chef des Oberkommandos der Wehrmacht, Wilhelm Keitel, im Frühjahr 1938

chenschaften innerhalb der NS-Hierarchie. Die »Blomberg-Fritsch-Krise« ist also differenziert zu betrachten; es ist nicht angebracht, sie – wie in der Vergangenheit oft geschehen – als »Enthauptung der Wehrmacht« durch Hitler zu bezeichnen. Denn Blomberg selbst schlug in seiner Abschiedsaudienz beim »Führer« vor, dass dieser von ihm den Oberbefehl über die Wehrmacht übernehmen solle. Hitler tat genau das. Der Diktator nutzte die Krise. Er veranlasste »ein Stühlerücken« mit klarem Ziel, so der Freiburger Historiker Hans-Erich Volkmann: »Es geschah in dem Bestreben, an der Schwelle zur Aggressionspolitik den Transmissionsriemen zur Übertragung seines Willens zu straffen. Die Wehrmacht verpflichtete er stärker auf seine Person, indem er den Oberbefehl selbst übernahm.« Das Amt des Kriegsministers wurde nicht mehr besetzt und stattdessen eine neue Instanz eingerichtet: das »Oberkommando der Wehrmacht« (OKW). An dessen Spitze stand – ebenfalls auf Vorschlag Blombergs – General Wilhelm Keitel. Dieser sollte fortan Hitlers einziger Berater in Fragen der Wehrmacht sein. Doch Keitel war als Repräsentant der Gesamtstreitkräfte keine eigenständige Kraft – er war Hitler unterstellt und hatte als äußerst fügsamer und ergebener Diener seines neuen Herrn bald seinen Spitznamen weg: »Lakeitel«. Zum neuen Oberbefehlshaber des Heeres und damit zum Nachfolger von Fritschs wurde General Walther von Brauchitsch ernannt. Die Zeitungen im Reich berichteten, dass Blomberg und Fritsch »aus gesundheitlichen Gründen« zurückgetreten seien, ein Kommuniqué der Regierung erklärte die Machtverschiebung als »stärkste Konzentration aller politischen, militärischen und wirtschaftlichen Kräfte in der Hand des Obersten Führers«. Damit war Hitlers Macht über das Militär zementiert, die Wehrmacht stand nach dem Abtreten von Blombergs ohne politischen Repräsentanten da und konnte fortan nur noch fachliche, aber keine politischen Einwände mehr gegen Hitlers Pläne formulieren.

Doch trotz des großen »Stühlerückens« war der Generalität bewusst, dass im Jahr 1938 schicksalhafte Entscheidungen bevorstanden. Die Anweisungen Hitlers für einen Angriff auf die Tschechoslowakei sorgten weithin für Unruhe. Der Generalstabschef des Heeres, Generaloberst Ludwig Beck, äußerte in mehreren Denkschriften seine Bedenken zu den Angriffsplänen. Beck und etliche andere Generäle hatten professionelle Argumente. Insbesondere fürchteten sie ein Eingreifen Frankreichs und Großbritanniens. Diesen militärischen Großmächten, so ihre Befürchtungen, sei die Wehrmacht noch nicht gewachsen. Beck rief die Generäle zum kollektiven Rücktritt auf: »Ihr soldatischer Gehorsam hat dort eine Grenze, wo Ihr Wissen, Ihr Gewissen und Ihre Verantwortung die Ausführung eines Befehls verbietet. Finden Ihre Ratschläge und Warnungen in solcher Lage kein Gehör, dann haben Sie das Recht und die Pflicht vor dem Volk und vor der Geschichte, von Ihren Ämtern abzutreten.« Damit stellte er alle kritischen Generäle vor die entscheidende Wahl: mitmachen oder sich konsequent verweigern. Bedenkenträger gab es genug in der Wehrmacht. Viele kämpften mit inneren Konflikten, doch zum konsequenten Widerspruch gegen Hitlers Kriegspläne reichte es nicht. Zurücktreten wollte niemand. Und der Oberbefehlshaber des Heeres, General von Brauchitsch, weigerte sich, Hitler irgendein Ultimatum der Generalität zu stellen – obwohl er Becks Analyse und Befürchtungen vor einem Eingreifen des Westens teilte. Frontal wollte niemand den »Führer« angehen.

»Brauchitsch musste doch sagen: ›Bitte sehr, ich trete zurück.‹« Generalmajor Ludwig Krug suchte noch im Juli 1944 nach einer Erklärung für das Versagen der deutschen Generalität im Jahr 1938. »Also, es trifft jeden der damals Führenden gleicherweise die Schuld«, pflichtete ihm Konteradmiral Walter Hennecke bei. Die Herren redeten ganz offen – jedoch nicht in einem deutschen Kasino, sondern als Kriegsgefangene der Briten. Diese hatten in Trent Park bei London über 80 Generäle, die seit 1942 in Gefangenschaft geraten waren, zusammen in einem Schloss einquartiert – unter geradezu luxuriösen Bedingungen. Was sie nicht wussten: Sie wurden rund um die Uhr abgehört. Und die Briten protokollierten die wichtigsten Äußerungen ihrer Gefangenen. Wohlgemerkt: Es handelt sich nicht um Vernehmungsprotokolle, sondern um unbefangene Gespräche der Wehrmachtoffiziere untereinander. Der Mainzer Historiker Sönke Neitzel hat diese aussagekräftigen Protokolle im Britischen Natio-

> »Es stehen hier letzte Entscheidungen für den Bestand der Nation auf dem Spiel; die Geschichte wird diese Führer mit einer Blutschuld belasten, wenn sie nicht nach ihrem fachlichen und staatspolitischen Wissen und Gewissen handeln.«
> Aus der Denkschrift von Generaloberst Ludwig Beck, 16. Juli 1938

> **Viel zu viele der höchsten Dienstgrade der Wehrmacht haben zu lange etwas mit sich machen lassen, von dem sie im Grunde genommen schon im Jahr 1938 wissen mussten, dass es unverantwortlich war. Das ist ein schweres Urteil des Versagens, um das man nicht herumkommt.**
> Richard von Weizsäcker, Wehrmachtoffizier

»Zum Nichtstun verdammt«: Auf dem Herrensitz Trent Park waren seit 1942 deutsche Generäle interniert, deren Gespräche vom britischen Geheimdienst abgehört wurden

nalarchiv ausgewertet. »Die deutschen Generäle sind unter zum Teil dramatischen Umständen gefangen genommen worden und kamen dann auf diesen traumhaft gelegenen Herrensitz, wo sie in einer Friedensruhe mit allen Annehmlichkeiten des Lebens versorgt und zum Nichtstun verdammt waren. Und dieses Nichtstun hat seine Folgen gehabt: Die Leute haben gesprochen, sie haben sich ausgetauscht – über den Krieg, über Kriegsverbrechen, über Politik und über die Zukunft. Und das Besondere an der Situation ist, dass die Briten diese Gespräche auf Platten aufgezeichnet haben. Der besondere Wert der Quelle ist natürlich, dass es private Gespräche sind und dass in diesen Gesprächen keine Rücksicht genommen wurde auf Vorgesetzte, auf die Familie, auf die Frau. In diesen Gesprächen von Kamerad zu Kamerad wurde ungeschminkt gesprochen. Wir kommen also ganz nah heran an die Generäle, was sie gedacht haben, wie sie reflektiert haben«, erklärt Neitzel den Erkenntniswert dieser Aufzeichnungen. Sie zeigen, dass die Gefangenen Antworten darauf suchten, wie es zum Krieg hatte kommen können. »Daran schuld ist die Clique um ihn, die hätten ihm ja alle sagen müssen: ›Mein Führer, nun‹«, mutmaßte

Ich habe mir oft überlegt, was wohl von diesem NS-Staat so, wie er sich bis dahin etabliert hatte, geblieben wäre, wenn die Militärs 1938 siegreich gewesen wären – und da habe ich kein gutes Gefühl. Allerdings hätte die Weltgeschichte schon einen anderen Verlauf genommen, wenn Hitler entmachtet und beseitigt worden wäre – denn so viel ist klar: Er war die Zentralfigur, auf ihm ruhte alles. Er war die Symbolisierung und Personifizierung des NS-Systems. Mit ihm stand und fiel das System.

Ralph Giordano, Publizist

Generalmajor Ludwig Krug, der bei seinen britischen Bewachern als »Nazi« galt. »Vielleicht ließ er sich nichts sagen«, wandte sein Gesprächspartner Oberst Walter Köhn ein. »Dann hätte man aber gehen müssen«, resümierte Krug. »Ich sage Ihnen, vom Generalstab dürfen Sie gar nichts erwarten. Die haben zu 99 Prozent ein gebrochenes Rückgrat. Das sind immer servile Leute gewesen. Die sind nicht Kommandeure gewesen, sondern immer ›Gehilfen‹ des Kommandeurs gewesen, und deswegen haben die meisten ein gebrochenes Rückgrat. Das macht die Erziehung und alles. Von denen dürfen Sie gar nichts erwarten«, lautete das harsche Urteil, das General Wilhelm Ritter von Thoma in Trent Park in einem anderen Gespräch über seine Standesgenossen fällte. Auch Generalmajor Johannes Bruhn nahm kein Blatt mehr vor den Mund. »Man fasst sich ja immer nur wieder an den Kopf, dass wir alle diesem Irrwisch Hitler nachgelaufen sind!« Sein Gegenüber, Generalmajor Gerhard Fischer, hatte die Antwort sofort zur Hand: »Woher kommt das denn? Weil der Offizier so unpolitisch war und geglaubt hat, dass die Regierung genauso anständig ist wie die Offiziere. Wäre es eine demokratische Regierung gewesen, der hätten wir niemals geglaubt. Das Nationale war es, unter diesem Deckmantel hat er uns getäuscht.« Ein letztes Kompliment musste General Bruhn den Nazis allerdings machen: »Vom Negativen aus gesehen, vom Verbrecherischen, haben die Nazis ihre Sache wahrhaftig gut gespielt, mit solcher Logik.«

In der Krise des Jahres 1938 zeigte nur einer öffentlich Rückgrat, ging nur einer, ließ nur einer den »Irrwisch« Hitler mit seinen Plänen allein: Generaloberst Ludwig Beck. Als er einsah, dass seine Einwände von Hitler nicht ernst genommen wurden, reichte er seinen Abschied ein. Sein Nachfolger als Generalstabschef des Heeres wurde Generaloberst Franz Halder. Auch Halder hielt Hitlers Kriegspläne für verfrüht. Im Spätsommer 1938, als Hitler mit der Forderung nach einer Abtretung des Sudetenlandes von der Tschechoslowakei an das Reich eine unmittelbare Kriegsgefahr heraufbeschwor, regte sich erstmals innerhalb der Wehrmacht konkreter Widerstand gegen den »Führer«. Halder, eine Handvoll Generäle sowie einige Offiziere der Abwehr erwogen gar einen Putsch: Falls die Westmächte Deutschland den Krieg erklären sollten, waren sie bereit, Hitler gewaltsam abzulösen. Doch mit dem Münchner Abkommen wurde ihnen der Wind aus den Segeln genommen: Nach dem Einlenken Frankreichs und Großbritanniens sowie der vertraglichen Abtretung des Sudetenlandes durch die Tschechoslowakei sahen die Verschwörer um Halder für eine Revolte keinen Anlass mehr.

> Nachdem Hitler im Vollbesitz der Macht war, stellte die Wehrmacht die einzige mögliche Zuflucht dar. Insofern lag es nahe, dass diejenigen Militärs wie Beck, die sich mit dem Nazi-Regime nicht einverstanden erklären konnten, schrittweise zu einem Kristallisationspunkt des Widerstands wurden.
>
> Klaus von Dohnanyi, Sohn des Verschwörers Hans von Dohnanyi

> Wir dürfen nicht den Fehler machen zu glauben, dass dieser Widerstand irgendetwas mit Vorstellung von einem demokratischen Deutschland zu tun hatte. Es waren Männer, die deutschnational geprägt waren, einige sogar nationalsozialistisch.
>
> Ralph Giordano, Publizist

Die Geduld und Kompromissbereitschaft der Alliierten schien unendlich zu sein – die berüchtigte »Appeasement-Politik« der Briten ließ Hitler einen Handlungsspielraum, den er rücksichtslos ausnutzte. Die Westmächte handelten nicht einmal, als Hitler im März 1939 die Tschechoslowakei durch die Wehrmacht besetzen ließ. Auf der Grundlage dieser Erfahrung äußerte die Wehrmachtführung auch kaum Bedenken, als Hitler ihr sein nächstes Vorhaben offenbarte. Am 25. März 1939 gab der Diktator eine Weisung an das Heer heraus – er plane, unter günstigen Bedingungen die »Danziger Frage« und sogar die »polnische Frage« mit militärischen Mitteln zu lösen. Polen galt ihm – und einer großen Anzahl ähnlich denkender Deutscher – als Fremdkörper auf der Karte Europas, als Resultat der in Versailles diktierten Weltordnung. Viele militärische Planspiele hatten schon in den zwanziger Jahren eine bewaffnete Auseinandersetzung mit Polen zugrunde gelegt. Seit dem Ende des Ersten Weltkriegs war es mit dem östlichen Nachbarn immer wieder zu Differenzen

»Es stehen hier letzte Entscheidungen für den Bestand der Nation auf dem Spiel«: Der General-stabschef des Heeres, Generaloberst Ludwig Beck (vorn), kritisierte die Kriegspläne Hitlers

Oben: »Frieden für unsere Zeit«: Hitler begrüßt den britischen Premierminister Neville Chamberlain zu Verhandlungen auf dem Obersalzberg, 15. September 1938
Unten: »Blumenkriege« wie der unblutige Einmarsch im Sudetenland waren bei den Zeitgenossen überaus populär

bezüglich der an Polen abgetretenen deutschen Gebiete gekommen. Denn Polen herrschte über einen Gebietsstreifen, der ihm Zugang zur Ostsee verschaffte und der die Landverbindung von Ostpreußen zum Deutschen Reich abschnitt. In diesem »Korridor« lag die ehemals deutsche Stadt Danzig, die unter Verwaltung des Völkerbundes stand. Diese Folge des Versailler Vertrags zu revidieren war seit Langem ein zentrales Anliegen der Außenpolitik des Deutschen Reiches gewesen. Hitler hatte während der dreißiger Jahre immer wieder versucht, Polen zu diesbezüglichen Zugeständnissen zu bewegen. Doch weder Drohungen noch Diplomatie führten zu einer Lösung der territorialen Fragen, die Deutsche und Polen in einem Dauerkonflikt gefangen hielten.

Auf Hitlers Weisung erarbeiteten im April und Mai 1939 die Militärs Angriffspläne, die unter dem Decknamen »Fall Weiß« liefen. In militärische Planungen mischte sich Hitler nicht weiter ein. Wohl aber hatte er zu verantworten, dass es nicht mehr nur um Danzig oder den Korridor ging, sondern um einen Sieg über ganz Polen – und der musste schnell erfolgen. Denn anschließend sollten die Truppen so rasch wie möglich nach Westen verlegt werden. Obwohl Hitler sich sehr optimistisch gab, fürchteten die Heerführer ein Eingreifen der Westmächte und einen Zweifrontenkrieg. Wie schon 1914 war es dieses Bemühen – zuerst an der einen Front schnell zu siegen, um dann den nächsten Gegner anzugehen –, das alle Planungen dominierte. Die in Grenznähe aufmarschierten deutschen Streitkräfte sollten mit zahlenmäßig überlegenen Kräften die polnischen Grenzsicherungen überrennen. Der Hauptstoß sollte von Süden, also von Schlesien aus, erfolgen. Hier stand die 10. Armee der Heeresgruppe Süd – dieser schlagkräftigste Verband war zur Hälfte mit motorisierten Korps ausgestattet. Er sollte umgehend zur Weichsel und auf Warschau vorstürmen. Zwei weitere Armeen sollten links und rechts von ihr vorrücken und ihre Flanken schützen. Ein weiterer Vorstoß war im Norden von Pommern aus geplant. Im Norden sollte die 4. Armee durch den Korridor eine Verbindung nach Ostpreußen herstellen. Dort stand die 3. Armee, die dann gemeinsam mit der 4. zum Marsch auf Warschau ansetzen sollte. Die Vorstöße von Süden und Norden sollten konzentrisch auf Warschau zielen, ganz Westpolen in die Zange nehmen und das Gros der polnischen Armee einschließen. Das Heer legte von Anfang an großen Wert auf massive Unterstützung durch die Luftwaffe, zwei Drittel der einsatzfähigen Maschinen sollten an die Ostfront geworfen werden, während der Rest die Westgrenze sicherte.

Schon den ganzen August über waren zahlreiche Divisionen des Heeres in den Osten des Reiches beordert worden – offiziell, um zu »schanzen«, das heißt, um die dortigen Verteidigungsanlagen auszubauen. Andere Verbände sollten umfangreiche Manöver abhalten. Zu den unzähligen jungen Männern, die nach Osten verlegt wurden, gehörte auch der achtzehnjährige Arbeitsdienstmann Karlhans Mayer. Er erinnert sich im ZDF-Interview an den Hochsommer 1939 und an die Vorzeichen des Krieges: »Zum Ernteeinsatz wurden wir alle verteilt auf die Bauern. Und schon während des Ernteeinsatzes kamen Einquartierungen der Wehrmacht zur Übung, zum Manöver. Mein Bauer sagte schon: ›Manöver? Das gibt Krieg!‹ Das war an der polnischen Grenze. Niederweiden hieß das Dorf. Und dann hat er mich geschickt, um noch mal Dieselöl zu holen mit dem Traktor. Aber das funktionierte nicht, da war die Tankstelle schon von der Wehrmacht besetzt, weil das Benzin für das Manöver gebraucht wurde. Na ja, und siehe da: Es war kein Manöver – am nächsten Tag war der Einmarsch in Polen.«

Auch nach Ostpreußen waren Truppen verlegt worden – ebenfalls unter dem Vorwand von Manövern. Außerdem sollte – so hieß es offiziell – eine große militärische Feier am Tannenbergdenkmal in Ostpreußen stattfinden: Die siegreiche Kesselschlacht des Ersten Weltkriegs jährte sich im August zum 25. Mal. Insgesamt waren vom 19. August an 5000 Züge mit Truppen in Richtung Osten gerollt. Zur Tarnung aber hatte man den Aufmarsch tief gestaffelt – nur die zum ersten Einsatz vorgesehenen Verbände warteten in ihren Bereitstellungsräumen nahe der Grenze. Sie waren ein bis zwei Tagesmärsche von Polen entfernt. Truppen aus weiter westlich gelegenen Gebieten des Reiches waren zwar bereits in Bewegung gesetzt worden, hielten jedoch noch größeren Abstand zur Ostgrenze. Um jeden

»Manöver? Das gibt Krieg!«: Bereitstellungen starker deutscher Panzerverbände vor dem
Angriff auf Polen

Preis sollte eine zu auffällige Konzentration deutscher Truppen an der
Grenze zu Polen vermieden werden. All diese Vorbereitungen dienten
einem Zweck: dem Überraschungsangriff auf Polen.

Hitler befahl, obwohl offiziell noch Frieden herrschte, mit Wirkung
vom 26. August 1939 für die Masse der Wehrmacht den »X-Fall«. Das
Heer wurde im Rahmen einer geschickt geplanten »verschleierten« Mobilmachung innerhalb weniger Tage um knapp drei Millionen Reservisten,
400 000 Pferde und 200 000 Fahrzeuge vergrößert. Der Regierung in Warschau blieb natürlich nicht verborgen, dass sich im August außergewöhnliche deutsche Aktivitäten häuften. Schon im März 1939 hatte Polen seine
Streitkräfte in eine teilweise Alarmbereitschaft versetzt, ab Mitte August
wurde die Mobilmachung beschleunigt. Als der deutsche Außenminister
von Ribbentrop am 22. August nach Moskau reiste, um den Hitler-Stalin-
Pakt auszuhandeln, veranlasste Polen eine »Alarmmobilmachung« in den
an Deutschland grenzenden Wehrbezirken. Am 28. August hielt das pol-

»Eindrucksvolle Wochenschaubilder«: Ein Kamerateam des Propagandaministeriums filmt die Beschießung der Westerplatte durch die »Schleswig-Holstein«

nische Militär die Lage für so ernst, dass der Generalinspekteur dem Staatschef Smigly-Rydz nahelegte, für den 30. August die allgemeine Mobilmachung zu verkünden. Doch am Nachmittag des 29. August intervenierten Frankreich und Großbritannien – eine Mobilmachung der Polen würde die letzte Chance für die Erhaltung des Friedens zunichte machen. Und so wurde die Mobilmachung wieder abgeblasen. All das sorgte für erhebliches Chaos bei der Vorbereitung der polnischen Streitkräfte. Als die Deutschen angriffen, war nur ein Drittel der polnischen Truppen wirklich einsatzbereit. Zwar waren viele der besten Verbände weiter nach Westen, in Richtung Grenze, verlegt worden, dennoch sollte die polnische Armee von den Schwerpunkten und vom Verlauf der deutschen Offensive überrascht werden.

Am 1. September 1939, um 4.47 Uhr, gab Kapitän zur See Gustav Kleikamp an Bord des deutschen Kriegsschiffs »Schleswig-Holstein« den Befehl »Feuererlaubnis«: Die Geschütze des Schiffes, das zu einem »Freundschaftsbesuch« im Hafen der Freien Stadt Danzig vor Anker lag, nahmen die polnischen Befestigungen auf der an Danzig angrenzenden Westerplatte unter Feuer. Zur gleichen Zeit überquerten Einheiten der Wehrmacht ohne Kriegserklärung die Grenze nach Polen. Mit den Schüssen, die die Menschen in Danzig aus dem Schlaf rissen, begann der Zweite Weltkrieg. Die spektakulären Bilder vom Beginn der Feindseligkeiten täuschten. Der Beschuss der Westerplatte durch das Schulschiff »Schleswig-Holstein« lieferte zwar eindrucksvolle Wochenschausequenzen, doch ein taktischer Erfolg war gerade diese Aktion nicht. Die Marine-Stoßtruppkompanie, die heimlich mit der »Schleswig-Holstein« nach Danzig verlegt worden war, konnte am 1. September gegen die polnischen Hafenbefestigungen auf der Westerplatte keinen entscheidenden Erfolg erzielen – obwohl sie von der schweren Schiffsartillerie des Schulschiffs unterstützt wurde. 60 Stukas stürzten sich in den folgenden Tagen immer wieder auf die polnischen Verteidiger, am 4. September griffen verstärkte Infanterie- und Pionierkräfte erneut an. Erst nach weiterem schwerem Beschuss durch die Schiffsartillerie entschlossen sich die Verteidiger am 7. September zur Kapitulation. Der Widerstand um die Hafenstadt Gdingen hielt noch bis zum 13. September an, der Kriegshafen konnte erst am 19. September erobert werden.

Wir haben den Krieg mit gemischten Gefühlen begonnen. Auf der einen Seite sahen wir die Notwendigkeit, dass Danzig, das wir als eine deutsche Stadt empfanden, wieder deutsch wurde, und wir empfanden die Notwendigkeit einer ungestörten Verbindung zu der abgetrennten Provinz Ostpreußen. Auf der anderen Seite wäre uns damals eine politische Lösung lieber gewesen.

Ulrich de Maizière, Generalstabsoffizier

Erfolgreicher – wenn auch nicht immer plangemäß – verliefen hingegen die anderen Operationen der Wehrmacht. Panzerverbände der Heeresgruppe Süd hatten schon am 10. September den Stadtrand von Warschau erreicht, drangen aber noch nicht in die Stadt ein. Teile der polnischen Truppen waren inzwischen westlich der Weichsel eingekesselt. Sie versuchten in den folgenden Tagen, die deutschen Linien zu durchbrechen und sich nach Osten abzusetzen. Nördlich

von Lodz griff ab dem 13. September die Luftwaffe massiv in die Bodenkämpfe ein. Sie attackierte unablässig die dicht gedrängten Marschkolonnen der Polen. Die polnischen Verbände aber gaben noch nicht auf – sie wollten mit aller Macht den Ausbruch aus dem Kessel erzwingen. Beinahe brachten sie die Linien der deutschen 10. Armee, die ihnen den Weg nach Osten versperrte, ins Wanken. Doch am 16. September griffen 820 Flugzeuge mit 328 Tonnen Bomben die polnischen Truppen an. Die Wirkung war so demoralisierend, dass viele polnische Soldaten ihre Waffen wegwarfen. Deutsche Kommandeure baten die Luftwaffe, ihre Angriffe auf den inzwischen völlig wehrlosen Gegner einzustellen. Am 18. September ging die Kesselschlacht westlich von Warschau allmählich zu Ende – 120 000 Mann ergaben sich.

Am Tag zuvor hatte ein anderes Ereignis den Polen bereits den Todesstoß versetzt: Stalins Rote Armee überquerte die Ostgrenze Polens – so wie es die Sowjets mit den Deutschen im Hitler-Stalin-Pakt vereinbart hatten. Alle polnischen Truppen, die sich östlich der Weichsel befanden, sahen sich plötzlich mit einem weiteren überlegenen Gegner konfrontiert; Polen stand im Krieg gegen zwei übermächtige Nachbarn. Die deutschen Verbände sollten auf Befehl Hitlers östlich der Weichsel ab dem 20. September sämtliche Kämpfe einstellen und keine Verluste mehr riskieren, der Rückzug auf eigenes Gebiet sollte zwei Tage später erfolgen.

Gleichzeitig konzentrierte sich die Wehrmacht darauf, »ihren« Teil Polens endgültig zu erobern. Der Großraum der polnischen Hauptstadt wurde ab dem 20. September massiv bombardiert, der Sturm auf Warschau selbst begann am 25. September – an diesem Tag flog die Luftwaffe schwere Bombenangriffe auf die Stadt, die zur Festung erklärt worden war.

Oben: »Den Panzern den Weg freibomben«: Ju 87 der deutschen Luftwaffe während eines
Einsatzes in Polen
Unten: »Dem Gegner technisch und taktisch nicht gewachsen«: Gefallene polnische Soldaten
an einer Vormarschstraße

»Den Polen in den Rücken gefallen«: Mitte September 1939 marschierten Truppen der Roten Armee in Ostpolen ein. Ein Treffen von deutschen und sowjetischen Offizieren nach dem Waffenstillstand

Auch deutsche Bodentruppen rückten vor. Schwere Artillerie beschoss unablässig die Metropole; Infanterieeinheiten eroberten die erste Fort-Linie am Rande der Stadt. Am 27. wurde eine Waffenruhe ausgehandelt, der Oberbefehlshaber der deutschen 8. Armee, Generaloberst von Blasko-witz, verlangte die bedingungslose Kapitulation. Am Tag darauf ergab sich die Stadt mit ihrer Festungsbesatzung von 120 000 Mann. Die deut-sche Seite sicherte den polnischen Offizieren zu, dass sie ihre Degen behalten durften, den Soldaten wurde in Aussicht gestellt, nach kurzer Gefangenschaft entlassen zu werden. Am 1. Oktober übergab der Fes-tungskommandant von Warschau förmlich seine besiegten Truppen an Generaloberst Blaskowitz. Am 2. Oktober verfolgte Hitler persönlich den Einmarsch der deutschen Truppen in die polnische Hauptstadt.

Der Sieg gegen Polen wurde von der Weltöffentlichkeit staunend zur Kenntnis genommen – es schien, als hätte die Wehrmacht mit überle-genen Panzern und einer modernen Luftwaffe eine ganz neue Art von Krieg geführt. Von einem »Blitzkrieg« sprach im Westen erstmals das US-Magazin *Time*, das am 25. September 1939 über das Geschehen in Polen berichtete. Doch schon 1935 war in der deutschen Militärzeitschrift *Deut-sche Wehr* von einem »Blitzkrieg« die Rede gewe-sen – dort wurde er definiert als das Bestreben rohstoffarmer Staaten, »einen Krieg schlagartig zu erledigen, indem sie gleich zu Anfang durch den rücksichtslosen Einsatz ihrer totalen Kampf-kraft versuchen, eine Entscheidung zu erzwin-gen«. Doch war der »Polenfeldzug« tatsächlich ein ganz neuer, anderer Krieg? In der Tat bot er die Gelegenheit für vielfältige Experimente in moderner Kriegführung – so etwa für die zukünf-tigen Möglichkeiten der Luftwaffe. Ihr Einsatz in Abstimmung mit angreifenden Panzerkräften war bis dato noch nie im großen Stil geübt worden; in Polen griffen Stukas und Bomberverbände unmit-telbar vor den Panzerspitzen liegende Verteidi-gungsstellungen an und bombten den Panzern den Weg frei. Dennoch lag dem Krieg gegen Po-

Wenn man den Polenfeldzug genau analysiert, dürfte man streng genommen den Begriff »Blitzkrieg« noch nicht verwenden. Zunächst einmal ergaben sich die Kessel-schlachten aus der Geographie. Die Einkesselung Polens von mehreren Seiten war geogra-phisch prädisponiert. Zum anderen wurden etliche typische Waffensysteme des Blitzkriegs, zum Beispiel die Fallschirmtruppe, noch bewusst in der Hinterhand gehalten. Und was die Panzerwaffe anbelangt, so wurde sie auf unterer taktischer Ebene im Divisionsrahmen eingesetzt, aber es gab noch keine Panzerarmee.

Karl-Heinz Frieser, Historiker

len kein völlig neuartiges Konzept zugrunde. Heute gilt der »Polenfeldzug« unter Experten nicht mehr als erster »Blitzkrieg«, sondern eher als Vorstufe dazu. Im Grunde war der Angriff auf den östlichen Nachbarn ein klassischer »schneller Krieg«, der das Denken deutscher Militärplaner schon lange beherrscht hatte. Der »schnelle Krieg« sah vor, einen Gegner rasch niederzuringen – durch eine kühne und überraschende Operation, die alles auf eine Karte setzte: Die feindlichen Streitkräfte wurden dazu verlockt, eine vermeintliche Schwachstelle anzugreifen, wo sie dann mit starken eigenen Truppen in die Zange genommen wurden. So sollte der Gegner in die Falle eines riesigen Kessels geraten, um schließlich systematisch niedergekämpft zu werden. Die Umfassungsschlacht der Karthager, die 216 v. Chr. bei Cannae die überlegenen Römer besiegt hatten, galt seit Langem als das Ideal deutscher Militärführer: mit unterlegenen Kräften, aber einer genialen Idee einen blitzartigen Sieg zu erringen. »Die größte Wohltat des Krieges ist die schnelle Beendigung des Krieges«, war der Grundgedanke des preußischen Generalfeldmarschalls Helmuth von Moltke. Er hatte mit einer rasch herbeigeführten Kesselschlacht im Krieg 1870/71 die Franzosen bei Sedan – dem »Cannae des 19. Jahrhunderts« – entscheidend besiegt. Die »Cannae«-Idee wurde seitdem von deutschen Militärs zum Patentrezept erklärt und verdrängte alle anderen Überlegungen. Dieses Denken lag 1914 der deutschen Aufmarschstrategie zugrunde, die sich an dem berühmten »Schlieffenplan« orientierte. Sie setzte ebenfalls alles auf eine Karte, um der Gefahr eines Zweifrontenkriegs zu begegnen – zuerst sollte mit aller Macht im Westen Frankreich besiegt werden, um anschließend die Truppen gegen Russland im Osten einzusetzen. Die geniale Idee und ihre exakte Umsetzung sollten die missliche Mittellage Deutschlands, das stets einen Zweifrontenkrieg befürchten musste, wettmachen. Das Vabanquespiel hatte im Ersten Weltkrieg allerdings nicht zum Erfolg geführt.

Die militärische Situation des Reiches im Herbst 1939 ähnelte jener von 1914 – mit umgekehrten Vorzeichen. Nun sollte zuerst im Osten der Feind niedergerungen werden, woraufhin man sich umgehend nach Westen wandte. Und tatsächlich gelang es den Deutschen auch, Polen eine schnelle Niederlage zuzufügen. Denn der Angriff auf den östlichen Nachbarn fand unter äußerst günstigen Umständen für die Wehrmacht statt: Der polnische Staat war auf drei Seiten von deutsch kontrollierten Gebie-

Ich habe gesehen, wie polnische Kavallerie gegen deutsche Panzer angerannt ist, mit entsprechend fürchterlichem Gemetzel.

Günther Reichhelm, Generalstabsoffizier

Zum ersten Mal kam die neu geschaffene Panzerwaffe voll zum Zuge, unterstützt von der Luftwaffe. Dieses Zusammenspiel der modernen Waffen hat zu dem großen Erfolg in Polen geführt.

Bernd Freiherr Freytag von Loringhoven, Generalstabsoffizier

ten umgeben – die Zangenbewegung auf Warschau wurde also geographisch begünstigt und lag nahe. Die Wehrmacht war materiell weit überlegen und traf auf einen Gegner, der ihr technisch und taktisch nicht gewachsen war. Denn die polnischen Truppen waren altmodisch ausgerüstet, schlecht positioniert und miserabel geführt. Zudem erhielten sie von den verbündeten Briten und Franzosen keine militärische Unterstützung, die für Entlastung hätte sorgen können. Und es gab einen letzten Faktor, der das Schicksal Polens besiegelte: Im Osten schlug die Rote Armee zu und fiel den bereits schwer angeschlagenen polnischen Streitkräften in den Rücken.

Der Krieg gegen Polen hatte einen Mythos geschaffen, an den die Deutschen wie auch ihre Gegner allzu rasch glaubten – dass die Wehrmacht eine kaum zu bezwingende, hochmoderne Kampfmaschine war. Allerdings darf der blitzartige Sieg gegen Polen nicht darüber hinwegtäuschen, dass die Wehrmacht im Kampf gegen diesen Gegner bereits an ihre Grenzen stieß. Über 16 000 deutsche Soldaten waren gefallen – die entscheidende Schwächung lag indes auf einem anderen Gebiet: Die Divisionen hatten bis zu 50 Prozent Ausfälle an Fahrzeugen zu verzeichnen. Es sollte bis zum Frühjahr 1940 dauern, bis die Lücken wieder geschlossen waren. Außerdem hatten die Deutschen einen Großteil ihrer Munitionsvorräte verschossen – an eine schnelle Auffüllung der Depots war nicht zu denken, da die Kapazitäten der deutschen Industrie angesichts der Bedürfnisse der Wehrmacht überfordert waren. So fehlten monatlich 600 000 Tonnen Stahl, auch die Pulverproduktion konnte vorläufig nicht gesteigert werden. Nur die Tatsache, dass nach dem 18. September die Schlacht um Polen eigentlich schon gewonnen war, rettete die Deutschen vor ernsten Engpässen an der Front. Anfang Oktober meldete der Generalquartiermeister, dass lediglich noch für ein Drittel der Divisionen Munition vorrätig sei – und zwar für einen Kampfzeitraum von 14 Tagen. Auch die Luftwaffe, deren Unterstützung den raschen Sieg erst möglich gemacht hatte, konnte nur für weitere zwei Wochen mit Bomben versorgt werden – danach könnten die Piloten nur noch »Skat spielen«, wie General-oberst Milch, der Generalinspekteur der Luftwaffe, warnte. Hitler tobte, als er von diesen Engpässen erfuhr. Er setzte einen speziellen Munitions-minister ein; der bis dahin zuständige Chef des Heereswaffenamts, General der Artillerie Becker, sah sich zu Unrecht zum Sündenbock abgestempelt und nahm sich das Leben.

Nach außen hin aber zählte nur der rasche Erfolg der Wehrmacht. Er beeindruckte das Volk in der Heimat und schockierte die Welt – auch wenn dieser Feldzug durchaus keine Revolutionierung der Kriegführung darstellte. Eine neue Dimension tat sich unterdessen auf einem anderen Gebiet auf: Polen bekam nun die volle Wucht des nationalsozialistischen Terrors zu spüren. In der »Proklamation an die Polen« vom 1. September, verfasst vom Chef des Oberkommandos des Heeres, von Brauchitsch, hatte es noch geheißen, dass die Wehrmacht die Bevölkerung des Landes nicht als ihren Feind erachten werde und dass man alle völkerrechtlichen Abkommen einhalten wolle. Die Realität sah schon von Beginn an anders aus – so etwa am 4. September in Tschenstochau: Als acht deutsche Soldaten – angeblich durch Schüsse aus dem Hinterhalt – getötet wurden, befahl der Kommandeur des Infanterieregiments 42, tausende Zivilisten zusammenzutreiben. Mindestens hundert Polen ließ er als Repressalie erschießen – darunter viele Juden. Später stellte sich heraus, dass die Schüsse auf seine Soldaten im Chaos des Vormarschs wahrscheinlich von anderen deutschen Einheiten abgegeben worden waren. Solche Aktionen gegen »Geiseln« sind mehrfach belegt. In seinem Buch *Auftakt zum Vernichtungskrieg – Die Wehrmacht in Polen 1939* zitiert der Historiker Jochen Böhler aus einem Merkblatt des OKW mit dem Titel »Polen – Staatsgebiet und Bevölkerung«. Darin heißt es, die Polen seien »willkürlich und rücksichtslos« gegen andere, von »Grausamkeit, Brutalität, Hinterlist und Lüge« sowie »Hassgefühlen« und »blindem Fanatismus« geprägt. Mit derartigen Warnungen im Hinterkopf seien, so Böhler, deutsche Soldaten der polnischen Bevölkerung begegnet. Dazu kamen Befehle, die »größte Härte« forderten, und die verbreitete Furcht vor Partisanentätigkeit. Die große Nervosität der noch kriegsunerfahrenen deutschen Soldaten, verbunden mit hergebrachten Vorurteilen, hätten zu Auswüchsen wie in Tschensto-chau geführt.

Böhler nennt weitere Beispiele: So erschossen bei Ciepielów Angehörige des Infanterieregiments 15 am 8. September nach einem Gefecht 250 gefangene polnische Soldaten. Andernorts kam es zu Plünderungen und Gewaltexzessen durch deutsche Soldaten – zumeist Einzeltaten, die von der Wehrmachtführung als Disziplinarverstöße betrachtet wurden. Und die gedachte man vor Militärgerichten zu ahnden. Doch die meisten Angeklagten wurden durch eine Verfügung Hitlers vom 4. Oktober 1939 amnestiert. Ihr Verhalten wurde verharmlost – in der Verfügung hieß es, es handle sich um Taten, »die seit Beginn des Feldzuges aus Erbitterung wegen der von Polen verübten Gräuel begangen worden« seien. Tatsächlich hatte es nach dem Beginn des Krieges Ausschreitungen von Polen gegenüber Angehörigen der deutschen Minderheit im Lande gegeben. Man schätzt heute, dass ungefähr 4000 »Volksdeutsche« gewaltsam umkamen – sie lieferten nun den Vorwand für einen flächendeckenden Amnestieerlass.

Für die jüdische Bevölkerung Polens begann schon mit dem Einmarsch der Wehrmacht ein langer Leidensweg. Dass die Juden besonders ins Visier genommen wurden, schien die meisten Soldaten nicht zu überraschen – das gehörte zum Alltag unter dem NS-Regime. Die Wehrmacht war ein Spiegelbild der damaligen deutschen Gesellschaft. So gab es unter den Soldaten Antisemiten in allen Schattierungen, aber auch solche, die antijüdische Maßnahmen mit Erschrecken zur Kenntnis nahmen. Heinrich Husmann erinnert sich an eine Razzia seiner Einheit: »Ich war in der 6. Kompanie, Schützenregiment 14. Die 7. Kompanie erhielt den Auftrag, alle Juden zwischen 16 und 60 Jahren aus ihren Häusern herauszuholen und auf dem Marktplatz zusammenzutreiben.«

Viele Juden wurden zu »Arbeitseinsätzen« befohlen. »Wir sahen, dass

Wir waren in einem kleinen Dorf, da kam eine junge Dame und fragte mich – ich war damals Feldwebel: »Sagen Sie mal, müssen wir Angst um unser Leben haben?« Ich merkte, dass es scheinbar eine Jüdin war. Ich habe zu ihr gesagt: »Soweit ich weiß, brauchen Sie keine Angst zu haben.« Ein paar Monate später hätte ich ihr gesagt: »Hauen Sie bloß ab!«

Klemens Wollschläger, Wehrmachtsoldat

die Feldgendarmerie Juden, hauptsächlich ja ›Kaftanjuden‹, beim Wickel hatte, die dann die Straße saubermachen mussten«, berichtet Georg Pengel. Der Einundzwanzigjährige gehörte zu einem Vorauskommando der Luftwaffe und beaufsichtigte auf einem Flugplatz bei Radom ein Arbeitskommando jüdischer Männer: »Da hatten wir Quartier gemacht, und es wurden Betten umgestellt. Und damit wurden jüdische Bürger beauftragt und herangeführt. Dabei waren auch sechs alte Juden mit Hut und Kaftan.« In einer Pause besorgte Pengel Brot und kam ins Gespräch mit einem der Männer: »Ein Jude war dabei, der hatte einen Zivilanzug an. Der holte aus seiner Brieftasche ein Bild, auf dem er als österreichischer K.u.k.-Offizier zu sehen war. Also, in einer typischen Honved-Uniform, wie die Ungarn sie hatten. Da habe ich zum ersten Mal gedacht: Mensch, was ist das für eine Scheiße! Er sagte: ›Ich bin schon drei Tage unterwegs, immer unter Aufsicht.‹ Ich fragte: ›Wollen Sie nicht abhauen? Sie können abhauen!‹ – ›Wo soll ich hin?‹, sagt er. Ich muss heute noch an diesen Mann denken, der neben mir saß, unrasiert, in einem Anzug, der mal ein guter Anzug und schon sehr in Mitleidenschaft gezogen war. Und das hat mir doch sehr zu denken gegeben, dass so was möglich sein kann.«

> **Es kam ein Befehl, dass die Juden vor jeder Uniform die Mütze abzunehmen hätten. Wir in unserem jugendlichen Wahn sind natürlich zum Markt marschiert, um zu sehen, wie die Juden vor uns die Mütze ziehen. Das kam mir später grausam in Erinnerung.**
>
> Max Gotthardt, Wehrmachtsoldat

Was unter der deutschen Herrschaft alles möglich sein sollte, zeigte sich bald. Fünf sogenannte Einsatzgruppen – bestehend aus Sicherheitspolizei und SS – sollten im besetzten Polen eine »volkstumspolitische Flurbereinigung« vornehmen. Der dafür verantwortliche Reinhard Heydrich setzte die Mordmaschinerie »gemäß Sonderbefehl des Führers« in Gang. Es handelte sich um Mordaktionen, denen die polnische Intelligenz und die jüdische Bevölkerung zum Opfer fiel.

Am 17. Oktober gliederte Hitler die SS und die Polizei aus dem Zuständigkeitsbereich der Militärgerichtsbarkeit in Polen aus – wegen des »mangelnden Verständnisses der Wehrmacht« für die »Maßnahmen«. Denn die hatte einige SS-Leute wegen ihrer Untaten tatsächlich vor Gericht gestellt. Generaloberst Johannes von Blaskowitz, Militärbefehlshaber in Polen, schrieb an seinen Vorgesetzten Brauchitsch und beklagte die »tierischen und pathologischen Instinkte der SS«, die dazu geführt hätten, dass zehntausende Juden und Polen ermordet worden seien. Blasko-

Oben: »Auftakt zum Vernichtungskrieg«: Dem Massaker von Wehrmachtseinheiten in Tschenstochau am 4. September 1939 fielen mindestens 100 Zivilisten zum Opfer
Unten: »Die Truppe lehnt es ab, mit den Gräuelhandlungen der Sicherheitspolizei identifiziert zu werden«: Johannes von Blaskowitz protestierte gegen Mordexzesse der SS

> »Ich schäme mich, ein Deutscher zu sein. Die blühendste Phantasie einer Gräuel-
> propaganda ist arm gegen die Dinge, die eine organisierte Mörder-, Räuber- und
> Plündererbande unter angeblich höchster Duldung dort verbricht. ... Diese Min-
> derheit, die durch Morden, Plündern und Sengen den deutschen Namen besudelt,
> wird das Unglück des ganzen deutschen Volkes werden, wenn wir ihr nicht bald
> das Handwerk legen.«
>
> Helmuth Stieff, Generalstabsoffizier, Brief an seine Frau,
> 21. November 1939

witz befürchtete eine »maßlose Verrohung und Verkommenheit, falls die
SS nicht unter Kontrolle gebracht« werde. Dazu sei er nicht in der Lage,
da sich die Einsatzgruppen »von Amts wegen autorisiert und zu jeder
Grausamkeit berechtigt fühlen«. Weiter heißt es: »Die Truppe lehnt es ab,
mit den Gräuelhandlungen der Sicherheitspolizei identifiziert zu werden
und mit diesen fast ausschließlich als Exekutionskommandos arbeitenden
Einsatzgruppen zusammenzuarbeiten. Die Polizei hat bisher nur Schrecken in der Bevölkerung verbreitet.« Brauchitschs Antwort auf den Protest
war verquast, aber auch erschreckend eindeutig: »Die für die Sicherung
des deutschen Lebensraums notwendige und vom Führer angeordnete Lösung volkspolitischer Aufgaben musste schon zwangsläufig zu sonst ungewöhnlichen harten Maßnahmen gegenüber der polnischen Bevölkerung
des besetzten Gebiets führen.« Generell warnte er von Blaskowitz: »Kritik, die geeignet ist, die Einheitlichkeit und Schlagkraft der Truppe zu
gefährden, muss verboten werden.«

Auch die Wehrmacht hatte in Polen gemordet – so waren 3000 Gefangene und 7000 Zivilisten ums Leben gekommen. Aber überwog die Kritik
oder die Akzeptanz derartiger Exzesse? Das sind Fragen, die noch heute
die Gemüter bewegen. Einige Antworten liefern die Abhörprotokolle aus
dem britischen Generalslager Trent Park. Dort erzählte General Edwin
Graf von Rothkirch – ein passionierter Amateurfilmer – einem Mitgefangenen: »Ich bin in Kutno gewesen, ich will filmen, das ist das Einzige, was
ich tue. Da kannte ich auch einen SS-Führer ganz gut und spreche so über
dieses und jenes, und da sagt er: ›Gott, na ja, wenn Sie einmal so eine Er-

Generalmajor Robert Sattler: »*Wir haben Leute erschossen. Schon '39 fing es in Polen an. Die SS soll ja kolossal gewirtschaftet haben.*«

Generalleutnant Karl Wilhelm von Schlieben: »*Deswegen ist Blaskowitz dann wohl entlassen worden.*«

Generalmajor Robert Sattler: »*Ja, natürlich, und die SS-Leute wurden befördert, statt erschossen zu werden.*«

Aus einem abgehörten Gespräch in Trent Park, August 1944

schießung filmen wollen?‹ Ich sage: ›Nein, also, das ist mir zu widerlich.‹ Er: ›Ja, ich meine, es spielt gar keine Rolle, die Leute werden immer morgens erschossen; wenn Sie wollen, wir haben noch welche, wir können sie auch mal nachmittags erschießen.‹ Sie machen sich keinen Begriff, dass diese Männer noch vollkommen verrohen.« Doch das war nicht sein einziges Erlebnis in Polen. »Sehen Sie, wie selbst wir verwildert sind: Ich fuhr durch einen kleinen polnischen Ort, da wurden Studenten erschossen, nur weil sie Studenten sind, und polnische Adelige und Gutsbesitzer, alles wurde erschossen. Ich komme zu General Bockelberg und erzähle ihm das. Da sagt er: ›Ja, hören Sie mal, das können wir nicht anders machen, es muss sein, denn die Studenten, das sind die gefährlichsten Leute, die müssen alle verschwinden, und der Adel, die werden immer gegen uns aufmucken. Im Übrigen – regen Sie sich doch nicht so furchtbar auf. Wenn wir den Krieg gewinnen, ist ja alles egal.‹ Da sage ich: ›Herr Generaloberst, das mag ja alles sein, aber an diesen neuen Grundsatz muss ich mich erst gewöhnen.‹« An derartige »neue Grundsätze« wollte sich zumindest Generaloberst Blaskowitz als Oberbefehlshaber in Polen nicht gewöhnen. Doch sein Protest bewirkte nichts, er wurde im Mai 1940 abgelöst. Seine Karriere aber beendete der Protest nicht – er wurde kurz darauf Militärbefehlshaber in Frankreich. In Trent Park wurde auch das diskutiert. »Blaskowitz hat sich damals dagegen gewehrt, es ist ihm aber schlecht bekommen. Die Wehrmacht hat ja nichts dagegen zu sagen gehabt. ›Das ist Zivilverwaltung, das geht uns nichts an‹«, habe es stets geheißen, erinnerte sich Oberst Rudolf Müller-Römer. »Das ist es ja eben, dass die hohen Wehrmachtführer nicht geschlossen gesagt haben: ›Diese Schweinerei machen wir nicht mehr mit! Das ist eine Verschandelung des

56

deutschen Namens!‹ … Wenn sie es alle gemacht hätten und rechtzeitig – das wird ein Rätsel in der Weltgeschichte für Historiker sein, dass so etwas möglich war«, räsonierte sein Mitgefangener, Konteradmiral Walter Hennecke. Müller-Römers Fazit: »Das ist die historische Schuld der deutschen Generalität …«

Doch diese Generalität war seit dem Herbst 1939 mit dem nächsten Feldzug beschäftigt. Der Sieg in Polen konnte nicht darüber hinwegtäuschen, dass das Reich in eine strategisch ungünstige Lage geraten war. Mit der Kriegserklärung Frankreichs und Englands hatte Hitler, als er Polen überfiel, nicht ernsthaft gerechnet. Lediglich der Westwall war verstärkt ausgebaut worden. Für den nun anstehenden Krieg gegen die Westmächte aber gab es keinen gesamtstrategischen Plan, geschweige denn einen Operationsplan. Der Generalstab des Heeres hatte nicht einmal für diese Eventualität planen dürfen. Jede Überlegung in Bezug auf einen Krieg im Westen hätte bedeutet, an Hitlers außenpolitischen Fähigkeiten zu zweifeln. Vielmehr hatte er am 22. August 1939 vor der versammelten Generalität auf dem Obersalzberg noch über die Westalliierten gespottet: »Unsere Gegner sind kleine Würmchen. Ich sah sie in München.« Angesichts der neuen, unerwarteten Lage setzte Hitler seine Heerführer unter Druck. Schon am 9. Oktober 1939 erließ er eine Denkschrift, in der er den Angriff auf Frankreich ankündigte – er sah das Ruhrgebiet als »Achillesferse des Reiches« und wollte einem eventuellen Angriff der Alliierten rasch zuvorkommen. Er plante, den »großen Schlag« noch vor Weihnachten 1939 zu führen, als vorläufigen Angriffstermin nannte er den 25. November. »Wenn wir das nicht fertigbringen, verdienen wir, verprügelt zu werden«, verkündete er. Die Militärführung war schockiert – sie kannte die Schwächen der Wehrmacht nach dem Polenfeldzug nur zu genau. Doch ihr »Führer« schien gewillt, rasch auf die Bedrohung des Reiches aus dem Westen zu reagieren und das Heil im Angriff zu suchen. »Sein Beginn kann nicht früh genug erfolgen. Die kommenden Monate werden zu keiner wesentlichen Vergrößerung unserer eigenen Angriffskraft führen, wohl aber zur wesentlichen Verstärkung der Abwehrkraft unserer Gegner«, so Hitler. Doch eine Denkschrift, die im Auf-

> **Der große Angstgegner war natürlich Frankreich. Vor allem wegen der Erinnerung an den Ersten Weltkrieg mit der Vorstellung, das deutsche Heer wird wieder verbluten im Westen. Die Generalität und insbesondere Halder haben alles versucht, um diesen Krieg zu verhindern.**
> Christian Hartmann, Historiker

trag des OKH verfasst wurde, kam zu anderen Schlüssen: Die Wehrmacht sei nicht gerüstet für einen Kampf gegen »ständige Befestigungen«. General von Brauchitsch hielt die Idee »für einen Wahnsinn«, selbst der als »Nazi-General« geltende Walter von Reichenau nannte Hitlers Pläne »geradezu verbrecherisch«.

Wie schon im Herbst 1938, bei der Sudetenkrise, war die Wehrmachtführung entsetzt über Hitlers Vabanquespiel. Sie meldete erneut fachliche Bedenken an: So ein Krieg sei »überstürzt und aussichtslos«, die Truppe sei erschöpft, der Nachschub fehle. Und wie schon im Herbst 1938 erwog Generaloberst Franz Halder, Hitler durch einen Putsch zu entmachten. Eingeweiht in diese Aktivitäten war auch der Abwehroffizier Helmut Groscurth. Er hielt in seinem Privattagebuch fest, dass Halder ihm mit Tränen in den Augen gestanden habe, »er sei seit Wochen mit der Pistole in der Tasche zu Emil (Hitler) gegangen, um ihn eventuell über den Haufen zu schießen«. Die Verschwörer einigten sich darauf, die Putschpläne von 1938 zu reaktivieren, falls Hitler jetzt den Befehl zum Angriff im Westen gebe.

Der taktierende Halder wollte jedoch einen Putsch möglichst vermeiden. Bevor irgendetwas in Richtung Staatsstreich unternommen werden könne, müsse von Brauchitsch dem »Führer« die Meinung sagen, ihm alle Einwände klipp und klar darlegen. Halder setzte sämtliche Hoffnungen in dieses Gespräch am 5. November. Umso entsetzter war er, als Hitler von Brauchitsch, den Oberkommandierenden des Heeres, brüllend »zusammenfaltete« und türenknallend den Raum verließ. »Kreidebleich, mit verzerrtem Gesicht« sei Brauchitsch aus der Besprechung gekommen. »Ich tue nichts, aber ich werde mich auch nicht dagegen wehren, wenn es ein

»Hochbetrieb. Plötzlich sind wir wieder mittendrin in der Atmosphäre kurz vor München 1938. ... Morgen ist Brauchitsch bei Hitler zum Vortrag angesagt. Bei dieser Gelegenheit soll die endgültige Entscheidung fallen. ...Trotzdem bleibt Schacht dabei, es werde wieder nichts geschehen: ›Passen Sie auf, der schlaue Hitler riecht den Braten und wird morgen keine Entscheidung verkünden.‹«

Hans Bernd Gisevius, Mitarbeiter der Abwehr, Tagebuch,
4. November 1939

anderer tut«, war alles, was er noch zu sagen hatte. Ein Satz, der symptomatisch wurde für die Haltung der militärischen Führung. Halders Widerstand schien ebenfalls gebrochen. Ein einziger Tobsuchtsanfall Hitlers schien vollkommen auszureichen, um sämtliche fachlichen Bedenken des Generalstabschefs vom Tisch zu fegen. Major Groscurth, eine der Triebfedern des frühen militärischen Widerstands, hielt am 6. November in seinem Privattagebuch fest: »... alles ist zu spät und völlig verfahren. Diese unentschlossenen Führer ekeln einen an. Grauenvoll.«

Der Generalität gelang es immerhin, unter Berufung auf ungelöste Sachfragen die Entscheidung zum Angriff immer wieder herauszuzögern – zu Hilfe kam ihnen dabei die Tatsache, dass im Winter 1939/40 die Witterungsbedingungen denkbar ungünstig für eine Offensive waren. 29-mal wurde der Termin zum Losschlagen im Westen verschoben – bis zum 10. Mai 1940. Bis dahin blieb der Wehrmacht Zeit, einen Plan für den Kampf gegen die Westmächte auszuarbeiten. Nach den üblichen Maßstäben war dieser Krieg ohnehin kaum zu gewinnen. Die Alliierten waren in jeder Hinsicht überlegen – sie hatten mehr Soldaten, mehr Panzer, mehr Flugzeuge, mehr Ressourcen. Und sie lagen verschanzt hinter der Maginot-Linie. Die ersten Angriffsplanungen zeugten weder von

> **»Brauchitsch ist völlig zusammengebrochen.«**
> Helmut Groscurth, Offizier der Abwehr, Tagebuch, 5. November 1939

> **»Brauchitsch erlitt einen richtiggehenden Nervenzusammenbruch. Und wie das so geht, plötzlich rannen nicht nur bei ihm, sondern auch bei Halder die Tränen. Oh, dieser Halder! Haben wir es uns nicht gleich gedacht?«**
> Hans Bernd Gisevius, Mitarbeiter der Abwehr, Tagebuch, 6. November 1939

Originalität noch von Kühnheit der Planer. Der Militärhistoriker Karl-Heinz Frieser schreibt in seinem Buch *Die Blitzkrieg-Legende* dazu: »Wollten Brauchitsch und Halder überhaupt einen funktionalen Operationsplan präsentieren, oder dokumentiert die erste Aufmarschanweisung nicht eher einen Akt des Widerstands? Die damaligen Aktivitäten der Führungsspitze des Heeres lassen eher die zweite Möglichkeit vermuten. Der vorgelegte Operationsplan war eher dazu angetan, Hitler die Sinnlosigkeit einer Westoffensive vor Augen zu führen – das zeugt vielleicht vom Widerwillen der Planer, den Angriff überhaupt zu führen.«

Die wenig überzeugenden Pläne, aber auch die immense Aufgabe, die sich stellte, empfand Generalleutnant von Manstein, der Chef des Generalstabs der Heeresgruppe A, als Herausforderung. In Koblenz stationiert, entwickelte er eine verblüffende Idee – seine Heeresgruppe A sollte dort

»Diese unentschlossenen Führer ekeln einen an«: Der Oberbefehlshaber des Heeres, Walther von Brauchitsch (rechts), und Generalstabschef Franz Halder im Herbst 1939

vorstoßen, wo der Gegner es am wenigsten erwartete: im bewaldeten und hügeligen Gebiet der Ardennen. Dieser Abschnitt der französischen Ostgrenze galt den Franzosen als »bestes Panzerhindernis in Europa«, hier hatten sie bewusst den Ausbau ihrer Bunkerlinie vernachlässigt. Genau hier aber sollten die konzentrierten Panzerkräfte der Wehrmacht vorrücken. Die Wahl des ungewöhnlichen Vormarschwegs war nicht das eigentlich Neue an Mansteins Plan – neu war der zweite Teil des Manstein-Konzepts: Die Panzerstreitmacht sollte die Maas bei Sedan überwinden, sich dann von der nur langsam vorrückenden Infanterie »abnabeln«, um mit hoher Geschwindigkeit und im großen Bogen bis zur

»Atemberaubende Idee des Sichelschnitts«: Der Feldzugsplan Erich von Mansteins wurde von der konservativen Militärelite zunächst abgelehnt

»Am vierten Tag über die Maas!«: General-oberst Heinz Guderian in seinem Befehls-panzer während des Feldzugs in Frankreich

Kanalküste vorzustoßen. Zweck der Aktion waren die Umfassung und Einkesselung der alliierten Hauptstreitmacht, die im Norden Frankreichs und Belgiens stand. Diese Strategie hatte alles, was im Sinne des »schnellen Krieges« Erfolg versprechend war: Überrumpelung des Gegners, ständige Bewegung und Geschwindigkeit, eine eindeutige Konzentration auf eine Hauptangriffsspitze und das Ziel, die alliierten Verteidiger in die Zange zu nehmen. Es war ein klassischer Schlachtplan im Sinne Moltkes und Schlieffens, mit dem eigene Unterlegenheit durch Kühnheit ausgeglichen werden konnte. Wichtig aber ist eines: Der »Sichelschnitt« war nicht der Ausdruck einer von langer Hand entwickelten expansiven »Blitzkrieg«-Strategie. »Er stellte vielmehr eine operative Verzweiflungsak-

»Die Operationsabsichten des OKH schienen im Wesentlichen eine Nachbildung des berühmten Schlieffenplanes von 1914 zu sein. Es erschien mir reichlich niederziehend, dass unserer Generation nichts anderes einfallen sollte als die Wiederholung eines alten Rezepts, selbst wenn dieses von einem Manne wie Schlieffen stammte.«

Erich von Manstein, *Verlorene Siege*

»Eines Tages im November [1939] ließ mich Manstein zu sich bitten und setzte mir seinen Gedanken auseinander, mit starken Panzerkräften durch Luxemburg und Südbelgien gegen die verlängerte Maginot-Linie bei Sedan vorzugehen, diese befestigte Front zu durchstoßen und sodann den Durchbruch durch die französische Front zu vollenden. Er bat mich um die Prüfung seines Vorschlages vom Standpunkt des Panzermannes. Nach eingehendem Kartenstudium und auf Grund eigener Kenntnisse des Geländes aus dem Ersten Weltkrieg konnte ich Manstein die Versicherung geben, dass die von ihm geplante Operation durchführbar sei. Die einzige Bedingung, die ich zu stellen hatte, war die, eine ausreichende Zahl von Panzer- und motorisierten Divisionen an dieses Unternehmen zu setzen, am besten alle!«

Heinz Guderian, *Erinnerungen eines Soldaten*

tion dar, um aus einer strategisch verzweifelten Situation herauszukommen«, so die Einschätzung des Militärhistorikers Karl-Heinz Frieser.

Ein Generalskollege von Mansteins, der Panzerexperte Heinz Guderian, der Ende 1939 ebenfalls in Koblenz stationiert war, zeigte sich begeistert. Doch die konservative Elite des deutschen Militärs war erschreckt von dem unkonventionellen Schlachtplan. »Die Idee Mansteins zum Sichelschnitt war so atemberaubend, klang so verrückt, sie erschien wie der Alpenübergang Hannibals mit Elefanten oder eher wie die Phantasie eines Jules Verne, aber nicht wie etwas, das man dem methodisch-pedantischen Denken eines deutschen Generals zugetraut hätte«, erklärt Frieser im ZDF-Interview. Viele sahen in Manstein einen lästigen Ehrgeizling, der lediglich seiner Heeresgruppe mehr Bedeutung verschaffen wollte. Und so wurde Manstein das erste Opfer seines Plans: Er wurde durch eine Beförderung kaltgestellt; sein neuer Dienstort Stettin lag weit weg von der Westfront. Doch zuvor bekam er Gelegenheit, Hitler sein Konzept darzulegen. Der zeigte sich begeistert – und langsam fanden auch Zweifler wie Halder Geschmack an der Idee. Später nahm er für sich in Anspruch,

> **Der Erfinder des Manstein-Plans wurde sein erstes Opfer, denn General von Manstein wurde abgelöst, weil man diesen Plan für abenteuerlich und für verrückt erklärte.**
> Karl-Heinz Frieser, Historiker

> **Der Mann ist zwar nicht mein Fall, aber können tut er was.**
> Hitler über Manstein, 1940

ein Miturheber des Plans gewesen zu sein. Es kann kaum überraschen, dass schon bald in der Propaganda die Legende verbreitet wurde, Hitler habe bereits vorher intuitiv dieselbe Lösung gefunden wie Manstein.

Am 10. Mai 1940 diente Mansteins Plan – der erst später von Winston Churchill als »Sichelschnitt«-Operation bezeichnet wurde – als Grundlage für das Vorrücken der Wehrmacht im Westen. Alle Operationen der Heeresgruppe B in Belgien und Holland, inklusive der viel beachteten Luftlandungen, waren zweitrangig. Sie bezweckten lediglich, den Gegner im Norden zu täuschen und zu binden. Derweil sollten die Panzerkolonnen im Eiltempo die Ardennen durchqueren und binnen vier Tagen die Maas bei Sedan erreichen. Die Heeresgruppe B war – nach dem »Stierkampf«-Vergleich, den der britische Militärhistoriker Lidell Hart zog – das »rote Tuch« des Toreros, das den Stier, also den Gegner, zum Vorpreschen provozieren sollte. Und in dessen ungeschützte Flanke sollte die Heeresgruppe A wie ein Degen hineinstoßen. Die Spitze des Degens bildete die Panzergruppe Kleist – fünf Panzerdivisionen und ein motorisiertes Infanterieregiment mit insgesamt 41 140 Fahrzeugen, dazu gehörten 1222 Kampfpanzer. Der den Angriff führende Panzerverband stand unter dem Kommando von Generaloberst Heinz Guderian.

Die Offensive startete chaotisch. Die Straßen, die von den deutschen Aufmarschgebieten in der Eifel, im Raum Limburg und im Raum Wetzlar/Gießen zu den Ardennen führten, waren bald komplett verstopft – beim Vorstoß der Wehrmacht durch Luxemburg und Belgien in Richtung Sedan bildete sich der bislang wohl größte Verkehrsstau in der Geschichte Europas: Auf 250 Kilometern waren am 13. Mai die Straßen bedeckt von wehrmachtgrauen Panzern und Fahrzeugen. Dass sie von den gegnerischen Fliegern unentdeckt blieben und nicht bekämpft wurden, gilt als abenteuerlicher Zufall der Kriegsgeschichte. Trotz des Staus erreichten die Spitzen des deut-

Die Deutschen griffen mit ihren Panzern durch das Waldgebirge der Ardennen an und überraschten dadurch vollkommen die Alliierten. Während diese, die über 4200 Panzer verfügten, ihre Panzer entlang der ganzen Front verkleckert hatten, konzentrierten die Deutschen ihre 2400 Panzer hauptsächlich in den Ardennen, brachen hier durch, und damit war die große Überraschung geschafft.
Karl-Heinz Frieser, Historiker

Da waren die Straßen von uns, von unseren Fahrzeugen und Panzern oft so verstopft, da hieß es: Auf Postkartenstärke ranfahren. Aufschließen.
Justus Habermann, Wehrmachtsoldat

schen Angriffskeils am 13. Mai die Maas bei Sedan. »In drei Tagen an die Maas, am vierten Tag über die Maas!« war Guderians Vorgabe gewesen – und sie wurde eingehalten. Für die einfachen Soldaten waren solche Formeln nebensächlich, wenn sie auf den Gegner trafen. Justus Habermann, Soldat in der 10. Panzerdivision, erinnert sich an den Schrecken der Schlacht: »Die französische Artillerie war in Teilen wahrscheinlich noch intakt, die haben uns manchmal enorm beharkt. Punktgenau. Ich weiß noch, da liefen unsere Soldaten herum, und die schrien nach Mama und Papa. So hart fing das da an zu scheppern.« Seine Erfahrung fasst er so zusammen: »Die Angst ist immer dann am stärksten, wenn man unbeteiligt ist und beschossen wird. Wenn man dichter dran ist und handeln kann, dann ist das weg. Dann geht es um die eigene Haut.« Und der damals einundzwanzigjährige Walter Heinlein, Fahnenjunker bei der 2. Panzerdivision, die vor Sedan stand, erinnert sich: »Vor allem beim Maasübergang haben wir gemerkt, dass auch ein Gegner da ist. Da haben wir ganz schön Zunder gekriegt. Haben auch die ersten Toten gehabt. Der Krieg ist ja doch kein Spaziergang. Insbesondere an der Maas haben wir unheimliche Verluste gehabt, unheimlich Feuer gekriegt, Maschinengewehre und Artillerie, alles durcheinander. Die Gegenwehr war gewaltig.« Doch die sollte mit Hilfe der Luftwaffe gebrochen werden: »Da kamen die ersten Stukas, und das war natürlich neu für uns, dieses Geheule, da sind auch wir zusammengezuckt. Und der Feind natürlich auch, der kannte das ja auch nicht.«

An der Maasschleife bei Sedan bekamen es die französischen Verteidiger nun mit der ganzen Schlagkraft von Hitlers Luftwaffe zu tun. Bis dahin hatte sich die Luftwaffe nur im Norden bei der Heeresgruppe B in die Kämpfe eingeschaltet – auch, um den Gegner über den eigentlichen Schwerpunkt des Angriffs zu täuschen. Doch am 13. Mai unterstützten die deutschen Flieger mit allen ihnen zur Verfügung stehenden Maschinen die Panzergruppe Kleist. »Nie wieder führte die deutsche Luftwaffe auch nur annähernd einen derart massiven Angriff gegen einen derart schmalen Frontabschnitt durch«, schreibt der Historiker Karl-Heinz Frieser. Welle um Welle bombardierten Stukas und Bomber stundenlang die französischen Stellungen vor Sedan – insgesamt waren 1500 deutsche Flugzeuge im Einsatz. Die psychologische Wirkung dieser Angriffe war wesentlich größer als die physische Vernichtung, die sie verursachten.

Oben: »Da hieß es: Auf Postkartenstärke ranfahren«: Panzerkolonnen der Wehrmacht auf dem Weg Richtung Sedan
Unten: »Da haben wir ganz schön Zunder gekriegt«: Einheiten der Wehrmacht überqueren die Maas, 14. Mai 1940

»Fünf Stunden dieses Albtraums genügten, ihre Nerven zu zerreißen, sie konnten auf die herannahende Infanterie nicht mehr reagieren«, schrieb ein französischer General über die Wirkung auf seine Truppen. An drei Stellen überwanden nach dem Bombardement Verbände der deutschen Infanterie den Fluss. Trotz des Luftwaffeneinsatzes kam es zu blutigen Gefechten: »Da mussten dann auch unserer Pioniere ran – vor allem mit Flammenwerfern. Die haben dann auf die Luken gehalten, damit die Verteidiger nicht mehr beobachten konnten«, beschreibt Walter Heinlein die Kämpfe. Und den Durchbruch habe die Infanterie geschafft: »Durch die Tapferkeit unserer Soldaten. Die sind trotz Verlusten über die Maas gegangen, trotz starken Feuers. Aber der Befehl war eben da, über die Maas zu gehen, und das musste gemacht werden. Ohne Rücksicht auf Verluste.« Die Angreifer eroberten und hielten drei Brückenköpfe – so ermöglichten sie den Bau von Behelfsbrücken, über die am 14. Mai 60 000 Mann und 22 000 Fahrzeuge vorgingen.

Aber nach dem erfolgreichen Durchbruch an der Maas – laut Hitler ein »Wunder« – griff der »Führer« den vorrollenden Truppen in die Speichen. »Sichelschnitt« hin oder her, der Diktator erließ die Weisung, anzuhalten und mit allen vorhandenen Kräften die soeben erkämpften Brückenköpfe zu sichern. Der Ausbruch der Panzerkräfte aus dem Brückenkopf in Richtung Kanalküste erschien ihm und etlichen seiner konservativen Militärberater als viel zu riskant, weil sie befürchteten, dass die vorstürmenden Panzer an ihrer ungeschützten Flanke angegriffen würden. Einem flexibel agierenden Gegner hätte dies eine willkommene Gelegenheit zum Gegenstoß geboten, doch schnelle Reaktionen waren nicht die Stärke der Westalliierten im Sommer 1940. Das wusste aus eigener Erfahrung jener Mann, der an vorderster Front den Maasübergang befehligt hatte: Generaloberst Heinz Guderian. Und so entschied er eigenmächtig, den Erfolg sofort zum weiteren Angriff zu nutzen. Guderian, der den ursprünglichen Plan mit dessen Urheber, Manstein, 1939 in Koblenz lange besprochen hatte, handelte instinktiv richtig – aber befehlswidrig! Er ließ den wertvollen Brückenkopf an der Maas nur schwach gesichert zurück. Dieses Risiko nahm er auf sich, um eine einmalige Chance zu nutzen. In der neueren Militärgeschichte stellt Guderians eigenmächtige Aktion einen Wendepunkt dar, konstatiert der Militärhistoriker Karl-Heinz Frieser: »Das aus dem Jahr 1918 stammende Kriegsbild des ›Stellungskriegs‹ wurde auf abrupte Weise durch das Kriegsbild des modernen, ›operativen Bewegungskriegs‹ abgelöst.« Und er benennt Guderian als denjenigen, der den Frankreichfeldzug entschied: »Hierbei verstieß er nicht nur gegen die eindeutigen Befehle seiner Vorgesetzten und die Weisung Hitlers, sondern auch gegen alle ›Regeln der Kriegskunst‹. Doch mit seiner Entscheidung löste er einen Lawineneffekt aus, denn er riss auch die anderen Panzerdivisionen mit sich. Diese formierten sich zu einem operativen Stoßkeil, der völlig isoliert auf die Kanalküste zustrebte.« Nicht nur Guderian brach aus, sondern auch das Panzerkorps Hoth, das 30 Kilometer weiter nördlich einen Maasübergang erkämpft hatte. Wie wir heute wissen, hatte an diesem 14. Mai 1940 die französische Armee den Krieg bereits verloren – auch wenn ihre Führung es noch nicht ahnte. Die Befestigungen an der Ostgrenze waren durchbrochen, die deutschen Panzertruppen setzten zur Umfassung des Gegners an. In der Kriegsgeschichte war dies der erste »operative« Einsatz der Panzerwaffe: Ganze Panzerdivisionen drangen weit vor und setzten auf »handstreichartige« Überraschung. Es galt nicht mehr, durch einige Panzer eine örtliche taktische Überlegenheit zu erzielen, sondern die überlegene und weitgreifende Beweglichkeit als Trumpf auszuspielen. »Operation ist Bewegung!« war das Motto.

Die ersten Erfolge schienen Guderian recht zu geben. Dennoch wurde die Chance nicht so konsequent ausgenutzt, wie er es sich wünschte. Schon am 17. Mai erhielten seine Panzer den Befehl, bei Montcornet anzuhalten – und zwar kam die Anweisung von Hitler persönlich. »Der Führer ist ungeheuer nervös. Er hat Angst vor dem eigenen Erfolg«, notierte General Halder am 17. Mai in seinem Kriegtagebuch. Und das Kriegstagebuch der Heeresgruppe A fasst Hitlers Bedenken zusammen: »Unter keinen Umständen dürfe es in diesem Augenblick an irgendeiner Stelle einen Rückschlag geben, der nicht nur der militärischen, sondern vor allem auch der politischen Führung unseres Gegner einen verhängnisvollen Auftrieb ge-

Ich wurde mit anderen abkommandiert, ein französisches Dorf, das stark zerschossen war, zu durchkämmen, und kam in ein Haus, in dem die Decke eines großen Zimmers eingestürzt war – die Uhr tickte noch an der Wand –, als ich ein leises Wimmern hörte und ins Nebenzimmer ging, das noch erhalten war. Und da sah ich ein kleines Mädchen von vielleicht zehn Jahren inmitten der Leichen seiner Angehörigen sitzen. Ich habe es auf den Arm genommen und zur Sanitätsstelle gebracht, und habe später erfahren, dass es irgendwo untergebracht worden ist. Das hat einen ersten, sehr tiefen Eindruck auf mich gemacht, was Krieg bedeutet.

Heinz Drossel, Wehrmachtsoldat

ben würde.« Um den Panzerkeil und die nachfolgenden motorisierten Unterstützungstruppen gegen Angriffe in seine entblößte Flanke zu schützen, sollte die »alte Wehrmacht«, die Infanterie und die mit Pferden bespannte Artillerie, aufrücken. Denn in Frankreich kämpften in der Uniform der Wehrmacht eigentlich zwei Armeen: zum einen die modernen, motorisierten und gepanzerten Verbände – doch die machten nur zehn Prozent der Gesamtstärke aus. Der größte Teil des Heeres bewegte sich in einer Geschwindigkeit, die eher den napoleonischen Kriegen entsprach. Die endlosen Kolonnen der Infanterie marschierten zu Fuß, die Trosse und die Artillerie waren auf Zugpferde angewiesen. Die Wehrmacht als Ganzes war also keineswegs eine »stählerne Lawine«, die unaufhaltsam durch Frankreich rollte. Sie war eher mit einer Lanze zu vergleichen – die gefährliche Spitze war aus Stahl, doch der lange Schaft bestand aus Holz.

Am 19. Mai konnte Generalstabschef Halder seinen »Führer« dazu bewegen, den Befehl, mit dem Vormarsch innezuhalten, aufzuheben, Guderians Panzer rollten wieder auf die Kanalküste zu. Doch wenige Tage erfolgte erneut eine Weisung, die als berühmtester »Halt-Befehl« in die Geschichte des Zweiten Weltkriegs eingehen sollte. Die deutschen Panzerspitzen hatten die Kanalküste erreicht, sie standen 15 Kilometer vor Dünkirchen, dem letzten Seehafen, der sich noch in alliierter Hand befand. Mit dem »Sichelschnitt« war es gelungen, die Hauptstreitmacht der Alliierten einzukesseln, nun galt es, die Truppen im Kessel anzugreifen, um ein Entkommen über den Hafen von Dünkirchen zu verhindern. Franzosen und Briten kämpften noch gegen die deutsche Heeresgruppe B und hatten keine Chance, der Gefahr, die in ihrem Rücken lauerte, zu entrinnen. Doch dann erging an Guderians Panzer der Befehl zum Anhalten – zuerst vom Chef der Heeresgruppe A, Generaloberst Gerd von Rundstedt: Er wollte am 23. Mai die Panzer anhalten lassen, um den Umfassungsarm, der ihm noch schwach erschien, entscheidend zu stärken und wiederum die Infanterie »aufschließen« zu lassen. Das OKH unter von Brauchitsch war allerdings dafür, die Panzer weiterrollen zu lassen, um Dünkirchen zu erobern. Noch am selben Tag entzog die Heeresführung von Rundstedt das Kommando über die Panzerdivisionen. Begründung: Die Panzerspitze müsse der Heeresgruppe B unterstellt werden, damit die bevorstehende Kesselschlacht einheitlich geführt werden könne. Hitler besuchte am 24. Mai von Rundstedts Hauptquartier in Charleville. Aufgebracht darüber, dass die »Entmachtung« von Rundstedts ohne sein Wissen geschehen sei, erklärte er alle Anweisungen des OKH für »null und nichtig« und bestätigte Rundstedts Befehl zum Anhalten der Panzer. Am 24. Mai erfolgte also jener »Führer«-Befehl der als »Hitlers Halt-Befehl vor Dünkirchen« Geschichte machte. General von Rundstedt erhielt die Befehlsgewalt für alle weiteren Maßnahmen zurück – und die Panzer blieben vor Dünkirchen stehen. »Sie glichen einer Meute Jagdhunde, die in vollem Lauf dicht vor dem Wild angehalten wird und ihre Beute entrinnen sieht«, wie ein Beobachter schrieb. Angeblich sollten die Panzerkräfte geschont werden für weitere Operationen in Richtung Süden. Göring tönte, dass seine Flieger allein die eingeschlossenen Gegner vernichten könnten – ein absurdes Versprechen, denn die Luftwaffe hatte in den ersten 14 Tagen des Westfeldzugs bereits 1000 Flugzeuge verloren. Sie hätte Schonung gebraucht, nicht die Panzertruppe.

Auf fast allen Ebenen der Wehrmacht herrschten Empörung und Unverständnis über den absurden »Halt-Befehl«. OKH-Chef von Brauchitsch wollte protestieren – er wurde von Hitler wütend abgefertigt und schwieg fortan resigniert. Wie schon an so vielen Wendepunkten im Verhältnis zwischen Wehrmacht und Diktator zeigte sich, dass die Männer an der Spitze des Heeres Hitler nicht gewachsen waren. Und der Diktator

> Hitler wollte bei Dünkirchen gar nicht die Panzer stoppen, sondern die Generäle. Bei Dünkirchen kam es zum ersten und zum letzten Mal zu einem Aufstand des Oberkommandos des Heeres gegen Hitler, zu einer Art Machtkampf. Nun statuierte er dieses Exempel und befahl aus Prinzip, dass die Panzer halten müssten.
>
> Karl-Heinz Frieser, Historiker

Oben: »Verheerende psychologische Wirkung«: Eine nach einem Angriff von Stukas zerstörte französische Ortschaft im Juni 1940
Unten: »Viel haben sie natürlich nicht getroffen«: Die Luftwaffe konnte nicht verhindern, dass das Gros der britischen und französischen Streitkräfte über Dünkirchen evakuiert wurde

»Abhängigkeit von extremen Gefühlsschwankungen«: Hitler und der Chef der Heeresgruppe A, Gerd von Rundstedt, am 24. Mai 1940 in Charleville

fand stets einen Weg, mittels ihm treu ergebener Vasallen seine Widersacher in Schach zu halten: In diesem Fall war es General von Rundstedt, der Hitlers Standpunkt teilte und vertrat. Der Militärhistoriker Karl-Heinz Frieser bilanziert: »Es war nicht erst bei Dünkirchen, sondern bereits bei Montcornet, wo der Politiker Hitler – ein Novum der deutschen Militärgeschichte – massiv in den Verlauf einer militärischen Operation eingriff. Insofern stellt der 17. Mai 1940 eine Zäsur dar: Der damals in aller Welt hoch angesehene deutsche Generalstab bildete eine intellektuelle Elite, seine Entscheidungen waren von nüchternem Professionalismus geleitet. Nun hatte in diese Institution ein Element des Unberechenbaren, ja Irrationalen Einzug gehalten. Das Problem bestand weniger in Hitlers mangelndem militärischem Sachverstand, sondern in der Abhängigkeit von seinen extremen Gefühlsschwankungen. Der ›Führer‹ pendelte immer wieder zwischen maßloser Überschätzung der eigenen Möglichkeiten und übertriebener Katastrophenstimmung hin und her.«

Besonders die Ereignisse bei Dünkirchen gelten heute als eine vorentscheidende Weichenstellung in der Geschichte des Zweiten Weltkriegs. Das Gros des britischen Expeditionskorps wurde nicht, wie von Göring lauthals angekündigt, von der deutschen Luftwaffe vernichtet, sondern entkam unter Zurücklassung allen Materials über den Ärmelkanal. Über 120 000 französische und 250 000 britische Soldaten – gut ausgebildete reguläre Truppen – konnten durch die »Operation Dynamo« gerettet werden. Genau diese erfahrenen britischen Offiziere und Soldaten sollten die Kader bilden, um die herum schon bald eine größere, modernere und schlagkräftige britische Armee aufgebaut werden konnte. Diese Armee würde später Rommel in Afrika besiegen und von den Stränden der Normandie bis an den Rhein vormarschieren, um schließlich an der Seite der

Wir meinten, es wäre dringend erforderlich, nach Dünkirchen einzuschwenken, weil wir wussten, dass sich dort die englische Armee im Rückzug befindet und zu den Häfen zurückging. Es wäre an der Zeit gewesen, nun im sofortigen Nachstoß die Engländer zu verfolgen und von ihren Häfen abzuschneiden. Wir haben den Halt-Befehl mit Unverständnis aufgenommen, aber nicht mit Verärgerung.

Günther Reichhelm, Generalstabsoffizier

Amerikaner den Norden und Westen Deutschlands zu besetzen. Das Entkommen der britischen Expeditionsstreitkräfte war für Großbritannien politisch und psychologisch extrem wichtig – Winston Churchill konnte auch in der Stunde der Niederlage im Sommer 1940 seinem Volk einen Funken Hoffnung bieten: das »Wunder von Dünkirchen«. Es gelang ihm, aus der vermeintlichen Niederlage einen indirekten Sieg zu machen. Zu Verhandlungen mit den Deutschen hatte er jetzt keinen Anlass: Seine trotzige Insel würde weiterkämpfen, und bald – so hoffte er – würden die Amerikaner an der Seite der Briten in den Krieg eintreten.

Die ganze Tragweite der Ereignisse von Dünkirchen konnte auf deutscher Seite damals wohl nicht erkannt werden. Warum Hitler so massiv in die Operation der Wehrmacht eingriff und die »Notbremse« zog, stellte allerdings damals viele der Beteiligten vor ein Rätsel. Gerade die Soldaten verstanden nicht, warum der Angriffsschwung gebremst wurde, erinnert sich Walter Heinlein: »Wir haben gedacht, warum geht es nicht weiter? Wir haben doch alle Mittel da, wir haben unsere Panzer da, wir können doch die Engländer alle ins Wasser schmeißen. Doch das durften wir nicht. Und dann kam die Luftwaffe, die hat dann natürlich die Schiffe bombardiert. Viel haben sie natürlich nicht getroffen – das ging damals technisch noch nicht.« Andere neigten dazu, das Ganze dem Weitblick des »Führers« zuzuschrei-

> Ich habe mit meiner Panzerdivision drei Tage vor Dünkirchen gelegen, nicht angreifend, weil – wie wir hörten – Hitler die Engländer schonen wollte, weil er fest damit rechnete, dass England einlenken würde.
>
> Winrich Behr, Generalstabsoffizier

> Der Sichelschnitt funktionierte nicht wegen, sondern trotz Hitler. Er war derjenige, der die Operation im Endeffekt verdarb durch den Halt-Befehl vor Dünkirchen.
>
> Karl-Heinz Frieser, Historiker

ben. »Und hinterher erfahre ich, dass es einen ›Führer‹-Befehl gegeben hat, dass nicht auf die fliehenden Engländer geschossen werden durfte. Das sogenannte Expeditonsheer sollte die Schiffe erreichen. Da haben wir noch gesagt: Was für ein Blödsinn! Und unser Kommandeur hat geantwortet: ›Na ja, die Engländer, das sind Wikinger, das ist auch eine germanische Rasse!‹ Der Rassenwahnsinn war doch damals weit verbreitet. Und dann haben wir gesagt: ›Aha, deshalb nicht! Der will vielleicht noch mal Frieden schließen mit denen, was für uns besser ist, als wenn wir weiter Krieg machen‹«, berichtet Karlhans Mayer über die Spekulationen innerhalb der kämpfenden Truppe. Auch nach dem Krieg wurde über die wahren Hintergründe des »Halt-Befehls« gerätselt – doch plausibel ist kaum eine der Theorien. Der Militärhistoriker Karl-Heinz Frieser findet in seiner Studie *Die Blitzkrieg-Legende* eine Erklärung, die sich auf die Person des Diktators konzentriert. »Um es auf den Punkt zu bringen: Hitler wollte bei Dünkirchen nicht die Panzer, sondern die Generalität im Oberkommando des Heeres stoppen. Es ging ihm schlichtweg ums Prinzip, nämlich das ›Führerprinzip‹. Das ›Dritte Reich‹ war in seiner Vorstellung ein ›Führerstaat‹, in dem alles auf seine Person hin ausgerichtet sein sollte, dies galt gerade für die militärische Führung.« Er zeigte den Militärs, wer das Sagen hatte. Der Krieg gegen Frankreich war stets sein Krieg gewesen; die Wehrmachtspitze hatte ihn für kaum gewinnbar gehalten. Doch der Westfeldzug entwickelte sich zu einem der spektakulärsten Siege der Kriegsgeschichte – und die Generalität im OKH legte plötzlich ein ungeahntes Selbstbewusstsein an den Tag. Halder und von Brauchitsch forcierten nun uneingeschränkt die Idee vom »Sichelschnitt«. Doch als sie – ohne das Wissen Hitlers – von Rundstedt die Befehlsgewalt über die Panzer entzogen, fühlte sich der Diktator provoziert. Karl-Heinz Frieser über Hitlers Reaktion: »Er wollte die sogenannte Hackordnung wiederherstellen und demonstrieren, wer der unumschränkte Führer sei. Nun drehte er den Spieß um und degradierte Brauchitsch und Halder zu Statisten, indem er Rundstedt darüber bestimmen ließ, wie lange die ohnehin gestoppten Panzer noch angehalten werden sollten.« Damit war das Oberkommando des Heeres zeitweilig entmachtet – während von Rundstedt – als Oberbefehlshaber der Heeresgruppe A ein dem OKH untergeordneter General – auf Hitlers Geheiß hin die Verfügungsgewalt über den Fortschritt der Operationen in Frankreich bekam.

Dünkirchen wurde bald von anderen Ereignissen in den Schatten gestellt – der Sieg im Westen war der Wehrmacht trotz des Entkommens der Briten nicht zu nehmen. In Deutschland feierte man das »Wunder von 1940«. Und dieses Wunder schrieb

---

Dass Hitler den Manstein-Plan mit kleineren Änderungen gegen den Generalstab befohlen hat und dann diesen Erfolg hatte, war verhängnisvoll in einer bestimmten Beziehung. Das hat in ihm den Glauben wachsen lassen, dass er selber ein Feldherr sei.
Johann Adolf Graf Kielmannsegg, Generalstabsoffizier

Das wurde anerkannt, dass Hitler hier richtig gehandelt hatte. Das ist natürlich dann sehr schnell dann überhoben worden durch die gewaltige Propaganda, die dann einsetzte, wo Goebbels und so weiter Hitler zum größten Feldherrn aller Zeiten aufplusterten.
Bernd Freiherr Freytag von Loringhoven, Generalstabsoffizier

»Jetzt haben wir gezeigt, wozu wir fähig sind«: Ein deutscher Panzersoldat im Frankreichfeldzug

man dem Genie Hitlers zu. Der Chefredakteur des *Völkischen Beobachters* etwa schwärmte: »…es war der Nationalsozialist Adolf Hitler, der die Fähigkeit bewies, diese Aufgabe zu meistern und den kühnen Weg von der statischen zur dynamischen Kriegführung mit Erfolg zu beschreiten«. Die Legendenbildung war nicht aufzuhalten. Auch weltweit wurde fassungslos nach einer Erklärung gesucht. Und die lautete: Hitler habe die revolutionäre Strategie des Blitzkriegs erfunden, seine Generäle hätten sie auf dem Schlachtfeld umgesetzt. Tatsächlich aber beruhte der »Sichelschnitt«-Plan nicht auf einer durchdachten Doktrin, sondern war eine aus der Not geborene Improvisation General von Mansteins. Sie machte den Krieg in Frankreich zu einem Blitzkrieg, der allerdings eher aus Zufall siegreich beendet werden konnte. Denn Hitler und einige zögerliche, konservativ denkende Generäle gefährdeten in entscheidenden Phasen den Erfolg. Und nur die Eigenmächtigkeit eines einzelnen Mannes sicherte schließlich den überraschend schnellen Sieg: der eigenmächtige Entschluss Guderians, am 14. Mai aus dem Brückenkopf Sedan mit seiner gesamten gepanzerten Streitmacht auszubrechen. Nicht ein ausgereiftes Blitzkriegskonzept – schon gar nicht ein Hitler'scher Geniestreich – entschied den Krieg in

Frankreich, sondern der kühne Plan eines von Manstein und die Insubordination des Panzergenerals Guderian.

Guderians Einsatz der Panzerwaffe und der »Sichelschnitt« stellen gewiss einen Meilenstein der Kriegsgeschichte dar. Wichtiger als diese militärische Revolution war jedoch ein ganz anderer Aspekt: Die Dünkirchen-Entscheidung Hitlers markierte den entscheidenden Wendepunkt in dessen Verhältnis zur Wehrmacht und besonders zur deutschen Generalität. Hatte der Diktator bislang die militärischen Profis entscheiden lassen, wie Operationen zu führen waren, so riss er nun zusehends das Heft fester an sich. Der Militärhistoriker Karl-Heinz Frieser urteilt über die neue Qualität in der Beziehung zwischen dem Generalstab und Hitler: »Da er sich selbst als militärisches Genie betrachtete, sah er in den Generälen, mit denen er sich umgab, schließlich nur noch eine Kulisse für seine einsamen Entscheidungen. Insofern stellt Dünkirchen in der Tat eine Zäsur dar. Als am 17. Juni 1940 in Hitlers Gefechtsstand das Waffenstillstandsgesuch der französischen Regierung einging, stilisierte Generaloberst Keitel den ›Führer‹ zum ›größten Feldherrn aller Zeiten‹ empor. Damit verfiel dieser endgültig dem Cäsarenwahn.« Für die Masse der Soldaten und des deutschen Volkes war Hitler im Sommer 1940 kein Wahnsinniger, sondern ein höchst erfolgreicher »Führer« – er stand im Zenit seiner Macht. Doch Hitler selbst sah den Krieg im Westen nur als Vorstufe zu der epochalen Auseinandersetzung mit dem »Bolschewismus« und der Sowjetunion. Der »größte Feldherr aller Zeiten« hatte noch viel vor mit der Wehrmacht. Und so erklärte er kurz nach dem Westfeldzug gegenüber dem Chef des Oberkommandos der Wehrmacht: »Jetzt haben wir gezeigt, wozu wir fähig sind. Glauben Sie mir, Keitel, ein Feldzug gegen Russland wäre dagegen nur eine Sandkastenspiel.«

Wende des Krieges

»Stahlhelm auf! Anfahren!« Es ist die Nacht vom 21. auf den 22. Juni 1941, als der 21 Jahre alte Heinz-Otto Fausten diesen Befehl hört. Kaum mehr als lästige Routine eigentlich während seiner Ausbildung zum Panzergrenadier. Doch diesmal ist es keine Übung. Diesmal ist es bitterer Ernst. Der Befehl lautet: Angriff – Angriff auf die Sowjetunion. Auf einem Hügel nahe der Grenze zum sowjetisch besetzten Litauen formieren sich die Schützenpanzer der Kompanie im Schutz der Nacht zu einer Angriffskette. Die Männer warten

> Am 22. Juni, morgens um drei Uhr, rief mein Kommandeur zu mir herüber: »Merke dir dieses Datum, 22. Juni, 3.15 Uhr morgens. Aber du brauchst es dir gar nicht einzuprägen, denn du wirst es sowieso dein Leben lang nicht vergessen. In diesem Augenblick beginnt die größte Katastrophe der deutschen Geschichte.«
>
> Ekkehard Maurer, Wehrmachtsoldat

und hängen ihren Gedanken nach. Manche schlafen, einige rauchen. Kurz vor drei Uhr nachts wird hastig noch eine schwere 8,8-cm-Flakbatterie in Stellung gebracht, die Geschützrohre gen Osten gerichtet. Eine Viertelstunde später ist am Grenzfluss Jura die Hölle los – wie an der gesamten »Ostfront«. Eine gewaltige Kanonade aus unzähligen Rohren zerreißt die Stille. Zahllose Geschosse aller Kaliber rauschen über die Männer hinweg und detonieren dumpf im »Feindesland«. »Der ganze Horizont ging in Flammen auf«, erinnert sich Fausten an dieses gleichermaßen beeindruckende wie furchteinflößende Schauspiel. »Dann hieß es auch schon: ›Los‹! Die Jurabrücke flog in die Luft. Wir fuhren durch den Fluss. Wir waren keine fünf Minuten drüben, da war unser erster Kradmelder schon verwundet. Dann ging es für uns nach vorne.« Schnell gewinnen die Schützenpanzer von Faustens Kompanie an Boden. Tauroggen, der erste Ort in Litauen, wird genommen. Unweit der Stadt treffen die Landser auf eine sowjetische Stellung. Sie erkennen Pferde und Trosswagen – die vom Angriff völlig überraschten Rotarmisten sind offenbar geflohen. »Abspringen! Ran!«, befiehlt der Unteroffizier, der die Gruppe anführt. Aus dem Augenwinkel erkennt er plötzlich eine sowjetische Uniform, reißt die Maschinenpistole hoch, zieht durch – und trifft einen von seinen Kameraden vergessenen, an einem Baum schlafenden Rotarmisten mitten in die Stirn. »Da saß der Mann, die Feldmütze noch auf dem Kopf, den Kopf nach vorn geneigt – tot. So alt wie wir, nicht mehr als zwanzig, eben noch schlafend«, berichtet Fausten. »Das hat uns vor Entsetzen gelähmt. Das war der erste Tote, den ich in Russland gesehen habe. Auch der Unteroffizier hat nur schwer verwunden, was ihm da passiert ist. Vier Wochen später ist er dann selbst gefallen.«

Zwei Tote, denen auf beiden Seiten Millionen folgen sollten – ein Menetekel für einen mörderischen Krieg, der so brutal und menschenverachtend war wie kein anderer zuvor. Es war der Krieg, den Hitler immer gewollt hatte. Polen, Norwegen, Frankreich, Jugoslawien – all diese Angriffsziele stellten letztlich nur Ouvertüren dar für die eigentliche Auseinandersetzung um den »Lebensraum im Osten«, den Kampf gegen den »jüdischen Bolschewismus«. Das Ziel des Diktators war ein »Großgermanisches Reich« vom Atlantik bis zum Ural. »Deutschland wird entweder Weltmacht oder überhaupt nicht sein«, hatte Hitler bereits in den zwanziger Jahren in seinem Pamphlet *Mein Kampf* postuliert. »Zur Weltmacht aber braucht es Größe. … Wenn wir aber heute in Europa von neuem Grund und Boden reden, können wir in erster Linie nur an Russland und die ihm untertanen Randstaaten denken.« Deshalb begann für den Usurpator der Zweite Weltkrieg so richtig erst mit dem Überfall auf die Sowjetunion. Der Feldzug im Osten war sein »Krieg im Krieg«, frei von jeder Rücksichtnahme auf alle Regeln der Zivilisation.

Doch es war nicht allein Hitlers Krieg. Er war auch und gerade der Krieg der deutschen Generalität. Hitler musste die Generäle nicht in diesen Krieg treiben. Sie selbst wollten ihn – und zwar so, wie er geführt wurde. Hitler hätte den Feldzug niemals allein planen, vorbereiten und bewerkstelligen können. Dazu bedurfte es der engen Zusammenarbeit mit der militärischen Elite. »Tatsächlich waren die Kriegsplanungen, sieht man von gelegentlichen militärfachlichen Bedenken einmal ab, von einem weitgehenden Konsens bestimmt«, konstatiert auch der Militärhistoriker Wolfram Wette mit Blick auf den »Russlandfeldzug«.

Als der »Führer« am 30. März 1941 den wichtigsten Vertretern der deutschen Armeeführung sein Programm für den Angriff auf die Sowjetunion erläuterte, konnte er auf ein gewachsenes gemeinsames Weltbild mit der Generalität bauen. Die Furcht vor den Gefahren des »Bolschewismus« einte Hitler und seine Zuhörerschaft. Genauso unzweifelhaft erschien den höchsten deutschen Militärs die Forderung des Diktators nach »Lebensraum«, die mit der Besetzung und Ausbeutung eines großen Teils der Sowjetunion einhergehen würde. Dass man im Kampf gegen Großbritannien und seine Verbündeten erst eine endgültige Entscheidung suchen konnte, wenn man den »Faktor Russland« ausgeschaltet hatte, war auch für Hitlers Generäle selbstverständlich.

Neu war jedoch, mit welcher Radikalität der Kriegsherr Hitler den Kampf im Osten zu führen gedachte. Nicht allein die Rote Armee, sondern der gesamte sowjetische Staat sollte »vernichtet« werden. Über kritische oder gar empörte Reaktionen der anwesenden Militärs auf diese Pläne, die einen eklatanten Verstoß gegen das Kriegsvölkerrecht bedeuteten, ist nichts bekannt. Der Generalstabschef des Heeres, Franz Halder, beschrieb die zentrale Forderung Hitlers an die Generalität: »Die Führer müssen von sich das Opfer verlangen, ihre Bedenken zu überwinden.« Wie gut das gelingen sollte, würde die Zukunft zeigen. Wolfram Wette, der das Russlandbild der deutschen Generalität untersucht hat, bilanziert: »Die Wehrmachtführung benötigte 1941 – zur ideologischen Mobilisierung der ihr überantworteten Soldaten – keine politischen Kommissare wie die Rote Armee; die deutschen Generäle besorgten dies gleich mit.« Hitlers Krieger wussten, worauf sie sich einließen.

> »Kampf zweier Weltanschauungen gegeneinander. Vernichtendes Urteil über Bolschewismus, ist gleich asoziales Verbrechertum. Kommunismus ungeheure Gefahr für die Zukunft.«
>
> Generalstabschef Halder in seinem Tagebuch über den Vortrag Hitlers, 30. März 1941

Dies wird auch aus den Abhörunterlagen der gefangenen Wehrmachtgeneräle in Trent Park ersichtlich – selbst wenn hier nicht die erste Riege der deutschen Generalität festgehalten wurde. Doch natürlich kreisten die Gedanken und Gespräche der Militärs in Trent Park, 1941 meist Kommandeure auf Divisions- oder Regimentsebene, immer wieder um den Russlandfeldzug. »Diese Gespräche offenbaren, wie sehr das Grauen dieses Krieges auf diese Menschen gewirkt hat«, erklärt der Historiker

81

Oben: »Das Schicksal Europas liegt in eurer Hand«: Am Vorabend des Angriffs wird in einer Einheit der Armeebefehl Hitlers verlesen
Unten: »Der ganze Horizont ging in Flammen auf«: Soldaten der Wehrmacht überschreiten am Morgen des 22. Juni 1941 die deutsch-sowjetische Grenze

Sönke Neitzel, der die Abhörunterlagen des britischen Geheimdiensts als erster Wissenschaftler systematisch ausgewertet hat. »Sie haben natürlich als Soldaten gehorcht und funktioniert, sie sind nicht ausgebrochen aus dem System, aber sie waren keine Maschinen. Es wurde ihnen bewusst, was da an schrecklichen Dingen passiert ist – auch in ihrem Namen, im Namen der Wehrmacht. Nicht alle, aber ein Teil der Gefangenen von Trent Park nennt diese Dinge auch sehr klar beim Namen.« Freilich zeigten sich bereits sehr früh auch gegenteilige Argumentationsmuster, die den Nachkriegsdiskurs bestimmen sollten. »Sie haben schon in Trent Park damit begonnen, alle Verantwortung von der Wehrmacht weg und auf Hitler zu schieben«, so Neitzel. »Das ist schon ein Teil der Legende von der ›sauberen Wehrmacht‹ – Hitler sollte der Alleinschuldige sein.« So klagte Oberst Hans Reimann, der 1941 im Ostfeldzug ein Krad-schützenbataillon geführt hatte: »Es war alles so schön. Es war alles so wunderbar, tadellos. Und mit dem Scheiß-Russland ging es bergab. Zwei Leute haben nicht gewusst, dass es in Russland kalt wird im Winter. Der eine war Napoleon Bonaparte, der andere der Führer, dieser Dilettanten-general. Aber sonst jeder.«

Sehr viel weniger als über die lediglich einige hundert Personen umfas-sende Gruppe der deutschen Militärelite wissen wir naturgemäß über die Motivationen, Gedanken und Gefühle der Millionen einfacher Wehr-machtsoldaten. Sie waren seit 1933 einer permanenten propagandisti-schen Berieselung ausgesetzt – und die Verteufelung des Bolschewismus sowie die Verunglimpfung der Ostvölker als »slawische Untermenschen« gehörten zu den Grundstereotypen der Goebbels-Propaganda. Ange-sichts dessen ist es kaum verwunderlich, dass sich die entsprechenden Feindbilder tief in den Köpfen vieler Soldaten eingenistet hatten. Und nicht allein das: Wie der US-amerikanische Historiker Stephen G. Fritz in seiner Untersuchung über *Hitlers Frontsoldaten* anhand von Feldpostbriefen, Tagebüchern und Erinnerungen rekonstruiert hat, waren zahlreiche Land-ser durchdrungen von der NS-»Weltanschauung«: Sie glaubten tatsäch-lich, eine Mission zu haben – Deutschland und Europa vor dem Bolsche-wismus zu bewahren und die Welt im Sinne des Nationalsozialismus umzugestalten. »Ich fühlte mich tatsächlich mit einer – sagen wir es groß-spurig – ›historischen Aufgabe‹ betraut«, bestätigt auch Manfred Guso-vius, der sich schon 1938 freiwillig zur Panzertruppe gemeldet hatte.

»Und ohne die Überzeugung, etwas Rechtmäßiges zu tun, hätte ich auch nicht mitmachen können. Heute habe ich dazu natürlich eine sehr kritische Einstellung.«

Viele Deutsche hegten angesichts der schieren Größe des »russischen Kolosses« freilich eher zwiespältige Gefühle. Sie begrüßten den deutsch-sowjetischen Freundschaftsvertrag von August 1939, der die antisowjetische Propaganda für anderthalb Jahre nahezu verstummen ließ und der – so schien es – den Frieden sichern half. Die Furcht vor einem Zweifrontenkrieg und einem »Ansturm aus dem Osten« habe bei diesen Menschen tiefer gesessen als »die von der Propaganda wachgehaltene ideologische Abneigung«, konstatiert die Historikerin Marlies G. Steinert in ihrem Buch *Hitlers Krieg und die Deutschen*.

Auch Heinz-Otto Fausten hatte sich lange nicht vorstellen können, dass es tatsächlich ernst werden würde. Im Sommer 1940 war er einberufen und im darauffolgenden Winter zur Ausbildung als Panzergrenadier nach Ostpreußen verlegt worden. »Wir glaubten nicht, dass es einen Krieg gegen Russland gibt, weil wir ja einen Vertrag mit denen hatten«, so der gebürtige Rheinländer. Der gewaltige Truppenaufmarsch der Wehrmacht blieb ihm und seinen Kameraden dennoch nicht verborgen. Wenige Tage vor dem Angriffstermin erhielten sie dann selbst den Marschbefehl Richtung Grenze. Sie bewegten sich nur nachts vorwärts, ohne Licht. Tagsüber verschwanden die Fahrzeuge und Soldaten in Wäldern, Hohlwegen und unter Büschen. Die Landser wunderten sich. Was hatte das zu bedeuten? Gerüchte machten die Runde: »Wir dachten, wir kriegen freies Durchgangsrecht durch Russland«, so Fausten. »Das waren die Parolen, die kursierten – nach Süden zum Öl in Arabien. Andere sagten: Wir unterstützen eine Konterrevolution.«

Erst am Abend des 21. Juni 1941 war für Fausten und Millionen andere deutsche Soldaten die Ungewissheit zu Ende, als ein Armeebefehl Hitlers verlesen wurde: »In diesem Augenblick vollzieht sich ein Aufmarsch, der in Ausdehnung und Umfang der größte ist, den die Welt bisher gesehen

Am 19. oder 20. Juni wurde uns in einer Offiziersbesprechung von unserem Regimentskommandeur gesagt: »Also meine Herren, Sie werden sich wundern, was wir hier machen, aber es besteht ein geheimes Abkommen mit Sowjetrussland, wir werden in Kürze durch Russland Richtung Kaukasus transportiert. Wir sollen uns dann jenseits des Kaukasus mit den Verbänden der Armee Rommel treffen.« Wir haben zwar etwas gestutzt und gedacht: »Na ja, Andersens Märchen, das kann nicht sein – bei dem Aufwand.«

Manfred Gusovius, Panzersoldat

hat. Von Ostpreußen bis zu den Karpaten reichen die Formationen der deutschen Ostfront. Die Aufgabe dieser Front ist nicht mehr der Schutz einzelner Länder, sondern die Sicherung Europas und damit die Rettung aller. Deutsche Soldaten! Damit tretet ihr in einen harten und verantwortungsschweren Kampf ein. Denn: Das Schicksal Europas, die Zukunft des Deutschen Reiches, das Dasein unseres Volkes liegen nunmehr allein in eurer Hand. Möge uns allen in diesem Kampf der Herrgott helfen!« Hitlers Aufruf war eine propagandistische Meisterleistung: ein geschickter Appell an Nationalstolz und Kulturbewusstsein, Vaterlandsliebe und Verteidigungsbereitschaft. Und natürlich beschwor der Diktator wieder die Furcht seiner Landsleute vor dem Bolschewismus. Heinz-Otto Fausten erinnert sich dennoch an den Schock, der ihm und seinen Kameraden bei diesen Worten in die Glieder fuhr.

Bei allen Lügen und Halbwahrheiten – in einem Punkt hatte Hitler sogar recht: Tatsächlich war der gewaltige Truppenaufmarsch ohne Beispiel in der Geschichte. Auf mehr als 1600 Kilometern Länge wartete die mächtigste und tödlichste Front der Welt auf ihren Einsatz. Die deutsche Streitmacht umfasste insgesamt 3,3 Millionen Mann. Den Soldaten standen über 600 000 Fahrzeuge, 3650 Panzerkampfwagen, 7184 Geschütze und 1830 Flugzeuge zur Verfügung – und 625 000 Pferde. Die deutsche Angriffsfront gliederte sich in drei Abschnitte: Die Heeresgruppe Nord sollte die sowjetischen Verbände im Baltikum vernichten und Leningrad einnehmen. Für die Heeresgruppe Süd sah die Planung vor, die Truppen der Roten Armee in Galizien und der Westukraine auszuschalten und dann über den Dnjepr hinweg Richtung Kiew vorzurücken. Der Hauptschlag jedoch sollte nördlich der Pripjetsümpfe in Weißrussland erfolgen. Hier war der Kampfraum der Heeresgruppe Mitte. Auf 400 Kilometern Kampflinie ballte sich mit der Panzergruppe 2 unter Generaloberst Heinz Guderian und der Panzergruppe 3 unter Generaloberst Hermann Hoth die eiserne Streitmacht des »Blitzkriegs«, die von einer großen Anzahl Sturzkampfbombern unterstützt wurde. Mit derart massierten Panzer- und Luftstreitkräften sollte eine gewaltige Bresche über Minsk und Smolensk nach Moskau geschlagen werden.

Doch so gigantisch die deutsche Militärmaschinerie auch anmutete – rein zahlenmäßig war sie ihrem Gegner weit unterlegen. Bei den Panzern betrug das Missverhältnis beispielsweise eins zu fünf. Zudem besaßen die Sowjets mehr als doppelt so viele Flugzeuge und ein Viertel mehr Geschütze als die Deutschen und ihre Verbündeten. Mehr als 4,7 Millionen Rotarmisten standen unter Waffen. Und – ein Großteil dieser Truppen war an der Westgrenze der UdSSR stationiert. Plante Stalin also selbst einen Angriff auf das Deutsche Reich? War der Überfall der Wehrmacht auf die Sowjetunion dem zufolge lediglich ein »Präventivkrieg«, um dem eigentlichen Aggressor Stalin zuvorzukommen?

Manches spricht dafür, dass der sowjetische Diktator sein Land damals in die Rolle eines »lachenden Dritten« hineinmanövrieren wollte. Er rechnete fest mit einem »Krieg der imperialistischen Mächte« – damit meinte er Deutschland, Frankreich und Großbritannien. Erst wenn sich diese potenziellen Gegner im Westen gegenseitig geschwächt hatten, wollte er die Arena betreten. Doch dieser These mangelt es an hieb- und stichfesten Beweisen. Eindeutig lässt sich dagegen belegen, dass Stalin eigene Machtinteressen skrupellos und keineswegs nur in defensiver Absicht verfolgte. Die Annexion der baltischen Staaten und Ostpolens infolge des Hitler-Stalin-Pakts waren klare Belege dafür, wie der Diktator das Lebensrecht anderer Völker auf brutale Weise missachtete. Doch wenn der Kremlherr wirklich ei-

Man musste sicher damit rechnen, das die Sowjetunion Deutschland einmal angreifen würde – vor allen Dingen wenn es nach einer Auseinandersetzung mit den Westmächten geschwächt dastehen würde. Aber ein solcher Angriff wäre im Sommer 1941 aus sowjetischer Sicht verfrüht gewesen.

Ulrich de Maizière, Generalstabsoffizier

Es war uns gesagt worden: Wir haben ganz klare Unterlagen, dass der Russe Deutschland überrollen will. Die Angriffsziele des Russen gehen sogar weiter wie Deutschland, deswegen müssen wir den Präventivschlag führen, damit er sich nicht aufbauen kann. Das leuchtete uns ein.

Hans-Erdmann Schönbeck, Wehrmachtsoldat

nen Angriff auf das Deutsche Reich plante, dann für Jahre später. Dass dennoch so viele sowjetische Soldaten in offensiver Aufstellung an der Westgrenze standen, entsprach der sowjetischen Verteidigungsdoktrin, einen Gegner im Falle eines Angriffs möglichst auf dessen Territorium zu schlagen.

Alle Hinweise auf einen unmittelbar bevorstehenden deutschen Angriff hatte Stalin dagegen beharrlich ignoriert. Dabei war er von vielen Stellen gewarnt worden. Doch immer wieder wiegelte Stalin ab. Nicht, dass er ernsthaft auf den deutsch-sowjetischen Freundschaftspakt von 1939 gebaut hätte: Wie für seinen Gegenspieler Hitler war der Vertrag für ihn lediglich ein Fetzen Papier – gut, um Zeit zu gewinnen –, nicht mehr und nicht weniger. Doch der Kremlherr witterte überall Provokationen. Er sah darin die hinterhältige Taktik kapitalistischer Mächte, die ihn aus purem Eigeninteresse in einen Krieg gegen Hitler verwickeln wollten. Er hielt es für unwahrscheinlich, dass sich Hitler auf das Wagnis eines Zweifrontenkriegs einlassen würde – solange das Deutsche Reich noch England im Nacken hatte. Aber der »Führer« handelte als Hasardeur – Stalin nur als vorsichtiger Machtmensch. Sein Biograph Dimitrij Wolkogonow, der wohl beste Kenner der einschlägigen Akten, erklärt: »Stalin dachte, der Angriff kommt viel später. Noch zwanzig Tage vor Kriegsausbruch sagte er im Kreis seiner Berater: ›Nach den Berichten zu urteilen, können wir dem Krieg nicht entgehen.‹ Doch er rechnete damit erst im Frühjahr 1943.« Der Diktator habe wie ein Gott auf Erden regiert und einfach behauptet: »Es wird jetzt keinen Krieg geben«, so der Historiker.

Die obersten sowjetischen Militärs teilten Stalins Auffassung nicht und ergriffen selbst die Initiative. Mitte Mai 1941 legten Generalstabschef Georgij Schukow und Verteidigungskommissar Semjon Timoschenko einen Plan vor, der davon ausging, dass man »auf keinen Fall der deutschen Militärführung die Initiative der Kampfhandlung überlässt, dem Feind beim Aufmarsch zuvorkommt und die deutsche Armee in dem Moment angreift, wenn sie sich im Entfaltungsstadium befindet«. Dieser Plan war kurzfristig angesichts der umfangreichen deutschen Truppenbewegungen entstanden, wurde jedoch von Stalin entrüstet verworfen. Er soll den beiden Generälen sogar gedroht haben: »Wenn ihr da an der Grenze die Deutschen reizt, wenn ihr ohne Genehmigung Truppen verschiebt, dann rollen Köpfe!« Es folgten einige halbherzige Befehle des Kremlchefs:

Zwar wurden ein paar zusätzliche Divisionen der Roten Armee an die Westgrenze verlegt, doch entscheidende Vorbereitungen zur Abwehr eines deutschen Angriffs unterlassen. Zwar hatte Stalin am 5. Mai 1941 in Moskau in einer – nur bruchstückhaft überlieferten – Rede vor Absolventen der sowjetischen Militärakademien keinen Zweifel daran gelassen, dass ein Krieg mit Deutschland unvermeidlich sei – und dass er einem deutschen Überfall zuvorkommen wollte: »Man muss von der Verteidigung zum Angriff übergehen. Bei der Umsetzung der Verteidigung unseres Landes sind wir verpflichtet, offensiv zu handeln.« Doch gab er weder eine Zeitperspektive vor, noch bekundete er konkrete Angriffsabsichten. In diesen Tagen des Jahres 1941 blieb es bei der Aufforderung, militärisch und moralisch zu einem Gegenschlag bereit zu sein – und zwar nach einem deutschen Überfall.

Die Vermutung, dass Stalin kurz- oder mittelfristig einen Angriff gegen das Deutsche Reich plante, lässt sich durch kein seriöses Dokument stützen. Die historische Last des deutschen Überfalls auf die UdSSR kann nicht mittels Gedankenspielen über mögliche langfristige Kriegsabsichten des sowjetischen Diktators relativiert werden. Hitler selbst rechnete ohnehin nicht mit einem Angriff – für seine Pläne spielte ein derartiges Szenario überhaupt keine Rolle. Er hatte schon in *Mein Kampf* die Eroberung Russlands als »deutsche Mission« ausgegeben. Kurz nach seiner »Machtergreifung« erläuterte er im Februar 1933 vor führenden Militärs den Endzweck seiner Politik: die Eroberung und »rücksichtslose Germanisierung« des Ostraums. Das war – neben der »Vernichtung des Judentums« – eines seiner Hauptlebensziele, dem er alles unterordnete. Sofort nach dem Ende des Frankreichfeldzugs wurden deshalb erste konkrete Pläne für einen Angriff auf Russland geschmiedet. »Entschluss: Im Zuge der Auseinandersetzungen muss Russland erledigt werden«, notierte Generalstabschef Halder

Wir haben damals keine Bereitstellung von größeren Panzerverbänden feststellen können. Die Rote Armee war weit auseinandergezogen und wurde durch unseren Stoß überrascht. Deshalb glaube ich an diese Theorie, dass Stalin wenige Wochen später selbst einen Angriff plante, nicht.
Bernd Freiherr Freytag von Loringhoven, Generalstabsoffizier

am 31. Juli 1940 nach einer Besprechung mit dem »Führer« in sein Tagebuch. »Beginn des Feldzugs: Mai 1941. Fünf Monate. Ziel: Vernichtung der Lebenskraft.« Am 5. Dezember 1940 legten Halder sowie der Oberbefehlshaber des Heeres, Walther von Brauchitsch, dem Diktator einen Entwurf vor. Zwei Wochen später wurde dieser als endgültiger Angriffsplan abgesegnet. In der Chronologie der »Führer«-Befehle ist er als »Weisung Nr. 21« registriert. Der Text von elf Seiten Länge mit der Überschrift »Fall Barbarossa« sollte zu einem der folgenschwersten Dokumente des Zweiten Weltkriegs werden.

In dem Papier wurden die grundsätzlichen Richtlinien für den Feldzug festgelegt. »Das Endziel der Operationen ist die Abschirmung gegen das asiatische Russland auf der allgemeinen Linie Wolga–Archangelsk« – mehr als 2000 Kilometer von der deutschen Grenze entfernt. In maximal vier Monaten, so rechnete Hitler, sei das Ziel zu erreichen; sein Propagandachef Goebbels gab den Russen sogar nur acht Wochen – Einschätzungen, mit denen die NS-Führer nicht allein standen. »Damals rechnete die ganze Welt mit einer sowjetischen Niederlage«, erklärt der britische Historiker Richard Overy, der zahlreiche Studien zum Zweiten Weltkrieg veröffentlicht hat. »In Washington gab Präsident Roosevelt den Russen höchstens ein paar Wochen. In Großbritannien war das Vertrauen in die Fähigkeiten der Roten Armee ebenfalls sehr begrenzt. Denn wenn die Wehrmacht die französische Armee in sechs Wochen besiegen konnte – was sollten ihr die Russen da entgegensetzen können?«

> **Wer davon ausgeht, dass das Deutsche Reich spätestens dann zur Niederlage verdammt war, als die Wehrmacht am 22. Juni 1941 zum Angriff auf die Sowjetunion überging, beurteilt den Zweiten Weltkrieg von seinem Ende her.**
> Richard Overy, Historiker

> **Es gab natürlich nach den Erfolgen in Polen und Frankreich ein gewisses Gefühl der Überlegenheit bei der deutschen Armee.**
> Bernd Freiherr Freytag von Loringhoven, Generalstabsoffizier

Dass die Rote Armee auf den Krieg tatsächlich nicht vorbereitet war, zeigte sich am deutlichsten in den ersten Tagen des Feldzugs. Die Wehrmacht konnte die sowjetischen Grenzbefestigungen nahezu überall rasch überwinden. Auch die sowjetische Luftwaffe wurde zum Großteil schon am Boden vernichtet. Die deutschen Panzerverbände überrollten an der gesamten Front binnen kürzester Zeit die Truppen der Roten Armee. Den raschen Vorstößen der Panzerkolonnen vermochten die Infanteriedivisionen kaum zu folgen. Das Tempo, das die Deutschen vorlegten, schien nahezu unglaublich. Die Heeresgruppe Nord erreichte innerhalb von zwei Tagen die litauische Hauptstadt Wilna (Vilnius). Die 3. Panzerdivision der Heeresgruppe Mitte benötigte für gut 400 Kilometer von Brest nach Bobruisk ganze sechs Tage.

Die Panzer waren damals der ganze Stolz der Wehrmacht. Sie galten als die modernste Truppe ihrer Zeit. »Wir hatten das Gefühl, die Gardekavallerie moderner Art zu sein«, erinnert sich Manfred Gusovius, der schon mit 21 Jahren Panzerkommandant war. »Es wurde uns eingebläut: ›Ihr seid die besten Soldaten der Welt!‹« – »Und nach den vielen Erfolgen glaubten wir das auch selbst«, pflichtet ihm sein Kollege Hans-Erdmann Schönbeck, der sich von der Schulbank weg zu den Panzern gemeldet hatte, bei: »Wir sind mit voller Begeisterung angetreten und wollten gewinnen. Wir wussten, dass wir gut ausgebildet waren. Vielleicht klingt es merkwürdig, aber wir hatten eine Art sportlicher Einstellung – wer zuerst schießt, der gewinnt. Das war wie bei der Fasanenjagd – man musste einfach nur schnell sein.« Die in Polen und im Frankreichfeldzug so erfolgreichen schnellen Panzervorstöße sollten in der Weite des russischen Raumes perfektioniert werden. Schnelle und weiträumige Angriffe mit starken Panzerkeilen ins Hinterland sollten die militärischen und politischen Zentren des Gegners treffen und zerstören, ihn damit handlungsunfähig machen.

Dies gelang in den ersten Tagen des Feldzugs nahezu perfekt. Dabei profitierten die Deutschen weniger von einem überlegenen Kriegsgerät – selbst der kampfstärkste deutsche Panzertyp, der Panzer IV, wies deutliche konstruktive Mängel auf. Er entsprach eigentlich nicht mehr dem letzten Stand der Technik. Das Zauberwort hieß vielmehr »Kommunikation«. Während sich der russische Gegner nur durch Flaggen- oder Leuchtsignale verständigen konnte, waren die deutschen Panzer mit Funk ausgestattet. »Wir konnten uns durch Kehlkopfmikrofone miteinander unterhalten«, bestätigt Hans-Erdmann Schönbeck. »Das war ein Riesenvorteil für die deutsche Panzerwaffe, weil wir ruckartig in andere Richtungen umdirigiert werden konnten. Wenn wir Widerstand gebrochen hatten, konn-

> Wenn so ein Panzerregiment anrollt und das Gelände es erlaubt, dann ist das psychologisch für den Feind eine derartige Angstwalze, dass er vergisst zu schießen und sich am besten verkrümelt.
>
> Hans-Erdmann Schönbeck, Panzersoldat

»Das war ein Riesenvorteil für die deutsche
Panzerwaffe«: Die deutschen Panzer waren
mit Funkgeräten ausgestattet

»Geachtet, aber auch manchmal gefürchtet«:
Generaloberst Heinz Guderian führte den
Stoßkeil Richtung Moskau

ten wir so völlig unabhängig von der seitlichen Rechts- und Linksbedro-
hung tief ins Feindesland vorstoßen.«

Als »Vater der deutschen Panzerwaffe« galt der 1888 geborene Heinz
Guderian. Schon Anfang der zwanziger Jahre hatte er als einer der ersten
Militärs erkannt, dass die im Ersten Weltkrieg erstmals von den Briten
eingesetzten Panzer das Waffensystem der Zukunft waren. Der Reichs-
wehr waren freilich durch den Versailler Vertrag die Entwicklung und die
Erprobung moderner Angriffswaffen verboten. Also organisierte Guderian heimliche Übungseinheiten mit Attrappen – statt mit Panzern wurde
an »Großtraktoren« Ausbildung betrieben. Kein Wunder, dass der findige
Offizier nach Hitlers »Machtergreifung« ein gefragter Mann war, weil der
Diktator den Ausbau der Panzerwaffe gezielt förderte. Guderian bekam
vom »Führer« persönlich den Auftrag, die ersten Panzereinheiten der
Wehrmacht aufzubauen, was er zur vollsten Zufriedenheit des Diktators
erledigte. Wurde der General, der aus einer traditionsreichen preußischen Militärfamilie stammte, deshalb zum glühenden Nationalsozialisten? »Guderian war sicherlich kein Politiker und kein Ideologe«, erklärt

Sönke Neitzel. »Er war ein – diplomatisch formuliert – rechtskonservativer Geist, der schon 1919 in einem Freikorps im Baltikum gekämpft hatte, der mit ganzer Seele antibolschewistisch eingestellt war. Er war ein Militär, ein ›Professional‹, der sich bemühte, die an ihn herangetragenen Aufgaben so gut wie möglich zu erfüllen.« Wie viele andere deutsche Militärführer ergriff Guderian die Karrierechance, die ihm der Diktator bot. In der alten Reichswehr hatte es wegen des Versailler Vertrags und der darin festgelegten zahlenmäßigen Beschränkung auf 100 000 Mann einen Beförderungsstau gegeben. Unter Hitler erlebten dann zahlreiche Offiziere der mittleren Ebene einen kometenhaften Aufstieg. Auch Guderian machte schnell Karriere.

Beim »Anschluss« Österreichs und beim Einmarsch in das Sudetenland befehligte er die Vorausabteilungen der deutschen Wehrmacht. Die eigentliche Bewährungsprobe für Guderian war jedoch Hitlers Krieg. Im Polenfeldzug gelang es seinen Verbänden, mit raschen Panzervorstößen große Teile der polnischen Armee auszuschalten. Schon knapp vier Wochen nach Kriegsbeginn kapitulierte das Nachbarland. Der schnelle deutsche Sieg war durch das effektive Zusammenwirken von Panzern, Flugzeugen, Infanterie und Artillerie zustande gekommen – dem von Guderian weiterentwickelten Konzept des »Gefechts der verbundenen Waffen«. Diese neue Art der Kriegführung setzte auf Beweglichkeit und Schnelligkeit. »Nicht kleckern, sondern klotzen« lautete Guderians Devise. Ein halbes Jahr später in Frankreich waren es dann erneut seine Panzer, die

Unsere Panzer sausten nur wie Schemen vorbei, überholten uns meistens auf den besseren Straßen, wir mussten mit den Sandwegen vorliebnehmen. Da kam Neid auf, natürlich. Die saßen da oben, waren rechtzeitig im Quartier, konnten sich die besten Plätze aussuchen, während wir immer in irgendwelchen dreckigen Buden oder Mistkuhlen schlafen mussten.

Karl-Gottfried Vierkorn, Wehrmachtsoldat

schon innerhalb der ersten 48 Stunden des Feldzugs rund 100 Kilometer weit in gegnerisches Gebiet vordrangen und danach entgegen dem ausdrücklichen Befehl Hitlers ohne Flankenschutz tief ins französische Hinterland stießen. Als Frankreich nach sechs Wochen kapitulierte, war sein Name – befeuert von der NS-Propaganda – in aller Munde. Bei seinen Soldaten war »der schnelle Heinz«, wie er hinter vorgehaltener Hand genannt wurde, äußerst beliebt. Das lag auch an seinem Konzept der »Führung von vorn«: »Er war immer vorne mit dabei und tauchte überall auf«, bestätigt Manfred Gusovius. »Insofern war er geachtet, aber auch manchmal gefürchtet – weil er einem nämlich unverblümt auf die Finger klopfte.«

Schon relativ früh wurde der mittlerweile zum Generaloberst beförderte Guderian in die Vorbereitungen des Russlandfeldzugs einbezogen. Moralische Bedenken scheint er keine gehabt zu haben – eher waren seine Einwände gegen den Angriff fachlicher Natur, wie Wilhelm Ritter von Thoma, einer der Generäle in Trent Park, seinen Mitgefangenen berichtete: »Ich weiß noch, wie Guderian zum ersten Mal von der Russland-Geschichte hörte – ich war zufällig da. Er sagte: ›Was, jetzt noch so ein großer Irrsinn? Wenn man das nur nicht macht, denn das ist ein derartiger Koloss, da kann man gar nicht durchkommen.‹«

> Als Ordonnanzoffizier im Stab von Guderian habe ich ihn häufig begleitet, und er war am liebsten an der Spitze.
>
> Bernd Freiherr Freytag von Loringhoven, Generalstabsoffizier

Die Bedenken Guderians waren tatsächlich mehr als berechtigt. Während sich die Feldzüge gegen Polen und vor allem gegen Frankreich blitzkriegartig entwickelt hatten, weil die deutschen Panzertruppen aufgrund des günstigen Verlaufs der Operationen so rasch vorankamen, sollte das »Unternehmen Barbarossa« der erste geplante Blitzkrieg der Wehrmacht werden. Freilich waren die geographischen Gegebenheiten in der Sowjetunion alles andere als dafür geeignet. Die Entfernungen waren riesig. Es gab kaum befestigte Straßen, auf denen die Panzer hätten rasch vorstoßen können. Die russischen »Rollbahnen« waren zumeist nicht mehr als staubige Pisten, die sich im Herbst in grundlose Matschlandschaften verwandelten, ehe sie der Winter vollends unpassierbar machte. Bei allen Vorbesprechungen und Planspielen betonte Guderian deshalb stets die Rolle des Zeitfaktors: Alles kam darauf an, dass seine Panzer schnell und massiv vorstießen, um – wie in Polen und Frankreich vorexerziert – beim Gegner

1941, als ich zu Hause auf Urlaub war, war mein Vater sehr wenig zugänglich.
Als ich meine Mutter fragte, was denn los sei, antwortete sie mir, dass er erfahren
habe, dass es gegen Russland gehen solle, was ihn gänzlich verstört hat. Er hatte
vorher Napoleons Feldzug in Nordafrika studiert und war völlig darauf eingestellt,
dass es im Mittelmeer weiterginge.

Heinz Günther Guderian, Sohn von General Guderian

jene Panik auszulösen, die dessen Verteidigung wie ein Kartenhaus zu-
sammenstürzen ließe. Spätestens zum Einbruch des Winters musste der
Feldzug gewonnen sein. Obwohl er die gewaltige Größenordnung der
sowjetischen Rüstung kannte, scheint Guderian schließlich geglaubt zu
haben, dass der Blitzkriegplan tatsächlich funktionieren könnte. »Drei
Tage bevor es losging, war Guderian bei uns«, berichtete der in Trent Park
gefangene General Friedrich Freiherr von Broich, 1941 Kommandeur eines Reiterregiments. »Aber da hat es Guderian inzwischen selbst geglaubt.
Er sagte, am Anfang habe er kolossal dagegengeredet, nun war es aber
befohlen worden. Und da hat er sich in eine Begeisterung hineingeredet,
dass er es nachher beinahe selber geglaubt hat – obwohl er vorher genau
der gegenteiligen Ansicht gewesen war.«

Mit Begeisterung auf Befehl in Richtung Moskau – am Anfang schien es,
als sollte dieser irrwitzige Plan wirklich funktionieren. Die deutschen
Panzerspitzen drangen im Mittelabschnitt der Front in raschem Tempo
vorwärts. Auf erste massive Gegenwehr trafen die Panzer bei Bialystok.
Neben dem Lemberger Raum im Süden war in diesem Gebiet das Schwer-
gewicht der sowjetischen Truppen stationiert. Über 500 000 Soldaten mit
7000 Panzern kommandierte der für diesen Frontabschnitt zuständige
sowjetische Befehlshaber General Dimitrij Pawlow – das waren fast doppelt so viele, wie die Wehrmacht an der gesamten Ostfront einsetzen
konnte. Die fünf Panzerdivisionen Guderians kamen zusammen lediglich
auf 800 Panzer. Der Aufmarsch der Sowjets war ideal für einen eigenen
Angriff, hatte aber einen entscheidenden Nachteil – die balkanartig vor-
springende Front war an drei Seiten von deutschen Truppen umgeben.
Panzerverbände der Wehrmacht konnten den gesamten Bereich umfassen

und abschneiden – beste Voraussetzungen für die deutsche Angriffsweise: mit schnellen, beweglichen Panzerverbänden die gegnerische Front durchbrechen, mit einer Zangenbewegung den Feind umfassen und einen Ring um die sowjetischen Verbände schließen. War dieser äußere Ring stabil, so konnten die eingeschlossenen Streitkräfte durch deutsche Infanteriedivisionen aufgerieben werden.

Vier Tage nach Beginn des Feldzugs war es so weit: Ein Kessel war entstanden, in dem vier sowjetische Armeen mit 43 Divisionen festsaßen. Nun war es die Aufgabe der nachrückenden deutschen Truppen, den Gegner vollends zu zerschlagen. Natürlich versuchten die Eingekesselten, die deutschen Linien zu durchbrechen, um sich zur nächsten sowjetischen Verteidigungsstellung im Osten durchzukämpfen. Bei solchen Durchbruchsversuchen kam es zu unvorstellbaren Szenen. Kaum unterstützt von Panzern, rannten die Rotarmisten direkt in das deutsche MG-Feuer. Die sowjetischen Offiziere trieben ihre Soldaten immer wieder nach vorn. Es waren militärisch völlig unsinnige Attacken, vorgetragen von Verzweifelten, die von den Deutschen niedergemetzelt wurden. So unsinnig und menschenverachtend die sowjetische Kampfesweise auch war – sie brachte der Roten Armee doch Zeitgewinn. Es sollte bis zum 8. Juli dauern, ehe die erste große Kesselschlacht des Ostfeldzugs ihr Ende fand. Drei Tage später meldete das deutsche Oberkommando die Gefangennahme von 323 898 sowjetischen Soldaten. Daneben vernichtete oder erbeutete die Wehrmacht mehr als 3300 Panzer und 1800 Geschütze. Angesichts der Tatsache, dass von den ursprünglich 180 Divisionen und Brigaden der Roten Armee nur noch 99 zur Verfügung standen, wird verständlich, warum Generalstabschef Halder Anfang Juli in

> Ich verstehe nicht, warum die Russen sich haben von uns so überraschen lassen, nachdem Millionen Leute unmittelbar an der Grenze lagen. Wir waren zwar getarnt, aber man will mir doch nicht erzählen, dass die nicht auch Kundschafter oder Agenten bei uns hatten.
>
> Franz Abel, Wehrmachtsoldat

> Die hervorragenden Panzerdivisionen waren die Bahnbrecher für diesen Riesenvormarsch, und alles zog nur eilends hinterher und hat versucht, den Boden, den die Panzer gewonnen hatten, auszufüllen und in den großen Kesseln die Leute nicht wieder entkommen zu lassen, die da drin saßen.
>
> Karl-Gottfried Vierkorn, Wehrmachtsoldat

> Die Anfangserfolge waren natürlich belebend. Große Schlachten, Hunderttausende von Gefangenen, der rasche Vormarsch. Ich war Anfang August trotz meiner vorherigen Beklommenheit überzeugt, dass dieser Feldzug im Frühherbst beendet sein würde, dass die sowjetische Armee dann zerschlagen sein würde. Und damit stand ich nicht allein.
>
> Ulrich de Maizière, Generalstabsoffizier

95

»Die Verlustzahlen waren wesentlich höher als angenommen«: Ein gefallener deutscher Soldat an einer Vormarschstraße, Ende Juni 1941

sein Tagebuch schrieb: »Es ist wohl nicht zu viel gesagt, wenn ich behaupte, dass der Feldzug gegen Russland innerhalb von 14 Tagen gewonnen wurde.«

Doch so weit war es noch lange nicht. Und – was die gleißenden Propagandabilder, die den Deutschen in der Wochenschau vorgeführt wurden, nicht zeigten: Die Feldzug in Russland war für die deutschen Soldaten von Anfang an alles andere als ein Spaziergang. Der Panzervormarsch vollzog sich in sengender Hitze, auf kaum befestigten Straßen. In der Trockenheit bildeten sich riesige Staubwolken. Viele Motoren der Kampfwagen streikten. Durch Sandstaub und technische Pannen fielen mehr Panzer aus als durch feindlichen Beschuss. Noch mehr zu leiden hatten Infanteristen, die den Panzertruppen zu Fuß oder mit Pferdefuhrwerken folgen mussten und die Aufgabe hatten, den Feind in den riesigen Kesseln zu zerschlagen. Für sie bedeutete das: Gewaltmärsche über Hunderte von Kilometern, kaum Ruhepausen trotz Hitze und schweren Gepäcks, häufig Feindbeschuss und immer die Gefahr, dass gegnerische Einheiten im Hinterhalt lauerten. Zahlreiche sowjetische Verteidiger verharrten in unübersichtlichem Gelände in ihren Stellungen und warteten, bis die Deutschen ihre Linien durchbrochen hatten. Dann konnte kein Artilleriefeuer mehr eingesetzt werden. Es begann ein Kampf Mann gegen Mann. Einzeln mussten die Rotarmisten »ausgeschaltet«, das hieß getötet, werden. Doch viele kämpften auch noch in aussichtsloser Lage gegen einen zahlenmäßig überlegenen Gegner weiter. »Halten oder sterben« – so hatte es die sowjetische Militärführung befohlen. Auch Heinz-Otto Fausten, dessen Panzergrenadierkompanie im Gegensatz zur Infanterie immerhin mit Schützenpanzerwagen ausgestattet war, berichtet von den harten Kämpfen dieser Wochen. Man habe kaum Zeit zum Nachdenken gehabt – und musste einfach nur versuchen durchzukommen, zu überleben. »Das erste Nachdenken passierte ungefähr drei Wochen, nachdem wir immer nur vormarschiert sind, immer nur in Gefechte verwickelt waren«, so Fausten. »Ich hatte einen Freund in der Kompanie, und mit ihm habe ich darüber gesprochen: Wie ist das mit den Russen? Stimmt das, dass die in ein paar Wochen fertig sind? Und uns war klar: Das stimmt nicht. Die Propaganda stimmte nicht. Wir haben gesehen, wie zäh und unglaublich opferbereit der russische Soldat uns gegenüber war.« Wenige Wochen später sollte er seinen Freund verlieren.

»Sie müssen nur die Tür einschlagen, dann wird die ganze verrottete Struktur zusammenbrechen«, hatte Hitler vor dem Angriff getönt. Auch die Wehrmachtspitze selbst hatte die Kampfkraft der Roten Armee trotz deren materieller Überlegenheit äußerst gering eingeschätzt. Schließlich waren den großen Säuberungen Stalins in den dreißiger Jahren auch zahlreiche Angehörige des Führungskorps der Roten Armee zum Opfer gefallen. Im sowjetisch-finnischen Winterkrieg 1939/1940 hatten sich die unzureichend geführten russischen Verbände gegenüber dem numerisch weit unterlegenen Gegner bis auf die Knochen blamiert. Außerdem glaubte niemand, dass sich die sowjetischen Soldaten für das von bitterem Hunger und andauerndem Terror gekennzeichnete Regime Stalins aufopfern würden. Die Rote Armee, so die Hoffnung der deutschen Generalität, würde nach wenigen Wochen auseinanderfallen – und der Feldzug wäre gewonnen.

Tatsächlich war es in den ersten Tagen nach dem deutschen Überfall in etlichen Verbänden der Roten Armee zu Auflösungserscheinungen gekommen. Ausgelöst wurden sie nicht zuletzt durch das Schweigen von Stalin, der sich auf seine Datscha zurückgezogen hatte und für die Öffentlichkeit fast zwei Wochen lang unsichtbar blieb. Erst am 3. Juli meldete sich der Diktator zurück. In einer Rundfunkansprache rief er das sowjetische Volk zum »Großen Vaterländischen Krieg« gegen die faschistischen Okkupanten auf. Es war ein völlig neuer, für die Sowjetbürger ungewohnter Ton, den der Kremlherr in seiner Rede anschlug. Nicht als »Genossinnen und Genossen«, sondern als »Brüder und Schwestern«

sprach er seine Hörer an. Ein neues Gemeinschaftsgefühl sollte entstehen, gemeinsam sollte der Feind geschlagen werden. Und nicht nur reguläre Truppen sollten zur Abwehr des Feindes antreten. Stalin rief auch zum Partisanenkrieg auf; er forderte, Brücken und Straßen zu sprengen, um den Vormarsch der Deutschen zu stören, und alles wertvolle Gut, das nicht abtransportiert werden konnte, zu vernichten. Das war die Politik der – allerdings eigenen – verbrannten Erde. Sie hatte schon Napoleon eine verheerende Niederlage zugefügt. Hatte nicht auch der Kaiser der Franzosen anfangs große Erfolge erzielt und war letztlich doch katastrophal gescheitert? Die Sowjets setzten darauf, dass sich die Analogien zu ihren Gunsten fortsetzten. Stalin griff immer wieder auf das Beispiel des napoleonischen Feldzugs zurück. Er beschwor die Leistungen, die das russische Volk beim Sieg über die Armee des Korsen vollbracht hatte. So sollte es nun auch Hitler ergehen, der es gewagt hatte, Mütterchen Russland anzugreifen.

Und die Parolen des Kremlherrn fielen auf fruchtbaren Boden. Ab Anfang 1942 machten zahlreiche Partisanenverbände den Soldaten der Wehrmacht das Leben zur Hölle. Auch die freiwilligen Meldungen zum Dienst in der Roten Armee schnellten in die Höhe. Und wo die Disziplin der Truppen einmal zu wünschen übrig ließ, reagierten der Diktator und seine Helfershelfer wie eh und je mit eiserner Faust. So ließ Stalin bis Kriegsende 158 000 Rotarmisten als vermeintliche Deserteure exekutieren. Politische Kommissare trieben die eigenen Soldaten mit vorgehaltener Waffe in den Kampf. Und mitunter wurden gar die Türme sowjetischer Panzer zugeschweißt, sodass die Besatzungen keine Möglichkeit hatten, das Gefährt bei drohender Gefahr zu verlassen. Ihnen blieb gar nichts anders übrig, als den Befehl der sowjetischen Militärführung bis zum letzten Blutstropfen zu befolgen: »Halten oder sterben.«

Doch es waren nicht allein diese archaisch anmutenden Kampfmethoden, die den Sowjets jetzt zugute kamen. Schon bald mussten die deutschen Soldaten mit bis dahin unbekannten Waffen unliebsame Bekanntschaft machen. Dem neuen Panzer vom Typ T-34 mit seiner fast fünf Zentimeter dicken Panzerung konnten die deutschen Granaten kaum etwas anhaben. »Uns war gesagt worden: Jungs, wir sind derartig überlegen, wir durchpusten mit unseren Panzerwaffen die russischen Panzer wie gar nichts«, erinnert sich Hans-Erdmann Schönbeck. »Doch plötzlich sahen wir diese ganz breiten Panzerspuren, darin versanken unsere Panzer fast. Wir haben uns gefragt: Wie sollen wir die denn durchpusten?« Wirkungslos prallten Treffer aus den vorher so erfolgreichen 3,7-cm-Panzerabwehrkanonen ab – die Waffe erhielt daraufhin von den deutschen Landsern den Spitznamen »Panzeranklopfgerät«. Zwar fanden die Deutschen nach einigen Wochen heraus, dass man die Wunderpanzer mit gezielten Schüssen auf die Ketten zunächst bewegungsunfähig machen und sie dann mit geballten Ladungen aus nächster Nähe zerstören konnte. Dennoch verbreitete der T-34, wo immer er an der Front auftauchte, Angst und Entsetzen in der deutschen Truppe.

Dies galt auch für eine weitere Waffe, die erstmals Mitte Juli 1941 eingesetzt wurde. Die sowjetischen Soldaten nannten sie »Katjuscha«; die deutschen Landser gaben ihr den Namen »Stalinorgel«. Es handelte sich um einen neuartigen Raketenwerfer, von dem anfangs zwar nur einige Versuchsmodelle existierten, die aber gleichwohl eine verheerende psychologische Wirkung entfalteten: Das Artilleriegerät konnte unter ohrenbetäubendem Heulen ganze Raketensalven ausspucken. Auch wenn die Zielgenauigkeit zu wünschen übrig ließ – wenn innerhalb einer halben Minute mehr als fünfzig Raketen einschlugen und explodierten, zitterten selbst erfahrene Soldaten. Der erste Angriff forderte unter den deutschen Truppen derart hohe Verluste, dass in Moskau umgehend die Massenproduktion angeordnet wurde.

Die Effizienz dieser Waffen und die entschlossene Verteidigungsbereitschaft der sowjetischen Truppen führten dazu, dass sich das Angriffstempo der deutschen Verbände deutlich verminderte. Statt wie zuvor 50 und mehr Kilometer am Tag legten die Panzerspitzen nun »nur« noch 30 Kilometer täglich zurück. Aber auch das war immer noch ein höchst rasantes Tempo, wenn man bedenkt, dass der Vormarsch durch erbittert verteidigtes Feindesland verlief. Zwischen Smolensk und Orscha schlossen die deutschen Panzergruppen Hoth und Guderian bis zum 24. Juli wiederum 15 sowjetische Divisionen ein. Erneut verlor die Rote Armee 300 000 Soldaten und mehr als 3000 Panzer und Geschütze.

»Waffenmäßig überlegen«: Nur selten gelang es den deutschen Soldaten, die sowjetischen Panzer vom Typ T-34 zu stoppen

Trotz dieses Sieges – aus dem vermeintlichen Spaziergang nach Moskau wurde für die Wehrmacht mehr und mehr ein blutiger Opfergang. Allein in den ersten sechs Wochen des Feldzugs fielen fast 60 000 deutsche Soldaten. »Die Verlustzahlen waren wesentlich höher als angenommen«, konstatiert der Historiker Bernd Wegner. »Auch die Verschusszahlen der Munition waren wesentlich höher. Der Verschleiß an Ausstattung, an Ausrüstung, an Waffen war wesentlich größer – und all das widerlegte die Ausgangsdaten und brachte das ganze System ins Wanken.«

Innerhalb der militärischen Führung spitzten sich jetzt die Auseinandersetzungen zu. Der Oberbefehlshaber des Heeres, Walther von Brauchitsch, und Generalstabschef Franz Halder plädierten weiter für einen raschen Vormarsch der Heeresgruppe Mitte auf Moskau. Doch Hitler zögerte: Die Schlachten in der Mitte und im Norden hielt er für nahezu entschieden. Lediglich im Süden, in der Ukraine, machte er noch stärkeren Widerstand aus – dort, wo sich das bedeutendste Industriepotenzial der Sowjetunion befand. Gleichzeitig galt die Region auch als Kornkammer der Sowjetunion. »Die Generalität war erzogen in der traditionellen Vorstellung, man entscheidet einen Krieg, indem man die Hauptstadt des

»Meine Generale verstehen nichts von Kriegswirtschaft«: Brauchitsch, Hitler und Halder (von links) während einer Lagebesprechung im August 1941

Feindes erobert und vorher eine Entscheidungsschlacht schlägt, in der die feindliche Armee besiegt wird«, erläutert Bernd Wegner. »Hitler hatte im Vergleich dazu eigentlich das modernere Kriegsbild. Er wusste, dass ein moderner, industrialisierter Krieg nicht allein auf den Schlachtfeldern entschieden wird, sondern in den Produktionsstätten. Und darum war das Entscheidende, dass diese Produktionsstätten erobert würden und der Sowjetunion die Fähigkeit zur weiteren Kriegführung entzogen würde.«

Folgerichtig hieß es in einer »Führer«-Weisung vom 21. August 1941: »Das wichtigste, noch vor Einbruch des Winters zu erreichende Ziel ist nicht die Einnahme von Moskau, sondern im Süden die Fortnahme der Krim, des Industrie- und Kohlengebiets am Donez sowie die Abschnürung der russischen Ölzufuhr aus dem Kaukasus.« Die Heeresführung war empört, Generalstabschef Halder dachte sogar an Rücktritt. Doch Hitler beharrte auf seiner Meinung. Auch Guderian gelang es nicht, den Diktator umzustimmen. »Meine Generale verstehen nichts von Kriegswirt-

»Ich wies auf die Stimmung der Truppe hin, die nichts anders erwarte als den Vormarsch auf Moskau und die hierfür mit Begeisterung alle Vorbereitungen bereits getroffen hätte. Ich versuchte darzulegen, dass uns nach Erringen des militärischen Sieges in der entscheidenden Richtung und über die feindlichen Hauptkräfte die Wirtschaftsgebiete der Ukraine umso eher zufallen müssten.«

Heinz Guderian, *Erinnerungen eines Soldaten*

schaft«, erklärte Hitler dem verdutzten Panzergeneral. Dann legte er kategorisch die Angriffsziele fest – zuerst die Ukraine und danach Moskau.

Also musste der »schnelle Heinz« mit seinen Panzern nach Süden einschwenken – Angriffsziel Kiew. Zu diesem Zeitpunkt standen die deutschen Spitzen 600 Kilometer voneinander entfernt. Doch wenn es den deutschen Panzern mittels einer riesigen Zangenbewegung gelingen würde, diese Strecke zu überwinden, wäre das für die zwischen den Flügeln eingekeilten sowjetischen Truppen der Untergang. Und ebendazu setzte die Wehrmacht an – von Norden die Panzer mit einem weißen »G«, von Süden die mit einem »K«. Die Buchstaben standen für die Panzergruppen Guderian und Kleist, die sich rasch aufeinander zubewegten. Die Lage für die Verbände der Roten Armee spitzte sich bedrohlich zu. Mehrmals baten die sowjetischen Befehlshaber vor Ort, der drohenden Einkesselung durch einen Rückzug zu begegnen, um dann einen Gegenangriff starten zu können. Doch Stalins Befehl an Marschall Semjon Budjonny, seinen alten Kampfgefährten aus dem russischen Bürgerkrieg, war unmissverständlich: »Keinen Schritt zurück, halten und notfalls sterben.« Wie der deutsche »Führer« mischte sich auch der sowjetische Diktator mit Vorliebe in militärische Fragen ein und setzte selbstherrlich Richtlinien für die strategische Gefechtsführung fest. »Bei der bloßen Erwähnung der bitteren Notwendigkeit, Kiew aufzugeben, bekam Stalin Wutanfälle«, berichtete Alexander M. Wassilewski, der stellvertretende Generalstabschef der Roten Armee, im Nachhinein. Stalin hoffte, die sowjetischen Verteidigungslinien halten zu können, bis neue Truppen aus dem Osten herangeführt werden konnten. Doch insgeheim schien auch er nicht mehr zu glauben, dass der deutsche Angriff noch abgewehrt werden könnte. Er gab Anweisung, kriegswirtschaftlich wichtige Industrieanlagen nach Osten zu verlegen.

Oben: »Erstklassiges Zusammenspiel der Kräfte«: Deutsche Panzer und Infanteristen während der Kesselschlacht von Kiew, September 1941
Unten: »Den Weg in eine düstere Zukunft angetreten«: Sowjetische Soldaten ergeben sich einer Panzereinheit der Wehrmacht

Das industrielle Herz der Sowjetunion sollte nicht für Deutschland schlagen, Hitlers Rechnung, das Industriepotenzial der Ukraine vereinnahmen zu können, nicht aufgehen.

Für hunderttausende Soldaten der Roten Armee waren Stalins Haltebefehle jedoch das Todesurteil. Am 14. September 1941 durchbrachen die ersten Panzer Guderians die sowjetischen Verteidigungsstellungen. Fast 200 Kilometer östlich von Kiew trafen die Spitzen der beiden deutschen Panzergruppen aufeinander. Ein 135 000 Quadratkilometer großer Kessel war entstanden – ein Gebiet doppelt so groß wie Bayern. Aber noch klafften riesige Lücken zwischen den deutschen Verbänden. Nun kam es darauf an, den Ring zu verstärken, damit sich die Rote Armee nicht doch im letzten Moment aus dem Kessel zurückziehen konnte. Guderian wusste, dass ein massiver, erfolgreicher Ausbruch die drohende Katastrophe für Stalins Truppen noch hätte abwenden können. Tatsächlich versuchten die sowjetischen Befehlshaber in Kiew, auf eigene Faust der Umklammerung zu entgehen. Doch es war zu spät. Am 18. September scheiterte ein letzter Befreiungsversuch Budjonnys. Es folgte, wie der *Völkische Beobachter* wenig später verkündete, die »größte Vernichtungsschlacht aller Zeiten«. Doch noch trafen die deutschen Angreifer auf hartnäckigen Widerstand. Die deutsche Luftwaffe flog pausenlos Angriffe und warf ihre tödliche Fracht über den sowjetischen Truppen im Kessel ab. Bis zum 19. September, fünf Tage lang, tobte das Inferno. Dann drangen die ersten deutschen Soldaten nach Kiew vor. Doch die ukrainische Hauptstadt blieb für die Wehrmacht ein gefährliches Pflaster. Straßensperren, Hinterhalte und Häuserkämpfe warteten auf die Angreifer und forderten zahlreiche Opfer auf beiden Seiten. Am 26. September, einen Monat nachdem Hitler seine neue Stoßrichtung bekannt gegeben hatte und Guderians Truppen nach Süden einschwenken mussten, ging die bislang größte Kesselschlacht des Krieges zu Ende. Der Kampf um Kiew endete für die sowjetischen Verteidiger mit einem Debakel ohnegleichen. Fünf sowjetische Armeen waren vollständig zerschlagen, von zwei weiteren existierten nur noch Bruchteile. Nur 4000 Mann einer Kavallerieeinheit war der Ausbruch aus dem Kessel gelungen.

> Das Zusammenspiel der Kräfte an der Front war erstklassig. Das hat uns in den ersten Jahren so unerhört überraschende Erfolge gebracht, dass heute noch die Strategien und die Taktiken der deutschen Wehrmacht an den Kriegsschulen weltweit gelehrt und behandelt werden.
>
> Karl-Gottfried Vierkorn, Wehrmachtsoldat

»Nicht menschlich behandelt«: Ein sowjetischer Kriegsgefangener in einem deutschen Lager, Herbst 1941

665 000 Gefangene meldete das Oberkommando der Wehrmacht, selbst nach sowjetischen Angaben waren es noch 450 000 Mann.

Wir haben gesehen, wie sie in Achterreihen, vollkommen stur und trostlos aussehend, resigniert, ohne jede Ambition auszubrechen, nach hinten befördert wurden. Alle hundert Meter ist ein älterer Landser gegangen mit einer alten Flinte, und alle gingen schön brav nach Westen.

Karl-Gottfried Vierkorn, Wehrmacht-soldat

Diejenigen Rotarmisten, die das Gemetzel der Kesselschlachten überlebt hatten, traten den Weg in eine düstere Zukunft an. In endlosen Kolonnen schleppten sie sich gen Westen. »Für mich war es überwältigend, diese Gefangenenschlangen an uns vorbeiziehen zu sehen«, berichtet Hans-Erd-mann Schönbeck. »Das hat mich unerhört beein-druckt. Einerseits mit dem Gedanken: ›Das möch-test du selbst nie erleben müssen.‹ Aber auch mit

»Warum hat man uns nicht nur ein halbes Kommissbrot gegeben und die andere Hälfte den Gefangenen?«: Hunger und Elend waren ständige Begleiter der Gefangenen

dem Gefühl: ›Die armen Kerle …‹« Denn auf die allermeisten der gefangenen Rotarmisten wartete der Tod. Obwohl der Wehrmachtführung klar gewesen sein musste, dass sie durch die blitzkriegartig geplanten Operationen des Feldzugs im Osten mit einer großen Anzahl Gefangener zu rechnen hatte, wurden keinerlei Vorkehrungen getroffen, diese Massen auch zu versorgen. Man nahm billigend in Kauf, dass Millionen Sowjets im wahrsten Sinne des Wortes verrecken mussten. Generalleutnant Georg Neuffer, 1941 Stabsoffizier bei der Luftwaffe, erklärte in Trent Park sogar, dass es einen »Führer«-Befehl gegeben habe, so wenig russische Kriegsgefangene wie möglich am Leben zu lassen: »So viel Russen als möglich sollen umkommen«, so Neuffer im Gespräch mit Oberst Hans Reimann. Zwar ist ein derartiger eindeutiger Befehl, Kriegsgefangene bewusst verhungern zu lassen, nicht überliefert. Doch dass tatsächlich Millionen Rotarmisten sterben würden, passt in die Logik der deutschen Kriegführung gegen die Sowjetunion. »Die Gesetze der Menschlichkeit waren in diesem Feldzug außer Kraft gesetzt«, sagt Heinz Niewerth, der Soldat in einer Nachrichtenabteilung war. »Noch heute, manchmal nachts im Traum, sehe ich all diese Toten, all diese Verwundeten, all diese ausgemergelten Körper herumliegen. Ich frage mich noch immer: Warum hat man uns nicht nur ein halbes Kommissbrot gegeben und die andere Hälfte den Gefangenen? Das kann ich einfach nicht begreifen.«

Auch bei den Offizieren in Trent Park meldete sich offenbar das Gewissen, was die furchtbare Behandlung der sowjetischen Gefangenen anging:

> Das war eine fürchterliche Sache. Die deutsche Führung hat sich um Gefangene überhaupt nicht gekümmert.
>
> Heinz Niewerth, Wehrmachtsoldat

> Es wird uns ja in jüngerer Zeit immer wieder vorgehalten, wir hätten die russischen Gefangenen schlecht behandelt und sie verhungern lassen. Wir konnten uns nicht mal um unsere eigenen Männer richtig kümmern, und auf die Versorgung Hunderttausender Gefangener waren wir überhaupt nicht eingerichtet.
>
> Ekkehard Maurer, Wehrmachtsoldat

»Der Rücktransport der Russen [nach den Kesselschlachten] von Wjasma usw. war grauenhaft!«, erklärte Generalleutnant Neuffer. »Grauenhaft, wirklich«, pflichtete Reimann ihm bei. »Ich habe so einen Transport erlebt. … Auf den Stationen schauten die Russen aus diesen schmalen Luken heraus und brüllten wie die Tiere auf Russisch zu den russischen Einwohnern, die da standen: ›Brot, Gott wird euch segnen!‹ Da kamen Kinder und brachten ihnen Kürbisse. Die Kürbisse wurden hineingeworfen, und dann hörte man in dem Wagen nur noch ein Gepolter und ein tierisches Gebrüll, da haben sie sich wahrscheinlich gegenseitig erschlagen. Ich war fertig, ich habe mich in eine Ecke gesetzt und mir den Mantel über den Kopf gezogen. Ich fragte den Wachfeldwebel: ›Ja, habt ihr denn nichts zu fressen?‹ Er sagte zu mir: ›Herr Oberstleutnant, woher sollen wir was haben, ist ja nichts vorbereitet.‹« – »Nein, nein tatsächlich, das sind unvorstellbare Gräuel«, fuhr Neuffer fort. »Da sind die Gefangenen ja auch zu Fuß zurückgeführt worden. Ich bin diese Strecke oft gefahren – die Straßengräben waren voll von erschossenen Russen. Mit den Autos reingefahren, also, es war grauenhaft.«

Der Umgang der Wehrmacht mit den sowjetischen Kriegsgefangenen wurde jahrzehntelang tabuisiert – sowohl in der Memoirenliteratur der Führungsspitze als auch in den Erinnerungen der einfachen Soldaten. Ge-

> »Die Kriegsgefangenen, bei denen das Verpflegungsproblem kaum zu lösen ist, sind teilweise sechs bis acht Tage ohne Nahrung und kennen in einer durch den Hunger hervorgerufenen Apathie nur noch eine Sucht: Zu etwas Essbarem zu gelangen. … Eine Abhilfe dieser chaotischen Zustände ist bei dem durch den Vormarsch bedingten vordringlichen Menschen- und Transportraumbedarf nicht möglich.«
>
> Franz Xaver Dorsch, Leiter des Zentralamts der »Organisation Todt«,
> 10. Juli 1941

rade das macht die offenen Bekenntnisse in britischer Gefangenschaft so außergewöhnlich. »Nie vorher und nie nachher haben sich deutsche Generäle so reflektiert, so offen, so kritisch über die Massenverbrechen an sowjetischen Kriegsgefangenen geäußert«, erklärt Sönke Neitzel, der Auszüge aus den Abhörprotokollen in seinem Buch *Abgehört* veröffentlicht hat. »Und das Besondere ist, dass sie ganz klar Ross und Reiter benennen. Sie sagen: Die Wehrmacht ist schuld an diesen Verbrechen, es war die Verantwortung der Wehrmacht.« Und die sowjetischen Kriegsgefangenen starben nicht nur unmittelbar nach den Kesselschlachten oder während der Transporte nach hinten.

Auch im Hinterland hatten sie oftmals weder Verpflegung noch ein Dach über dem Kopf zu erwarten. Zumeist wurde nur ein Stück offenes Gelände mit Stacheldraht abgezäunt und die Masse der Gefangenen hineingepfercht. Mit bloßen Händen mussten sie sich Erdlöcher graben, um sich zumindest notdürftig gegen Wind und Wetter schützen zu können. Vielfach kam es zu Kannibalismus. Allein bis Februar 1942 starben fast zwei Millionen sowjetische Kriegsgefangene in deutschem Gewahrsam. Erst danach kam es bei den Deutschen stellenweise zu einem Umdenken: Dann wurden die

> Sie haben ihre eigenen Kameraden geschlachtet. Wenn ein Russe nicht mehr ganz konnte, haben sie den umgebracht und haben sich davon ernährt.
>
> Heinz Niewerth, Wehrmachtsoldat

meisten der gefangen genommenen sowjetischen Soldaten – freilich nicht mehr solche Massen wie im Sommer 1941 – zumindest notdürftig verpflegt, nach Deutschland gebracht und als billige Arbeitskräfte für die deutsche Kriegswirtschaft eingesetzt.

Der gewaltige Sieg bei Kiew hatte den Kriegsherrn Hitler und seine militärischen Paladine in Hochstimmung versetzt. Die Frage war, wie der Feldzug fortgesetzt werden sollte. Einerseits konnte man angesichts der in den kommenden Wochen zu erwartenden extremen Witterungsbedingungen geeignete Stellungen ausbauen und der Truppe eine Ruhepause gönnen. Denn es drohten die herbstliche Schlammperiode, wenn wolkenbruchartige Regenfälle jeden unbefestigten Weg in grundlosen Morast verwandeln würden, und der gefürchtete russische Winter mit seinen Schneestürmen und seiner grimmigen Kälte. Für ein derartiges Vorgehen sprach, dass die meisten Einheiten nach mehr als zwölf Wochen härtester Kämpfe bei Weitem nicht mehr ihre Sollstärke hatten. Sie waren dezimiert, erschöpft, einige regelrecht »ausgebrannt«. Auch die spärliche Versorgung mit Brennstoff und Munition stand in keinem Verhältnis zum tatsächlichen Bedarf. All diese Versorgungslücken hätte man nun gründlich beheben und die Truppe obendrein mit der dringend notwendigen wintertauglichen Kleidung versorgen können. Der entscheidende Nachteil dieser Variante war freilich, dass eine Ruhepause auch dem Gegner nutzen würde. Auch er hätte neue Kräfte schöpfen und frische Verstärkungen an die Front schaffen können.

Die Heeresführung tendierte deshalb zur zweiten Möglichkeit: nämlich den im August abgebrochenen Marsch auf Moskau wieder aufzunehmen. Bereits Mitte September wurden die Rahmenbedingungen für eine derartige Operation festgelegt. Wichtig bleibt festzuhalten: Der erneute Vorstoß nach Moskau war keine einsame »Führer«-Entscheidung über den Kopf der Generalität hinweg. Obwohl den Generälen der Zustand der Truppe bekannt und sie sich der möglichen Risiken einer Fortsetzung des Angriffs in dieser Jahreszeit bewusst waren, billigten sie den Entschluss Hitlers und trieben die Vorbereitungen für den Angriff voran. Die Rote Armee, so ihr Kalkül, sei derart geschwächt, dass nur noch eine kleine Anstrengung genügte, um ihr endgültig den Todesstoß zu versetzen. Das bedeutete freilich für die Soldaten: Statt Verpflegung oder Winterbekleidung wurden nun Waffen, Betriebsstoff und Munition an die Front geschafft.

Am 2. Oktober 1941 war es so weit: Die Soldaten der Heeresgruppe Mitte hörten einen Aufruf Hitlers, in dem er vom »letzten gewaltigen Hieb, der noch vor Einbruch des Winters diesen Gegner zerschmettern

soll«, tönte. »Heute ist nun der Beginn der letzten großen Entscheidungsschlacht dieses Jahres.
Sie wird diesen Feind vernichtend treffen.« Die
»Operation Taifun« begann. Der Vormarsch verlief planmäßig. Selbst die größten Optimisten
waren erstaunt, wie problemlos die deutschen
Panzer vorankamen. Am Mittag des 3. Oktober
besetzte die Wehrmacht Orel. Guderian notierte
ungläubig: »Die Eroberung der Stadt vollzog sich
so überraschend für den Gegner, dass die elektri-
schen Bahnen noch fuhren, als unsere Panzer ein-

> Wir glaubten schon, dass die
> Masse des russischen Heeres
> vernichtet ist und dass der
> Vormarsch nach Moskau
> eigentlich eine Frage der
> Marschgeschwindigkeit ist,
> nicht des Feindes, weil es
> keinen Feind mehr zwischen
> uns und Moskau gab. Wir
> dachten wirklich, der Krieg
> wäre zu Ende.
> Philipp Freiherr von Boeselager,
> Generalstabsoffizier

drangen.« Am 6. Oktober zogen die ersten deutschen Soldaten in Brjansk
ein. Nur sechs Tage nach dem Beginn der Offensive war damit das erste
Etappenziel erreicht. Einen Tag später trafen sich die Spitzen der Panzergruppen 3 und 4. Wieder war ein gewaltiger Kessel entstanden. Das Ge-
heimnis des Erfolgs bestand erneut darin, dass die Deutschen die gegnerischen Linien an einigen Stellen durchbrochen, den Schwerpunkt der
sowjetischen Verbände zunächst umgangen und sich dann im Rücken des
Gegners vereinigt hatten. In dieser Falle saßen 55 Divisionen, die die sowjetische Hauptstadt hätten verteidigen sollen. Die erneute Katastrophe
für die Rote Armee kam am 13. und 14. Oktober, als die eingeschlossenen
sowjetischen Verbände kapitulierten. Noch einmal fielen den Deutschen
663 000 Gefangene, 1242 Panzer und 5412 Geschütze in die Hände. Die
NS-Propaganda frohlockte: Die Entscheidung des Krieges sei unwiderruflich gefallen. Am 19. Oktober standen deutsche Truppen in Moshaisk,
100 Kilometer vor Moskau. Der vorletzte Verteidigungsriegel zum Schutz
der sowjetischen Hauptstadt war gebrochen. Am gleichen Tag 129 Jahre
zuvor hatte die Grande Armée Napoleons den Rückzug aus dem bren-
nenden Moskau antreten müssen. Diesmal deutete alles darauf hin, dass
die russische Metropole in die Hände der Angreifer fallen würde.

Doch Mitte Oktober schlug das Wetter um. Der Herbstregen verwandelte die Wege in Schlammwüsten. Und in den Regen mischte sich bald
der erste Schnee. Zwar blieb er noch nicht liegen, doch er trug seinen Teil
dazu bei, dass die Pisten aufweichten: Die Schlammperiode hatte begonnen. Knietiefer Morast erschwerte jedes Vorwärtskommen. Die soge-

»Einfach im Morast stecken geblieben«: Der Schlamm brachte den Angriff der Wehrmacht auf Moskau zum Erliegen

nannte Rollbahn nach Moskau hielt den Belastungen nicht stand. Zuerst brach die Straßendecke unter der Last von Panzern und Transportfahrzeugen ein, dann verwandelte sich die Piste in eine mit Schlammlöchern und Wassertrichtern übersäte Hindernisbahn. Der breite Transportweg verringerte sich auf einen lediglich 60 Zentimeter schmalen Pfad, der nur dank ständiger Ausbesserungsarbeiten passierbar blieb. Nicht die Gefechte mit der Roten Armee bremsten den Vormarsch – die Masse der deutschen Verbände blieb schlicht im Morast stecken.

Dann fing es von heute auf morgen an zu regnen und hörte nach Tagen erst auf. Während dieser Zeit verwandelte sich alles, was an Verkehrswegen da war, in Schlamm. Und zwar solchen Schlamm, dass ein Lkw bis über die Achsen im Morast versank. Wir haben eine Marschleistung gehabt pro Tag von zwei Kilometern. Zwei Kilometer, wo wir sonst 100 gefahren sind.

Franz Abel, Wehrmachtsoldat

Der erzwungene Halt hatte katastrophale Folgen: Die deutschen Truppen mussten sich dort verschanzen, wo sie gerade standen, und sich nun ihrerseits gegen die Angriffe der Sowjets verteidigen. Die Rote Armee setzte den T-34 ein, der sich mit seinen breiten Ketten auch auf morastigem Untergrund fortbewegen konnte. Die Wehrmacht dagegen war zu einer verlustreichen Untätigkeit verurteilt. Viele Soldaten wünschten sich nur noch eines: »Wenn nur der Frost käme!« Denn dann würden die Straßen wieder fest und damit passierbar werden, dann würde der entscheidende Vorstoß möglich: »Das Ziel Moskau war ganz klar«, beschreibt Hans-Erdmann Schönbeck die Gefühle seiner Kameraden in diesen Tagen. »Das müssen wir einfach erreichen!« Bis dahin jedoch blieb den Deutschen nur übrig zu warten. Drei Wochen dauerte die unvorhergesehene Unterbrechung. Drei Wochen, die der sowjetische Gegner nutzen konnte. Die Rote Armee führte starke und frische Divisionen aus Sibirien an die Front und baute die Verteidigungsstellungen vor Moskau aus.

> Auf einer Länge von 80 Kilometern versanken wir im Morast, es war überhaupt keine Bewegung mehr möglich. Wir haben mindestens vier Wochen lang nichts anderes gemacht, als die Fahrzeuge, die im Schlamm steckten, in das nächste Dorf reinzuziehen, damit man sie wenigstens reparieren konnte.
>
> Walter Schaefer-Kehnert, Wehrmachtsoldat

Anfang November verbesserte der erste Frost den Straßenzustand. Die deutsche Angriffsmaschine lief wieder an. Wie geplant, durchstießen die Deutschen mit zwei Keilen die tief gestaffelten Verteidigungssysteme. Als Verbände der 3. Panzerarmee 65 Kilometer vom Moskauer Stadtzentrum entfernt den Moskwa-Wolga-Kanal überschritten, drohte den Sowjets der Durchbruch. Doch bald musste die Wehrmacht zwei verhängnisvolle Erfahrungen machen. Die sowjetischen Verteidiger leisteten vor Moskau mehr als je zuvor härtesten Widerstand. Bestens ausgerüstete Truppen aus Sibirien hielten ihre Stellungen. Je näher die Wehrmacht auf die Hauptstadt vorrückte, desto verbissener kämpften die Verteidiger. »Halten oder sterben« – dieser Befehl Stalins wurde niemals entschlossener umgesetzt als jetzt.

Doch damit nicht genug: Die Deutschen hatten sich mit einem zweiten erbarmungslosen Gegner auseinanderzusetzen: der Kälte. Schon Mitte November herrschten Temperaturen von 25 Grad unter null. Bald fiel das Thermometer sogar auf 40 Grad minus. Für eine derartige Kälte war die Wehrmacht nicht ausgerüstet. Es fehlte an allem: Statt Pelzen trugen

Oben: »Mit den Sonntagsausgehschuhen dahergekommen«: Die Soldaten waren für die extremen Temperaturen des russischen Winters nicht ausgerüstet
Unten: »Die Kraft der Truppe ist am Ende«: Eine nur notdürftig gegen die Kälte geschützte Feldstellung südwestlich von Moskau, 8. Dezember 1941

die Soldaten Stoffmäntel, statt Fellhandschuhen dünne Fäustlinge, einfache Kopfschützer statt Pelzkappen. Am schlimmsten jedoch war das Schuhwerk. Die genagelten ledernen »Knobelbecher« mochten im Sommer gute Dienste leisten. Im Winter jedoch erwiesen sich die Stahlnägel als ideale Kälteleiter. Filzstiefel, wie sie die Soldaten der Roten Armee trugen, gab es bei der Wehrmacht nicht. Der Nachschub an wetterfester Kleidung setzte viel zu spät ein. Nur 30 Prozent des Solls konnten geliefert werden. Beim Gedanken an diese Wochen kam den Generälen in Trent Park auch noch ein Jahr später das Schaudern: »Voriges Jahr war an warmer Kleidung überhaupt nichts da«, beklagte sich Wilhelm Ritter von Thoma Ende November 1942 gegenüber seinen Kollegen. »Die Panzerleute sind mit ihren Sonntagsausgehschuhen dahergekommen. Der Russe ist mit dick wattierten Sachen dahergekommen, die hat er wahrscheinlich heuer auch wieder. … Wir haben jedem toten Russen die Filzstiefel ausgezogen, wir haben jedem Toten den Rock ausgezogen. … Sind so ein bisschen gereinigt und dann ausgegeben worden.«

> Wir liefen noch alle in unseren Sommerklamotten herum, wir waren technisch überhaupt nicht auf den Winter eingerichtet. Als der starke Frost kam, schossen die Maschinengewehre nicht mehr. Das Einzige, was noch verlässlich war, war der Karabiner und die Pistole.
>
> Ekkehard Maurer, Wehrmachtsoldat

Doch auch derartige improvisierten Maßnahmen vermochten nicht zu verhindern, dass die Zahl der Ausfälle auf deutscher Seite stieg. Fast jeder Zweite meldete sich mit Erfrierungen an den Händen oder Füßen bei den Sanitätsstationen, die kaum helfen konnten. Etliche Einheiten verzeichneten mehr Verluste durch Erfrierungen als durch feindliches Feuer. Für viele Soldaten jedoch kam jede Hilfe zu spät: General von Thoma berichtete in Trent Park von Schwerverwundeten, die erfroren, weil sie ohne jede Heizung auf Güterwagen nach hinten transportiert wurden. Auch Heinz-Otto Fausten erinnert sich bis heute an schreckliche Bilder: »Ich habe eine Geschützbesatzung gesehen, die war erstarrt in der Position, mit der sie geschossen hatte. Die knieten hinter der Kanone, drei, vier Mann – zu Eisklumpen erstarrt …« Nun rächte sich die Überheblichkeit der deutschen Militärführung. Nicht alle hatten es so offen ausgesprochen, doch gedacht und gehandelt hatten sie wie Propagandaminister Goebbels, der großspurig getönt hatte: »Im Winter? Da sitzen wir in warmen Quartieren von Leningrad und Moskau!«

Und die Kälte machte nicht nur den Soldaten zu schaffen. Die Panzermotoren und Gewehre streikten, der Treibstoff gefror. »Wir haben Feuer unter den Panzern gemacht, um das Öl und das Benzin zu erwärmen«, sagt Hans-Erdmann Schönbeck. »Aber auch das half dann nicht mehr.« Trotz dieser Strapazen rückten die deutschen Truppen an einigen Frontabschnitten noch weiter vor. Am weitesten näherten sich Einheiten der 4. Armee bei Chimki der sowjetischen Hauptstadt. Nur noch acht Kilometer standen sie von den Vororten Moskaus entfernt. Und ganze 16 Kilometer fehlten noch bis zum Kreml. Spähtrupps hatten schon die Türme der Basilius-Kathedrale im Visier. Doch diese Aktionen täuschten eine Stärke vor, die es längst nicht mehr gab. Die Wehrmacht war nicht auf der ganzen Frontlänge vormarschiert; nur einzelne Punkte konnten von kleinen Kampfgruppen erobert und gehalten werden. Der Ring um Moskau konnte niemals auch nur annähernd geschlossen werden. Anfang Dezember stellten die deutschen Kommandeure vor Ort den Angriff ein. »Die Kraft der Truppe und der Betriebsstoff ist am Ende«, notierte General Guderian resignierend. Hitler sah das wieder einmal anders. Er wollte Moskau um jeden Preis erobern. Der Diktator befahl, den Angriff auf die sowjetische Hauptstadt unter allen Umständen fortzusetzen.

Doch dazu sollte es nicht mehr kommen. Am 5. Dezember 1941 setzte die Rote Armee zu einem gewaltigen Gegenschlag an. Die deutschen Stellungen wurden zunächst mit dichtem Artilleriefeuer eingedeckt. Dann griffen die um das Vierfache verstärkten sowjetischen Verbände an. An der gesamten Frontlänge mussten sich die deutschen Soldaten dem massiven Druck der Roten Armee entgegenstemmen. Die lang gezogene Front war jedoch viel zu schwach, um den anstürmenden frischen Kräften lange standhalten zu können. Frontgeneräle wie Guderian wussten, dass das ursprüngliche Ziel nicht mehr erreicht, Moskau nicht mehr erobert werden konnte. Nun ging es nur noch darum, ein Desaster zu verhindern. Und das konnte nur heißen: Rückzug. Nur eine halbwegs geordnete Rücknahme der eigenen Front auf Linien, die sich

Zu unser größten Überraschung kamen die Russen dann mit ganz frischen, voll einsatzfähigen, gut ausgebildeten Verbänden, die sie aus Sibirien herangezogen hatten. Von denen wussten wir nichts.
Bernd Freiherr Freytag von Loringhoven, Generalstabsoffizier

Urplötzlich griffen uns die russischen Skitruppen in weißen Hemden an und vertrieben uns nach einiger Gegenwehr. In dem Augenblick wurde uns deutlich, dass dies so etwas wie eine Wende war, denn das hatten wir noch nicht erlebt.
Ekkehard Maurer, Wehrmachtsoldat

»Es hieß nur noch: Zurück, zurück – jeder, wie er kann«: Nach dem sowjetischen Gegenangriff im Dezember 1941 mussten sich die deutschen Truppen überstürzt zurückziehen

leichter verteidigen ließen, würde eine katastrophale Niederlage für das Ostheer vermeiden können. Doch auch dazu blieb an zahlreichen Stellen keine Zeit mehr. Vielerorts wurden die deutschen Truppen zum überstürzten Rückzug gezwungen, wenn sie nicht abgeschlossen und eingekesselt werden wollten. Nicht überall gelang die Absetzaktion. Sowjetische Skieinheiten durchstießen immer wieder die weit auseinandergezogenen deutschen Linien. Zeitweise wurden deutsche Verbände von der Roten Armee eingeschlossen und mussten sich unter großen Verlusten freikämpfen. Vielfach mussten die Soldaten einen Großteil ihres Materials opfern, um wenigstens einen kleinen Rest zu retten. Panzer, Geschütze und Zugmaschinen blieben liegen – wegen Benzinmangels oder weil sie der Frost festhielt.

Auch in Heinz-Otto Faustens Kompanie, die nördlich von Moskau eingesetzt war, waren mehr als drei Viertel aller Fahrzeuge ausgefallen. Schließlich sprengte auch er seinen Schützenpanzer und versuchte, sich zu Fuß nach hinten durchzuschlagen: »Die Einheit war zersplittert. Von den zehn Mann meiner Besatzung waren nur noch zwei übrig, die anderen waren weggelaufen, und wir haben uns nicht mehr gefunden. Es hieß nur noch: Zurück, zurück – jeder, wie er kann.« Wenig später musste er unliebsame Bekanntschaft mit den frisch herangeführten sowjetischen Truppen machen: »Wir wurden von der Seite aus angegriffen. Die kamen mit ihren T-34 über den Schnee, das konnte kein deutscher Panzer. Die Russen aber hatten so breite Ketten, dass sie über Schnee fahren konnten. Und dahinter die Kolonne der Infanteristen auf Skiern. Die haben unseren Zug – wir hatten auch einige Panjepferde dabei – sofort unter Feuer genommen, kein Pferd war mehr zu retten, kein Schlitten mehr zu retten, nichts mehr. Es gab nur noch eins, Flucht – weg von der Straße, durch den hohen Schnee, und von hinten die Skiläufer, die Panzer, und dann kamen noch Flugzeuge dazu. Wir sind gelaufen. Dabei habe ich die ›Null-acht‹ rausgezogen und hab gedacht, wenn du jetzt verwundet wirst, dann hältst du dir die Pistole an den Kopf. Es sind mehrere hinter mir liegen geblieben, die wurden mit Bajonetten umgebracht. Es sind vielleicht 15, 20 Mann gewesen, die die eigenen Linien erreicht haben, von 300.« Überall gelangen den sowjetischen Truppen tiefe Einbrüche in die deutschen Linien. Dorf für Dorf, Stadt für Stadt wurde zurückerobert.

Walther von Brauchitsch, der Oberbefehlshaber des Heeres, erkannte, welche Katastrophe sich anbahnte, wenn nicht unverzüglich die Weisung zum vollständigen Rückzug erfolgen würde. Doch Hitler lehnte ein entsprechendes Ansinnen ab. Stattdessen diktierte er am 18. Dezember 1941 seinen berüchtigten Haltebefehl: »Unter persönlichem Einsatz der Befehlshaber, Kommandeure und Offiziere ist die Truppe zum fanatischen Widerstand in ihren Stellungen zu zwingen, ohne Rücksicht auf durchgebrochenen Feind in Flanke und Rücken.« Es war ein Befehl mit katastrophalen Folgen. Der Starrsinn des Diktators kostete zehntausende deutsche Soldaten das Leben. Seine wahnwitzige Forderung, keinen Meter Boden preiszugeben, bewirkte geradezu das Gegenteil: Die sowjetischen Verbände konnten durchbrechen und versprengte Truppenteile in die Zange nehmen. Jene Taktik, die von der Wehrmacht zu Beginn des Feldzugs angewandt wurde, richtete sich nun gegen sie: schnelles Durchstoßen an brüchigen Frontlinien, Umschließen von der Flanke her, Einkesseln und Vernichten des in der Falle sitzenden Gegners.

Jeder deutsche Soldat weiß, dass er im Kriege sein Leben für sein Vaterland einzusetzen hat, und unsere Soldaten haben bisher wahrhaftig erwiesen, dass sie bereit sind, dieses Opfer auf sich zu nehmen. Man darf dieses Opfer aber nur verlangen, wenn sich der Einsatz lohnt. Die mir erteilte Weisung muss aber zu Verlusten führen, die in gar keinem Verhältnis zu den erreichbaren Ergebnissen stehen.

Guderian zu Hitler, 20. Dezember 1941

Sie stehen den Ereignissen zu nahe. Sie lassen sich zu sehr von den Leiden des Soldaten beeindrucken. Sie haben zu viel Mitleid mit dem Soldaten.

Hitler zu Guderian, 20. Dezember 1941

Hitler war jedoch weit davon entfernt, die Schuld an der Lage bei sich selbst zu suchen. Stattdessen schob er die Gründe für die Misserfolge auf das Versagen der militärischen Führung und des Offizierskorps. Vor allem von Brauchitsch machte der »Führer« für die Katastrophe vor Moskau verantwortlich. Der OKH-Chef reichte seinen Rücktritt ein, und der Diktator übernahm selbst den Oberbefehl über das Heer. »Das bisschen Operationsführung kann jeder machen« war Hitlers geringschätziger Kommentar zu den Anforderungen des Amtes. Doch Brauchitsch war nicht der einzige General, der seinen Hut nehmen musste. Auch die Befehlshaber der Heeresgruppen Mitte und Süd, Fedor von Bock und Gerd von Rundstedt, wurden entlassen. Der Chef der Heeresgruppe Nord, Wilhelm Ritter von Leeb, bat von sich aus um seine Ablösung. Erich Hoepner, Kommandeur der 4. Panzerarmee, die bei Moskau gekämpft hatte, wurde gar aus der Wehrmacht ausgestoßen – wegen »Ungehorsams und Feigheit«.

Kurz vor Weihnachten traf es auch einen der berühmtesten Helden des Feldzugs. Am 20. Dezember unternahm Generaloberst Guderian noch einen letzten Versuch, Hitler umzustimmen und zu einem Rückzug auf eine verkürzte Frontlinie zu bewegen. Der Panzerstratege wollte, wie es der preußischen Militärtradition entsprach, unnötige Opfer vermeiden. Doch Hitler ließ sich

Wir waren zutiefst getroffen, als er am zweiten Weihnachtstag 1941 plötzlich abgelöst wurde. Wir konnten überhaupt nicht verstehen, dass dieser Mann, der die Panzerwaffe aufgebaut und überaus erfolgreich in Frankreich und Russland geführt hatte, Knall und Fall nach Hause geschickt wurde.

Bernd Freiherr Freytag von Loringhoven, Generalstabsoffizier

auf keinerlei Diskussion mehr ein. Am 25. Dezember 1941 musste Guderian gehen. »Guderian hat sich von Hitler wie ein Rotzbube behandeln lassen. Der hat ihn angeschissen und zur Türe hinausgeschmissen«, erklärte General von Thoma in Trent Park. »Er hat – ich weiß es von Guderian selber – um eine Untersuchung gebeten: Ist abgelehnt worden. Zu Hause in Berlin war er ein Nichts. Er sagte zu mir: ›Ich schäme mich, zum Haarschneider zu gehen, weil die sagen: Was tun Sie denn hier?‹« Auch bei den Angehörigen der Panzertruppe löste die Entlassung Guderians Bestürzung aus: »Man sagte: ›Wie kann man einen solchen Fachmann wegen kaum nachvollziehbarer Gründe ablösen?‹«, erinnert sich Manfred Gusovius. »Das war schon ein ziemlicher Schlag gegen die traditions- und selbstbewussten Panzerleute. Das hat uns nicht gefallen.«

Zur Jahreswende 1941/42 hatte Hitler die militärische Spitze der Wehrmacht fast komplett ausgetauscht. Der Diktator riss nun endgültig die gesamte militärische Entscheidungsgewalt an sich. Er bestimmte nicht nur wie schon bisher die »großen Ziele der Kriegführung«, sondern behielt sich nun auch die Entscheidungen in operativ-taktischen Fragen vor. Die höchsten Offiziere der Wehrmacht wurden damit zu bloßen Erfüllungsgehilfen degradiert. Doch die fortschreitende Entmachtung des deutschen Militärelite bereitete auch den Boden für die Legenden, mit denen die Generäle nach 1945 hausieren gingen. Sie versuchten, »Hitler als den kleinen Gefreiten hinzustellen, der den professionellen Militärs ins Handwerk gepfuscht habe«, so Professor Wolfram Wette. Hitler allein sollte die Schuld daran tragen, dass der Feldzug gescheitert sei. »Nach dem Krieg schoben die deutschen Generäle alles darauf, dass man Moskau nicht hatte einnehmen können«, sagt auch Richard Overy. »Aber Moskau hatte damals ohnehin vor allem eine symbolische Bedeutung. Eine Eroberung der Stadt hätte den russischen Widerstand nicht beendet – genauso wenig, wie es Napoleon mit der Besetzung Moskaus gelungen war, Russland zu besiegen.« Tatsächlich mündete der »Blitzkrieg« im Dezember 1941 in ein Debakel, von dem sich die Wehrmacht nicht mehr erholen sollte. »Dass wir Moskau nicht einnehmen konnten, war eine Riesenenttäuschung für den Ehrgeiz der Truppe«, bestätigt Hans-Erdmann Schönbeck. »Das hatte es bis dahin für eine Panzerdivision ja noch nie gegeben, und das machte uns natürlich nachdenklich.« Auch Manfred Gusovius sagt: »Moskau war der erste Dämpfer.« Vor den Toren der sowjetischen Hauptstadt zerbrach der Mythos von der Unbesiegbarkeit der deutschen Armee.

Zu Beginn des Jahres 1942 schwächte sich der Angriffsdruck der Roten Armee zunächst einmal wieder ab. Das lag weniger an der plötzlichen »genialen« Führung der deutschen Verbände durch Hitler als vielmehr daran, dass Stalin und die sowjetische Militärspitze nach den Erfolgen der vorangegangenen Wochen zu viel zur gleichen Zeit wollten und sich in zahlreichen Einzeloperationen verzettelten. Die russische Winteroffensive geriet deshalb ins Stocken. Schneestürme taten ein Übriges, sodass sich beide Seiten eingruben und sich die Lage an der Front zunächst für einige Monate fast gänzlich beruhigte.

Nur an wenigen Stellen wurde noch erbittert gekämpft, so im Bereich der deutschen Heeresgruppe Nord am Ilmensee, gut 250 Kilometer südlich von Leningrad. Hier bekamen die deutschen Verbände nun ihre eigene Medizin zu kosten. Wie von der Wehrmacht im Sommer und Herbst 1941 vorexerziert, durchbrachen starke sowjetische Verbände Anfang Januar 1942 die geschwächten deutschen Linien. Während einige Einheiten der Roten Armee von Norden her in Richtung Demjansk angriffen, starteten andere Verbände ihren Vormarsch aus südlicher Richtung. Als sich eine Einkesselung abzeichnete, baten die Verantwortlichen der Heeresgruppe darum, die Truppen zurückziehen zu dürfen. Doch erneut lehnte Hitler kategorisch ab: Kein Meter eroberter Raum dürfe aufgegeben werden. Mitte Februar konnten sich die beiden sowjetischen Angriffskeile im Rücken der deutschen Truppen vereinigen. Zum ersten Mal im Verlauf des Krieges waren größere Truppenverbände der Wehrmacht eingekesselt. Sechs Divisionen mit etwa 95 000 Soldaten saßen in der Falle. Die nächsten deutschen Einheiten waren 35 Kilometer entfernt. Versorgt werden konnte der Kessel von Demjansk nur aus der Luft. Verpflegung, Munition und Ersatzeinheiten mussten unter ständigem heftigem Beschuss der Sowjets eingeflogen werden – bei Temperaturen von 40 bis 50 Grad minus.

Oben: »Er hatte für jeden Einzelnen ein offenes Wort«: Walther von Seydlitz-Kurzbach war ein beliebter Truppenführer

Unten: »Unvorstellbare Strapazen«: Am 20. März 1942 griffen Einheiten der »Stoßgruppe Seydlitz« an, um den Kessel von Demjansk zu öffnen

Angesichts der starken russischen Übermacht schien die endgültige Vernichtung der eingeschlossenen Truppen nur eine Frage der Zeit zu sein.

Natürlich wollte die deutsche Militärführung ein Aufgeben des Kessels um jeden Preis verhindern. Aus mehr oder weniger zufällig zusammengewürfelten Armee-Einheiten wurde eine »Stoßgruppe« gebildet, deren Führung Generalleutnant Walther von Seydlitz-Kurzbach übertragen wurde. Der damals 53 Jahre alte General war bereits im Ersten Weltkrieg Offizier gewesen und hatte dann in der Reichswehr Karriere gemacht. Als Kommandeur einer Infanteriedivision hatte er am Frankreich- und Russlandfeldzug teilgenommen und war wegen seiner militärischen Erfolge auch Hitler aufgefallen. Seydlitz kam aus einer der traditionsreichsten preußischen Militärfamilien – sein Vorfahr Friedrich Wilhelm (1721 bis 1773) war Reitergeneral unter Friedrich dem Großen. Besonderen Ruhm erlangte der Seydlitz-Urahn im Siebenjährigen Krieg, als er 1758 im Verlauf der Schlacht von Zorndorf mehrmals den Befehl des Königs verweigerte, mit seinen Kavallerieeinheiten anzugreifen – obwohl ihm gedroht wurde, »er hafte mit seinem Kopf für den Ausgang der Schlacht«. Seydlitz handelte erst dann, als er durch einen Angriff in die Flanke die maximale Wirkung erzielen konnte. Dies trug maßgeblich zum siegreichen Ausgang des Kampfes bei, und auch der preußische König zollte ihm seinen Respekt.

Auch Walther von Seydlitz war alles andere als ein sturer Kommisskopf. »Er hat keinen Unterschied gemacht zwischen dem Postboten und dem Grafen Soundso, das lag ihm nicht«, erinnert sich seine Tochter Ingrid. »Er hatte allerdings ein starkes Pflichtgefühl, das habe ich schon als Kind gemerkt. Dass man, wenn man aus einem so alten Adelsgeschlecht kommt, viel Verantwortung trägt und dieser Verantwortung auch gerecht werden muss.« Dabei sah sich der General selbst in der Tradition des »unpolitischen« preußischen Offiziers. Politik interessierte ihn vordergründig nicht. »Seydlitz war ein tapferer, aufrechter, in militärischen Dingen klar denkender Soldat«, bestätigt Heinrich Graf von Einsiedel, der ihn 1943 in sowjetischer Gefangenschaft kennenlernte. »Politisch war er da-

> Die Verpflegung war sehr knapp, mit elf Mann ein Brot – und ein Kommissbrot wog 750 Gramm, das waren rund 70 Gramm pro Tag.
>
> Herbert Balzer, Wehrmachtsoldat

> Es war ja so, dass rings um die Stelle, wo wir angegriffen haben, überhaupt kein Ort mehr gestanden hat. Es war mehrmals hin und hergegangen, und da ist natürlich nichts übrig geblieben,
>
> Joachim Sandau, Wehrmachtsoldat

> »Dass die Befreiung [von Demjansk] unter... relativ günstigen Vorbedingungen gelang, hatte mit Glück nichts zu tun! Sie verführte Hitler dazu, dieses Experiment im Herbst desselben Jahres im Maßstabe 1:4 zu wiederholen – dort jedoch unter katastrophal ungünstigeren Verhältnissen.«
>
> Walther von Seydlitz-Kurzbach,
> *Stalingrad – Konflikt und Konsequenz*

gegen vollkommen ungebildet. Seydlitz hat zu mir selbst einmal gesagt: Mir ist an Hitler nichts aufgefallen als schlecht sitzende Uniformen und schlechte Tischmanieren.« Dennoch sollte Seydlitz einer der wenigen deutschen Offiziere werden, die dem Diktator offen widersprachen.

Auch bei seinen Soldaten war Seydlitz beliebt. »Er hatte wirklich für jeden Einzelnen, ob es nun Offizier, Unteroffizier oder der einfache Pionier oder Jäger gewesen ist, ein offenes Wort«, sagt Joachim Sandau, der vor Demjansk mit ihm zusammentraf. »General von Seydlitz ist grundsätzlich mit einem Karabiner unterwegs gewesen. Das war für einen General ja eine ganz eigenartige Geschichte, ein General kam ja normalerweise nicht mit einem Karabiner an. Der ja. Und wenn einer einen Karabiner umhängte, dann hatte er schon gewonnen bei den Landsern.«

Am 20. März traten die Einheiten der »Stoßgruppe Seydlitz« zur Öffnung des Kessels von Demjansk an. Das »Unternehmen Brückenschlag« begann. Die Witterungsverhältnisse waren miserabel. Zunächst herrschte noch bitterer Frost, doch bald setzte das Frühjahrstauwetter ein und verwandelte die ohnehin schon sumpfige Gegend in eine einzige Schlammlandschaft. Nachschub konnte nur noch über eilig errichtete Knüppeldämme nach vorn geschafft werden. Unter unvorstellbaren Strapazen und nahezu schutzlos den Angriffen der überlegenen sowjetischen Luftwaffe ausgeliefert, kämpften sich die Verbände von Seydlitz voran. Wie Joachim Sandau berichtet, war der General dabei stets in vorderster Linie zu finden. Während viele seiner Generalskollegen einen sicheren Befehlsstand im Hinterland bevorzugten, sah Seydlitz stets persönlich an der Front nach dem Rechten. Nach fünf Wochen erbitterter Kämpfe war es so weit – die Stoßgruppe hatte sich zu den Eingeschlossenen durchgekämpft. Ein schmaler Korridor, die sogenannte Schlauchverbindung, war entstanden. Durch diese konnte Nachschub in das weiterhin von drei Seiten von den Sowjets umschlossene Gebiet gebracht werden. »Das war für Seydlitz natürlich ein ganz großer operativer Erfolg«, meint der Historiker Sönke Neitzel. »Allerdings glaubte man beim Oberkommando der Heeres nun, auch eine größere Armeegruppe aus der Luft versorgen zu können. Und dieser Glaube – dieser Irrglaube – sollte sich 1942 noch fatal auswirken.«

Im Frühjahr dieses Jahres regierte bei der deutschen Militärführung und vor allem bei Hitler selbst erneut der Optimismus. »Die Sowjets werden im kommenden Sommer zerschmettert. Eine Rettung gibt es für sie nicht mehr«, verkündete der Kriegsherr großspurig. »Die Bolschewisten werden so weit zurückgedrängt werden, dass sie den Kulturboden Europas nicht mehr berühren.« Angesichts der Erfahrungen der vorangegangenen Monate und der materiellen und personellen Lage der Wehrmacht klangen diese Worte wie blanker Hohn. Denn die deutschen Verluste betrugen inzwischen eine Million Mann. Jeder dritte deutsche Soldat, der im Juni 1941 die Grenze zur Sowjetunion überschritten hatte, war tot,

»Das Gesetz des Handelns wieder an sich reißen«: Eine Panzereinheit der Wehrmacht auf dem Vormarsch Richtung Kaukasus

verwundet, gefangen oder vermisst. Heinz-Otto Fausten war nach einem Dreivierteljahr der letzte Überlebende seiner Kompanie, deren Stärke beim Einmarsch in Russland einmal 240 Mann betragen hatte. Nicht viel besser sah es beim Material aus. »Im Juni 1941 galten rund zwei Drittel aller Divisionen als – wie es damals hieß – voll angriffsfähig«, erläutert Professor Bernd Wegner. »Im März 1942 waren es gerade noch fünf Prozent. Wir sehen daran, dass dieses Heer, das 1941 zum Angriff angetreten war, im Grunde nicht mehr bestand.«

Dennoch war die Fortsetzung des Feldzugs kein von vornherein aussichtsloses Unterfangen. Auch die Sowjets hatten im bisherigen Verlauf der Kämpfe horrende Verluste erlitten. Ein Großteil der sowjetischen Industrie und Landwirtschaft befand sich in deutscher Hand. Hitler konnte auf die gewaltigen Ressourcen der vom Deutschen Reich besetzten Gebiete in Europa zurückgreifen. Und – der Diktator schien endlich aus den Erfahrungen des bisherigen Feldzugs gelernt zu haben. Statt prestigeträchtiger Operationsziele wie Leningrad oder Moskau setzte er den Hauptakzent der militärischen Aktionen diesmal im Süden der Front. Hier sollten die Truppen der Roten Armee zwischen Donez und Don entscheidend geschwächt, die Kaukasuspässe eingenommen und die Ölgebiete am Kaspischen Meer erobert werden. »Hätten die Wehrmachttruppen die Ölfelder des Kaukasus erobert, wäre die Treibstoffversorgung selbst für einen Krieg gegen Amerika gesichert gewesen«, so der britische Historiker Richard Overy. Als Fernziel planten die deutschen Militärstrategen sogar eine Vereinigung mit den aus Richtung Ägypten vorstoßenden Verbänden von Rommels Afrikakorps – und damit die Eroberung weiterer Ölquellen im Nahen Osten. Dies hätte zumindest unter dem Aspekt des Treibstoffs eine Fortführung des Krieges auf mehrere Jahre gesichert. Für die Sowjetunion dagegen wäre es vermutlich der endgültige Todesstoß gewesen.

Tatsächlich gelang es den Deutschen, im Frühjahr 1942 wichtige strategische Erfolge zu erzielen – ein sowjetischer Gegenangriff bei Charkow

Die Sowjetunion hatte zwei Drittel ihrer gesamten Industriekapazität verloren. Sie büßte die für die Lebensmittelversorgung unersetzbare Ukraine, ihren »Brotkorb«, ein und dazu den größten Teil ihrer Panzer und Flugzeuge. Fünf Millionen Sowjetbürger waren in dieser Phase des Krieges schon getötet worden oder in Gefangenschaft geraten. Jeder nüchterne Betrachter musste zu dem Schluss kommen, dass sich das Land von diesem Schlag kaum wieder erholen würde.

Richard Overy, Historiker

konnte zurückgeschlagen und die Halbinsel Krim am Schwarzen Meer endgültig erobert werden. Am 28. Juni schließlich fiel der Startschuss für die »Operation Blau« – den deutschen Vormarsch Richtung Kaukasus. Die Truppen der Wehrmacht gewannen zügig an Boden. Diese Tatsache sowie die geringe Zahl an sowjetischen Gefangenen deuteten die deutschen Militärs als Schwäche der Sowjets. In Wirklichkeit waren dem Gegner die Aufmarschpläne zuvor bekannt geworden. Danach wich die Rote Armee den Angreifern einfach aus und ließ sie ins Leere laufen. Die rasante Geschwindigkeit des Vormarschs und die chronische Unterschätzung des Gegners verführten Hitler zu einer Änderung der ursprünglichen Planung, die sich im weiteren Verlauf des Feldzugs noch fatal auswirken sollte. Statt wie vorgesehen *nacheinander* sollten nun zwei Hauptziele der »Operation Blau« *gleichzeitig* erreicht werden: der Vorstoß in den Kaukasus und der Angriff auf die Wolgametropole Stalingrad.

> Manchmal ging der Vormarsch sehr schnell, und dann hat man gedacht: Um Gottes willen, wie sollen die langen Nachschubwege je überbrückt werden?
>
> Edith Gehlert, Krankenschwester

> Wir hatten bereits Karten des Kaukasus bekommen. In gewisser Weise waren wir sehr enttäuscht, als unsere Armeegruppe plötzlich abgedreht wurde und es hieß: nicht Kaukasus, sondern Stalingrad. Aber wenn wir das genommen haben, dann gehen wir nach dem Kaukasus runter – ganz einfach.
>
> Hans-Erdmann Schönbeck, Wehrmachtsoldat

»Operativ war diese Entscheidung eine Katastrophe«, sagt Professor Bernd Wegner. »Sie bedeutete die Halbierung der Angriffskraft und machte darum das Scheitern in jedem Falle vor Stalingrad wie im Kaukasus wahrscheinlicher.«

Doch die Eroberung Stalingrads war für Hitler zur fixen Idee geworden. Die Einnahme der Stadt sei »aus psychologischen Gründen dringend notwendig«, ließ er verlauten. Neben der kriegswirtschaftlichen Bedeu-

Oben: »Der Widerstand in der Stadt versteifte sich in ungeahntem Maße«: Deutsche Soldaten in Stalingrad, Anfang November 1942
Unten: »Durchbruch nach Südwesten oder Untergang in wenigen Tagen«: Seydlitz und der Oberbefehlshaber der 6. Armee, Generaloberst Paulus, in Stalingrad

tung als Industrie- und Rüstungszentrum und der strategischen Lage als Nadelöhr des Öltransports besaß die Wolgametropole aber auch für seinen Gegenspieler Stalin symbolischen Wert. Hier hatte er sich während des russischen Bürgerkriegs die ersten blutigen Meriten erworben. 1924 hatte die Stadt dann seinen Namen erhalten. Es war für den Diktator auch eine Frage des persönlichen Renommees, Stalingrad nicht in deutsche Hand fallen zu lassen.

Am 4. September 1942 drangen die Panzerspitzen der deutschen 6. Armee in die Vororte der Stadt ein. Knapp zwei Wochen später hatten sich die ersten Soldaten ins Zentrum vorgekämpft. Nach vier Wochen erbitterter Gefechte waren die sowjetischen Verteidiger eingeschlossen und standen mit dem Rücken zur Wolga. Doch von einer schnellen Einnahme der Stadt konnte keine Rede sein: »Wir hatten erhebliche Verluste zu beklagen, denn plötzlich versteifte sich der Widerstand der Russen in der Stadt in ungeahntem Maße«, erinnert sich Manfred Gusovius, der in Stalingrad kämpfte. »Die Russen ließen sich buchstäblich totschlagen.«

Um jedes Haus, um jeden Keller wurde mit äußerster Härte gekämpft. War eine sowjetische Stellung in deutsche Hand geraten, begann schon bald der Gegenangriff. Manche Punkte wechselten innerhalb kürzester Zeit mehrfach den Besitzer. Die deutschen Truppen hatten sich in Stalingrad festgerannt. Die deutschen Frontbefehlshaber erkannten schnell die tödliche Gefahr, die sich daraus sowie aus der gewaltigen Überdehnung der Front ergab. Doch Hitler ließ sich nicht umstimmen. Er wollte den Kaukasus, das Öl und Stalins Stadt – um jeden Preis. Auf kritische Stimmen reagierte er wie schon im Winter 1941/42 – mit Tobsuchtsanfällen und Entlassungen: Diesmal waren Heeresgruppenbefehlshaber Wilhelm List und Generalstabschef Halder die Leidtragenden.

> »Der Kampf um Stalingrad ist gewissermaßen eine gigantische Auseinandersetzung zwischen Nationalsozialismus und Bolschewismus, oder besser gesagt zwischen Hitler und Stalin.«
> Goebbels, Tagebuch, 15. September 1942

> **Sie können der Überzeugung sein, dass uns kein Mensch von dieser Stelle mehr wegbringen wird!**
> Hitler in einer Rede vom 30. September 1942

Sein Widersacher Stalin dagegen hatte aus den militärischen Entwicklungen des ersten Kriegsjahrs eine ganz andere Schlussfolgerung gezogen: Er überließ die operative Führung des Krieges mehr und mehr seinen Militärführern, die fortan freier entscheiden konnten, wann und wo sie ihre Kräfte einsetzten. Mitte September 1942 präsentierten Generalstabschef Wassilewski und sein Stellvertreter Schukow ihre Pläne für eine sowjetische Gegenoffensive an der Wolga. Mit einer aus zwei Armeen gebildeten »Zange« sollten die deutschen Verbände umschlossen und alle Verbindungsstränge nach Westen durchtrennt werden. Aus Belagerern sollten Belagerte werden. Es war das deutsche »Blitzkrieg«-Modell – nur unter umgekehrten Voraussetzungen. Am 19. November 1942 begann der sowjetische Gegenangriff bei Stalingrad. In dichtem Schneegestöber überrannten die zahlenmäßig weit überlegenen Truppen der Roten Armee die Schwachstellen der deutschen Front, die rumänischen Stellungen nordwestlich und südlich von Stalingrad. Nur vier Tage später war der Ring um die Stadt geschlossen. Damit saßen mindestens 250 000 Soldaten in der Falle.

Schon vor Schließung des Kessels hatte der Oberbefehlshaber der 6. Armee, Generaloberst Friedrich Paulus, um »Handlungsfreiheit« gebeten – das hieß: Aufgabe von Stalingrad, Rückzug zu den eigenen Linien. Doch der »Führer« blieb hart: Die Parole für die Soldaten an der Wolga hieß »ausharren«. Weitere Versuche, Hitler zum Einlenken zu bewegen, blieben erfolglos. Paulus resignierte zusehends. Dafür trat jetzt ein anderer General auf den Plan. Walther von Seydlitz-Kurzbach, im Frühjahr 1942 Befreier des Kessels von Demjansk, war ebenfalls in Stalingrad, wo er ein Armeekorps führte. Doch gerade er wusste: Stalingrad war nicht Demjansk. Die äußeren Bedingungen waren weitaus ungünstiger – nicht allein, dass mehr als doppelt so viele Soldaten eingeschlossen waren wie im Frühjahr. Der Kessel war auch sehr viel weiter von den deutschen Linien entfernt, die russische Übermacht bei Stalingrad um ein Vielfaches größer.

In dieser Situation entschloss sich Seydlitz zu einem außergewöhnlichen Schritt: einer Denkschrift an die Adresse seiner Vorgesetzten. Seydlitz verwies zunächst auf die Versorgungslage. Schon kleinere Abwehrgefechte würden die Folge haben, dass sich die Munitionsbestände drastisch verringerten. Eine Versorgung aus der Luft könne, selbst bei zusätzlich eingesetzten Flugzeugen, den Bedarf einer ganzen Armee niemals decken. Er prophezeite, dass die Rote Armee nach der Schließung des Kessels die Angriffe fortsetzen und die eingeschlossenen Deutschen vernichten würde, wenn nicht schnellstmöglich von außen für Entsatz gesorgt würde. Doch die Chancen dafür schätzte Seydlitz angesichts der

> »Hebt das OKH den Befehl zum Ausharren in der Igelstellung nicht unverzüglich
> auf, so ergibt sich vor dem eigenen Gewissen gegenüber der Armee und dem deut-
> schen Volk die gebieterische Pflicht, sich die durch den bisherigen Befehl verhinderte
> Handlungsfreiheit selbst zu nehmen und von der heute noch vorhandenen Möglich-
> keit, die Katastrophe durch eigenen Angriff zu vermeiden, Gebrauch zu machen.
> Die völlige Vernichtung von 200 000 Kämpfern und ihrer gesamten Materialaus-
> stattung steht auf dem Spiel.«
>
> Aus der Denkschrift von Seydlitz, 25. November 1942

weit entfernten und schwach besetzten deutschen Fronttruppen nur gering
ein. Für ihn gab es deshalb nur eine Schlussfolgerung: »Die Armee steht
vor dem eindeutigen Entweder-Oder: Durchbruch nach Südwesten…
oder Untergang in wenigen Tagen. Es gibt keine andere Wahl.« Und noch
eine weitere Konsequenz forderte Seydlitz: Wenn Hitler den Befehl zum
Ausharren nicht aufhebe, dann müsse sich die Armee die Handlungsfreiheit eben selbst nehmen. Das war nicht mehr und nicht weniger als der
Aufruf zur Befehlsverweigerung! Doch davon wollten viele von Seydlitz'
Offizierskollegen nichts wissen: »Wir haben uns
nicht den Kopf des Führers zu zerbrechen und
General von Seydlitz nicht den des Oberbefehlshabers«, erklärte der Chef des Stabes der 6. Armee, Generalmajor Arthur Schmidt.

Damit war das Schicksal der Soldaten in Stalingrad besiegelt. Zwar wäre auch ein Ausbruch
der geschwächten Truppen in Richtung Westen
mit zahlreichen Opfern verbunden gewesen,
doch der Untergang einer ganzen Armee hätte
verhindert werden können. Denn auch ein von
Hitler angeordneter Entsatzversuch von außen
scheiterte. »Haltet aus! Wir holen euch raus«,
funkten die Verbände der 4. Panzerarmee von Generaloberst Hoth an die Eingeschlossenen, als sie
Mitte Dezember Richtung Stalingrad vorrückten.
Doch 48 Kilometer vor der Stadt war Schluss.

> In der Nacht sahen wir dann über der Steppe schon Leuchtzeichen. Und sagten: »Mensch, die kommen, die sind schon fast da! Noch zwei Tage – halten wir durch, und dann geht's bei uns los!« Und dann ging nichts mehr. Die konnten nicht – wir auch nicht.
>
> Hubert Menzel, Generalstabsoffizier

> Am Heiligabend entfernte sich das Mündungsfeuer Richtung Süden und es kam auch bald die Meldung durch, die Bereitstellung für den Gegenstoß sei aufgehoben. Damit war für mich klar: Unser Schicksal ist besiegelt. Jetzt gibt es kein Entrinnen mehr.
>
> Heinrich Meidinger, Wehrmachtsoldat

»Wir hörten den Gefechtslärm näher kommen«, erinnert sich Hans-Erdmann Schönbeck. »Doch vom Weihnachtsabend an entfernte er sich wieder. Da wussten wir natürlich genau, was los war. Und wir wussten dann auch, wir hatten auszuhalten bis zur letzten Patrone. Das war uns bekannt.«

Im Kessel wurde die Lage jetzt immer hoffnungsloser. Kälte und Hunger zehrten an den verbliebenen Kräften. Schon Mitte Dezember wurden die Verpflegungsrationen weiter gekürzt: 100 Gramm Brot, das waren zwei Scheiben, mehr konnte nicht an die Soldaten ausgegeben werden. Zwar hatte Reichsmarschall Hermann Göring seinem »Führer« versprochen, dass die Luftwaffe die Versorgung der Eingeschlossenen gewährleisten könnte. Doch die Wirklichkeit sah anders aus. Nur ein Drittel dessen, was die Luftwaffenführung zugesagt hatte, kam tatsächlich bei der Truppe an – und selbst das war nur ein Bruchteil dessen, was die 6. Armee eigentlich benötigt hätte, um zumindest einigermaßen lebens- und kampffähig zu sein.

Weihnachten war für die Eingeschlossenen ein Fest der Angst, des bitteren Hungers und der eisigen Kälte. Panzerleutnant Schönbeck versuchte seinen Kameraden immerhin noch so etwas wie Normalität vorzugaukeln. Er hatte eine kleine Kiefer aus dem Schnee der Steppe gegraben, die er im Bunker aufstellte. In seinem Feldsack hatte er ein paar Kerzen und eine Flasche Cognac gerettet. Die Weihnachtsgeschichte wurde vorgelesen und das Vaterunser gesprochen. »Ich habe es sogar fertiggebracht, den Familienvätern in meiner Einheit den Arm um die Schulter zu legen und zu sagen: ›Mensch, irgendwie kommen wir raus hier.‹ Dran geglaubt habe ich selber nicht mehr, und es hat mir wohl auch keiner geglaubt«, so Schönbeck. Noch mehr als einen Monat mussten die Soldaten im Kessel ausharren. Mehrere Kapitulationsangebote der Sowjets lehnte die Armeeführung auf Weisung Hitlers ab. Immer wieder wurden Flugblätter über den deutschen Linien abgeworfen, die die Soldaten der Wehrmacht zum Überlaufen aufforderten. Aber kaum einer von ihnen wollte der sowjetischen Propaganda trauen. Die Angst vor der Kriegsgefangenschaft war groß. »Man kämpfte weiter aus Angst vor dem Russen«, sagt Hans-Erdmann Schönbeck. »Wir wussten sehr genau: Wenn wir überlaufen, geht's uns nicht besser, als wenn wir noch bis zum Ende kämpfen.«

Am 10. Januar 1943 begann schließlich der sowjetische Großangriff auf den Kessel. Pausenlos feuerten die Geschütze auf die verbliebenen deutschen Stellungen. An mehreren Punkten konnten die sowjetischen Truppen die deutschen Linien durchbrechen. Der Kessel wurde für die Soldaten zu einem Vorraum des Todes. Die äußeren Bedingungen waren grauenhaft. Die Lazarette waren überfüllt, die medizinische Versorgung konnte kaum noch aufrechterhalten werden. So wurden die wenigen Plätze in den Flugzeugen, die nach dem Ausladen der Versorgungsgüter wieder aus dem Kessel heraus starteten, für viele zur letzten Hoffnung. Auch Hans-Erdmann Schönbeck, der Mitte Januar verwundet wurde, hatte Glück: Er konnte mit einem der letzten Flugzeuge die eingeschlossene Stadt verlassen.

Ende Januar verschlechterte sich die Lage mit jedem Tag. Der Roten Armee gelang es, den Kessel zu spalten. Die Stunden der Verteidiger waren gezählt. Am Morgen des 31. Januar sprengten sowjetische Verbände den Südkessel. Am Nachmittag dieses Tages verließen Armeechef Paulus und sein Stab mit erhobenen Händen ihren Gefechtsstand. Auch General Seydlitz wurde von den Russen gefangen genommen. Am 2. Februar 1943 kapitulierte auch der nördliche Kessel. Der Kampf um Stalingrad war beendet. Nur noch 90 000 deutsche Soldaten traten den Weg in die sowjetische Gefangenschaft an. Fast zwei Drittel der Mannschaften und Unteroffiziere sowie die Hälfte der Offiziere waren gefallen, erfroren, verhungert oder an Erschöpfung gestorben – der größte Teil von ihnen in den letzten Wochen der Schlacht. Die Übrigen erwartete ein ungewisses Schicksal. »Ich hatte einfach nur den Wunsch zu überleben«, sagt Manfred Gusovius, »noch nicht einmal, nach Hause zu kommen – einfach nur überleben.« Mehr als die Hälfte der äußerst geschwächten Männer erlag bereits im Frühjahr 1943 in den sowjetischen Gefangenenlagern dem Fleckfieber. Lediglich 6000 Mann kehrten Jahre später nach Hause zurück, unter ihnen der gebürtige Ostpreuße Gusovius.

»Verbiete Kapitulation. Die Armee hält ihre Position bis zum letzten Soldaten und zur letzten Patrone und leistet durch ihr heldenhaftes Ausharren einen unvergesslichen Beitrag zum Aufbau der Abwehrfront und der Rettung des Abendlandes.«
Funkspruch Hitlers an Paulus, 24. Januar 1943

»Nun wird sehr bald der schwere Augenblick kommen, dass wir die ganze Wahrheit dem deutschen Volke mitteilen müssen. Ich glaube nicht, dass diese Tatsache allzu erschütternd wirken wird, denn im Großen und Ganzen weiß das Volk mehr, als wir ahnen.«
Goebbels, Tagebuch, 4. Februar 1943

Oben: »Bloß raus aus dieser Hölle«: Verwundete Soldaten werden aus Stalingrad ausgeflogen, Dezember 1942
Unten: »Ein endloser Zug von Gefangenen«: Die Überlebenden der Kesselschlacht gehen in Gefangenschaft

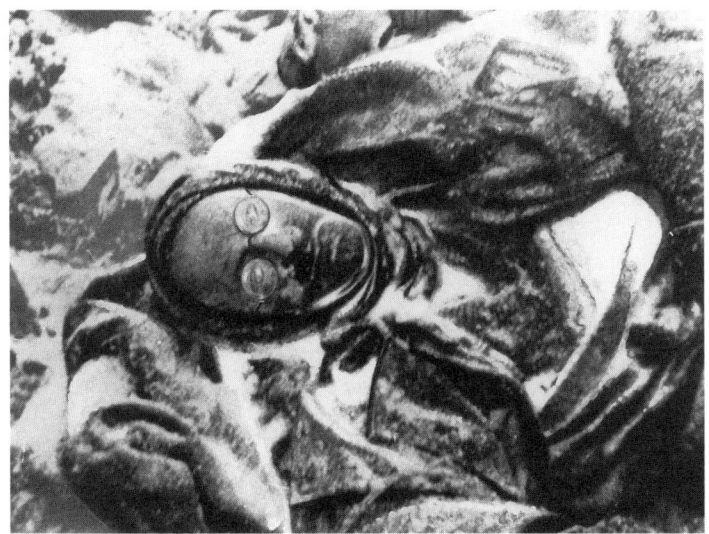

Oben: »Im eisigen Winter erfroren«: Der Tod war für Männer der 6. Armee allgegenwärtig –
auch nach der Kapitulation
Unten: »Die bittere Erkenntnis von Stalingrad«: Walther von Seydlitz rief als Präsident des
»Bundes Deutscher Offiziere« zum Sturz Hitlers auf

Stalingrad war für die deutsche Wehrmacht mehr als nur eine verlorene Schlacht. Das Ende der 6. Armee markiert den psychologischen Wendepunkt des Krieges. »Es gab nach Stalingrad keine deutsche Strategie mehr«, so der Historiker Bernd Wegner. »Es galt nur noch, Zeit zu gewinnen, dem Regime vor dem endgültigen Zusammenbruch letzte Atempausen zu geben. Dieser Prozess zog sich dann über zwei Jahre hin und forderte etwa das Doppelte an Opfern, wie der Krieg bis 1943 gefordert hatte.« Auch den deutschen Offizieren in Trent Park dämmerte diese Erkenntnis: »Unsere Lage ist hoffnungslos. Es ist ganz gleich, wo wir angreifen – wir können nicht mehr vorwärts und gewinnen nichts«, erklärte Friedrich Freiherr von Broich im Sommer 1943. Es sei erstaunlich, zu sehen, dass einige Generäle schon zu diesem Zeitpunkt eingesehen hätten, dass der Krieg verloren sei, meint der Historiker Sönke Neitzel. Nur eine ganz kleine Minderheit hätte allerdings wirklich Konsequenzen aus dieser Erkenntnis gezogen. »Die meisten sagten: Hitler ist schuld an dem Kriegsausgang, andere Generäle sind schuld an dem Kriegsausgang. Ich selber nicht. Und es sind nur ganz, ganz wenige, die es schaffen, diese Hürde zu überspringen, und zu sagen: Nein, ich selber bin mitverantwortlich für all das, was in deutschem Namen geschehen ist.«

Einer von diesen wenigen war Walther von Seydlitz. In sowjetischer Kriegsgefangenschaft gründete er den »Bund Deutscher Offiziere« (BDO) und rief seine Kameraden zum Sturz Hitlers auf. Auslöser für diese Entscheidung war, wie er selbst sagte, »die bittere Erkenntnis von Stalingrad«. Viele ehemalige Soldaten und Offiziere feinden ihn bis heute wegen der Zusammenarbeit mit den Sowjets als Verräter an. Sie verkennen, dass Seydlitz als einer der wenigen deutschen Spitzenmilitärs wirkliche Zivilcourage bewiesen hat. Sein Ziel war es, wie es sein BDO-Kollege Heinrich Graf von Einsiedel ausdrückt, »den Selbstmord des Deutschen Reiches zu verhindern« und die drohende totale Niederlage Deutschlands abzuwenden. Seine persönliche Tragik bestand darin, dass er den Zusicherungen, die ihm von sowjetischer Seite gemacht wurden, vertraute. Als die Sowjets merkten, dass er zur Propagandafigur nicht taugte, wurde er zunächst schleichend kaltgestellt und schließlich sogar zu 25 Jahren Zwangsarbeit

> **Er wurde mit dem Erlebnis Stalingrad ein hundertprozentiger Gegner von Hitler. Das war natürlich ein großer Bruch für einen solchen Menschen, gegen den obersten Kriegsherrn zu sein, dem er den Eid geleistet hatte.**
>
> Winrich Behr, Generalstabsoffizier

verurteilt. Im Oktober 1955 kehrte er nach Deutschland zurück und lebte zurückgezogen in Norddeutschland.

Der abgesetzte Panzerheld Guderian dagegen wurde 1943 von Hitler wieder in Dienst genommen, als Inspekteur der Panzertruppen und schließlich gar als Generalstabschef des Heeres. Nach dem Attentat auf Hitler am 20. Juli 1944 trug er maßgeblich zur Radikalisierung des Krieges bei – und zwar im Sinne seines »Führers«: gegen das eigene Volk und gegen die eigenen Soldaten. Erst kurz vor Kriegsende kam es zum Bruch mit dem Diktator. Gleichwohl erklärte Guderian in einem von den Amerikanern abgehörten Gespräch im Juli 1945 über die NS-Zeit: »Die grundlegenden Prinzipien waren gut.«

»Unsere Lage ist hoffnungslos«: Ein verzweifelter deutscher Soldat während der Schlacht bei Kursk, neben ihm ein gefallener Kamerad, Juli 1943

Zu Beginn des Russlandfeldzugs waren wir kräftemäßig in der Lage, auf der ganzen Front, vom Finnischen Meerbusen bis zum Schwarzen Meer, anzugreifen. 1942 konnten wir dann nur noch an der Hälfte der Front angreifen. Die Entscheidung fiel für den Süden. Die Niederlage von Stalingrad war dann eine wirkliche Niederlage. Von da ab waren wir nur noch in der Lage, örtlich oder lokal einen Schwerpunkt zu bilden und anzugreifen.

Johann Adolf Graf Kielmannsegg, Generalstabsoffizier

Im Sommer 1943 hatte die Wehrmacht ein letztes Mal versucht, das Gesetz des Handelns an sich zu reißen. Doch »die größte Panzerschlacht der Weltgeschichte« bei Kursk, etwa 600 Kilometer südlich von Moskau, endete letztlich ohne eindeutiges Ergebnis. Hitler musste seinen Traum vom Sieg im Osten endgültig begraben. Danach sollte die Wehrmacht nie wieder über das notwendige Material für größere Angriffsoperationen verfügen. Von nun an wurden die Jäger zu Gejagten. Ein langer, verlustreicher und blutiger Rückzug stand ihnen bevor. Er sollte erst zwei Jahre später in Berlin enden.

Verbrechen der Armee

April 1945 im Norden von London. Im Gefangenenlager Trent Park sitzen die beiden Generalmajore Gerhard Fischer und Ludwig Heilmann zusammen und reflektieren die zurückliegenden Kriegsjahre. Die Lebensläufe der beiden Offiziere könnten unterschiedlicher nicht sein. Fischer, ein Verwaltungsmann, war meist in Deutschland eingesetzt.

> Es war auf beiden Seiten ein harter, brutaler Krieg. Aber das entlastet natürlich die Wehrmacht nicht von der Schuld für Verbrechen, die sie begangen hat.
>
> Ian Kershaw, Historiker

Heilmann hingegen ist einer der am höchsten dekorierten Fallschirmjägeroffiziere, kämpfte in Kreta, in Russland und am Monte Cassino. Ihre Unterhaltung kommt immer wieder auf die Kriegsverbrechen der Wehrmacht zurück. »Wir waren ja an der Front, wir sagten: ›Das geht uns ja nichts an, was die da hinten machen.‹ Da ist alles durchgedrungen, so allmählich, was sie nun mit den vielen Gefangenen machen«, sagt Heilmann. Fischer ist außer sich vor Empörung: »Wir haben uns ja benommen wie die Wilden, nicht wie ein Kulturvolk«, sagt er. Heilmann pflichtet ihm bei: »Für immer haben wir uns den Namen ›Hunnen‹ erworben.«

Deutsche Soldaten: eine Horde primitiver Hunnen? Die Wehrmacht eine Armee von Tätern, die mordend durch Europa zog? Oder waren doch nur Einzelne für Untaten verantwortlich? Wurden die grausamsten Verbrechen nicht von der SS begangen? Und haben nicht auch andere Kriegsverbrechen verübt?

Es gibt wohl kaum ein Thema, das in den vergangenen Jahren in der Öffentlichkeit so kontrovers diskutiert wurde wie die Verbrechen der Wehrmacht. 17,3 Millionen Männer gehörten ihr an – sie war ein Abbild der männlichen Gesellschaft. Praktisch jede deutsche Familie hat Angehörige in ihren Reihen gehabt. Dies erklärt die heftigen Reaktionen zur provokanten Ausstellung zum Thema. »War also auch ›Opa‹ ein Verbre-

»Es handelt sich um einen Vernichtungskampf«: Hitler im Gespräch mit Brauchitsch und Keitel, Ende März 1941

cher?«, fragten sich zahlreiche Deutsche erstmals. Die Debatte um die Ausstellung »Verbrechen der Wehrmacht« des Hamburger Instituts für Sozialforschung zeigt, wie wenig Forschungsergebnisse der Historiker in das öffentliche Bewusstsein eingedrungen waren und wie viele offene Fragen es noch gab. So führte die Debatte auch dazu, dass zahlreiche neue Studien erschienen und wir mittlerweile ein recht detailliertes Bild von den Verbrechen der Wehrmacht haben .

Im Mittelpunkt der Diskussion stand stets der Russlandfeldzug, jener Weltanschauungskrieg, der jenseits aller Regeln geführt wurde und in dem die Zahl der Verbrechen ein kaum vorstellbares Ausmaß erreichte. Bereits am 30. März 1941 versammelte Hitler seine höheren Truppenführer in der Neuen Reichskanzlei in Berlin und schwor sie ein auf das Ziel, die »russisch-asiatische Gefahr« im Osten in einem Kampf ohne Rücksichtnahme zu beseitigen. »Wir müssen vom Standpunkt des soldatischen Kameradentums abrücken. Der Kommunist ist vorher kein Kamerad und nachher kein Kamerad. Es handelt sich um einen Vernichtungskampf«, der gegen die Rote Armee, den sowjetischen Staat und seine Vertreter geführt werden sollte. Jeder höhere General wusste nach dieser Rede, was Hitler im bevorstehenden Russlandfeldzug von ihm erwartete. Proteste gab es nicht. Hitler stand im Zenit seiner Macht. Nach dem raschen Sieg über Frankreich war jede Kritik verstummt, und die Generalität hatte sich demutsvoll vor dem vermeintlich »größten Feldherrn aller Zeiten« verneigt, der sie mit Orden, Beförderungen und Geldzuwendungen korrumpierte. Zudem: Es ging gegen die kommunistische Sowjetunion. Sie galt als Hort der Barbarei, der Unterdrückung, der Bedrohung aller konservativ-gesellschaftlichen Werte. Die Stimmung in der deutschen Militärelite hätte antibolschewistischer nicht sein können. Es bedurfte keiner großen Überredungskunst, sie von der Notwendigkeit eines Weltanschauungskriegs gegen die Sowjetunion zu überzeugen.

Das Oberkommando der Wehrmacht (OKW) und das Oberkommando des Heeres (OKH) arbeiteten entsprechende Befehle aus: Der »Gerichtsbarkeitserlass« vom 13. Mai legte fest, dass Verbrechen deutscher Soldaten gegen die sowjetische Zivilbevölkerung nicht geahndet werden würden. Er forderte, mit äußerster Brutalität die deutsche Herrschaft in den besetzten Gebieten

> Hitler hat im Offizierskorps nicht erst um diesen Krieg werben müssen. Es ging gegen den jüdisch-bolschewistischen Erzfeind, es ging gegen die bolschewistische Sowjetunion – und gegen diesen Erzfeind hat man den Krieg möglichst schnell und rücksichtslos führen wollen.
>
> Johannes Hürter, Historiker

> Natürlich hatten wir ein Feindbild. Erst war es der jüdische Plutokrat und ab Sommer 1941 der jüdische Weltbolschewismus, dem einerseits die Plutokraten im Westen und andererseits die bolschewistischen Horden im Osten untertan waren.
>
> Friedrich Hassenstein, Wehrmachtsoldat

zu etablieren und jeden Widerstand seitens der Zivilbevölkerung mit Brachialgewalt zu brechen. De facto waren die Zivilisten damit vogelfrei. Allerdings befürchtete man nicht zu Unrecht, dass die Disziplin der Truppe leiden könnte, wenn alle Regeln aufgehoben würden. Entsprechende Zusätze des OKH sollten sicherstellen, dass die Truppe »nicht unnötig scharfgemacht werden oder im Blutrausch handeln« würde. Metzeleien dürfe es nicht geben, und in jedem Fall dürfe nur auf Befehl eines Offiziers gegen die Zivilbevölkerung vorgegangen werden.

Der »Kommissarbefehl« vom 6. Juni 1941 identifizierte die sowjetischen Politoffiziere als die Träger des sowjetischen Widerstands. Von ihnen sei eine hasserfüllte, grausame und unmenschliche Behandlung der eigenen Gefangenen zu erwarten. Daher könne ihnen nicht der Gefangenenstatus zuerkannt werden. Deshalb seien sie außerhalb der eigentlichen Kampfzone unauffällig auf Befehl eines Offiziers zu »erledigen«.

Gerichtsbarkeitserlass und Kommissarbefehl verknüpften die Wehrmacht unwiderruflich mit dem Weltanschauungskampf, noch bevor der erste Schuss gefallen war. Dennoch hatten Wehrmacht und SS zwei unterschiedliche Aufgaben: Heer und Luftwaffe sollten die Rote Armee auf dem Schlachtfeld schlagen, die »Beseitigung« der »jüdisch-bolschewistischen Intelligenz« und damit die Zertrümmerung der kommunistischen Gesellschaftsordnung war speziellen Einsatzkommandos der SS und einigen Bataillonen der Waffen-SS vorbehalten. Diese schienen der NS-Führung für die Mordaktionen geeigneter zu sein als das Heer, das 1939/40 noch gewagt hatte, gegen die Verbrechen der SS in Polen zu protestieren. Sicher brachten viele Wehrmachtgeneräle der SS keine besonderen Sympathien entgegen – in Russland begrüßten sie freilich deren Einsatz zur Sicherung des Landes, abseits des Operationsgebiets des Heeres. So unterschiedlich die Selbstwahrnehmung und der Standesdünkel von SS und Wehrmacht auch waren – das Feindbild des »jüdischen Bolschewismus« teilten sie. Auch für die Generäle waren Juden vielfach Saboteure und Terroristen, und etliche von ihnen glaubten, dass deren Exekution das Hinterland sicherer machen würde.

> **Die Wehrmachtführung hat bereits vor Beginn des Krieges die Zivilisten für rechtlos erklärt, durch den sogenannten Kriegsgerichtsbarkeitserlass »Barbarossa«.**
> Christian Hartmann, Historiker

> **Im Grunde genommen war dieser Kommissarbefehl eine Aufforderung, Morde zu begehen. Man kann nicht jemanden umbringen, bloß weil er die Kommissarbinde anhat.**
> Ulrich Gunzert, Wehrmachtoffizier

Als in den frühen Morgenstunden des 22. Juni 1941 der deutsche Angriff auf die Sowjetunion begann, waren die Weichen für den Vernichtungskrieg längst gestellt. Alle hohen Befehlshaber hatten entsprechende Befehle erhalten. Die Feinde waren benannt, die Methoden besprochen. Allerdings musste sich erst zeigen, wie der Krieg in der Realität geführt wurde, wie die Befehlshaber von Armeen und Heeresgruppen ihre Handlungsspielräume gestalteten. Vieles war im Vorfeld planbar – doch die Eigendynamik des Krieges war nicht vorauszusehen. Würden die unteren Truppenführer und die einfachen Soldaten den Vernichtungskrieg so führen, wie die Führung dies von ihnen erwartete?

Betrachten wir zunächst die Umsetzung des Kommissarbefehls. Er wurde von über 80 Prozent aller Divisionen, die 1941 in Russland kämpften ausgeführt. In vielen Fällen sind die Politoffiziere bereits auf dem Gefechtsfeld exekutiert worden. Meistens scheinen sie aber weiter nach hinten abgeschoben, auf dem Divisionsgefechtsstand verhört und hier anschließend erschossen worden zu sein. Zahlreiche andere Kommissare sind erst in den Gefangenenlagern erkannt und hier ermordet worden. Bruno Menzels Schützenkompanie hat in der Nähe von Minsk Tausende gefangener Rotarmisten bewacht. »Jeden Morgen«, erinnert er sich, »wurden ja die Kommissare unter den Gefangenen rausgeholt und erschossen. Da waren so alte Schützengräben, da mussten sie sich hinsetzen, und dann wurden sie erschossen. Das war aber, glaube ich, eine Polizeieinheit, die die erschossen haben, unsere Leute nicht.« Die Anzahl der ermordeten Kommissare kann auf 7000 bis 8000 geschätzt werden. Dies bedeutet freilich nicht, dass in jedem Fall der Kommissarbefehl befolgt wurde. So hielt der Generalstabschef des Heeres, Franz Halder, über die Kämpfe der 17. Panzerdivision im September 1941 fest: »Verhalten der Truppe gegen Kommissare pp. (werden nicht erschossen).« Wann Soldaten Gnade walten ließen und wann sie zu Mördern wurden, hing von vie-

> **Das Bild, das bis in die sechziger Jahre vermittelt worden ist, dass die Verweigerung des Kommissarbefehls die Regel war, die Befolgung die Ausnahme, hat sich mittlerweile umgedreht. Das gilt für das gesamte Ostheer.**
> Timm Richter, Historiker

> **In der Zeit des laufenden Feldzugs zeigte sich die Bereitschaft der deutschen Truppen und Stäbe, den Kommissarbefehl zu befolgen. Die Auswertung der deutschen Akten hat ergeben, dass bei allen Armeen, bei allen deutschen Armeekorps und über 80 Prozent der deutschen Divisionen der Kommissarbefehl ausgeführt worden ist beziehungsweise Kommissarerschießungen in den Akten nachweisbar sind.**
> Felix Römer, Historiker

Oben: »Nun hatte die Barbarei gesiegt«: Die Kriegführung in Russland war von vornherein auf Rücksichtslosigkeit abgestellt
Unten: »Einen Mann, der entwaffnet vor einem steht, einfach umbringen«?: Verhör eines Kommissars der Roten Armee unmittelbar nach der Gefangennahme

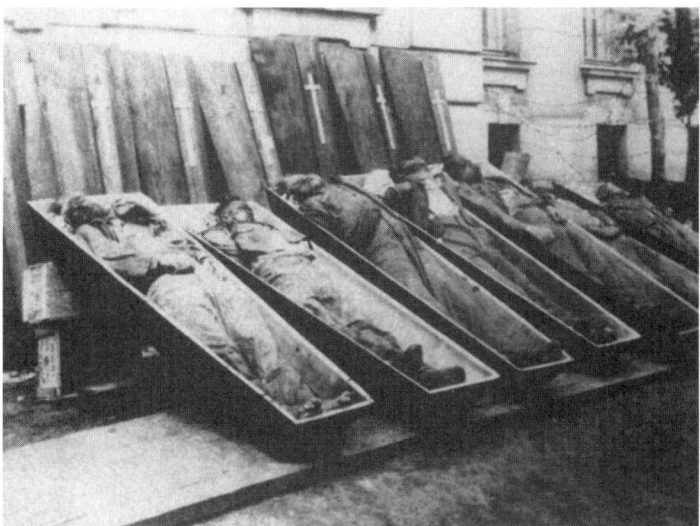

Oben: »Ein jüd. Kommissar schaufelt sein eig. Grab.« Beschriftung auf der Rückseite des Fotos im Besitz eines Wehrmachtangehörigen, Deutsch-Russisches Museum
Unten: »Kampf jenseits von Völkerrecht und Kriegsbrauch«: Ermordete und verstümmelte deutsche Soldaten in Tarnopol, 5. Juli 1941

len verschiedenen Faktoren ab: In welcher Situation wurde der Kommissar gefangen genommen? War er als solcher zu erkennen? Hatte die Truppe in den vorausgegangenen Kämpfen Verluste erlitten? Wie ideologisiert war der befehlshabende Offizier vor Ort? Die Ermessensspielräume waren riesig, und das genaue Geschehen lässt sich heute nur noch in Ausnahmefällen exakt schildern. Aus überlieferten Dienstakten des Heeres, Feldpostbriefen und privaten Tagebüchern wird jedoch ersichtlich, dass die Befolgung des Kommissarbefehls die Regel gewesen sein dürfte. Der Grund hierfür liegt auf der Hand: Die sowjetischen Politoffiziere galten als die ideologischen Korsettstangen der Roten Armee, als Säulen des Widerstands gegen die Wehrmacht und als Inkarnation des jüdischen Bolschewismus. »Kommissare sind ja Juden, auf Deutsch gesagt. Die Kommissare waren hauptsächlich Juden«, meint Bruno Menzel noch im ZDF-Interview.

Das vorgefertigte Feindbild schien sich nach Beginn der Kämpfe sehr rasch zu bestätigen: Anders als die polnischen und die französischen Soldaten, denen die Wehrmacht bis dahin gegenübergestanden war, kämpften die Rotarmisten vielfach verbissen bis zur letzten Patrone gegen die deutschen Invasoren. Sie gaben selbst in aussichtsloser Lage nicht auf, verlängerten so die Kämpfe und fügten den deutschen Truppen hohe Verluste zu. Aus deutscher Sicht konnten hierfür nur die Kommissare verantwortlich sein. In einem Feindlagebericht des VIII. Armeekorps hieß es im September 1941: »Die Kommissare und Politruks züchteten in Massen einen

Bis zum Beginn des Russlandfeldzugs war auf der Innenseite des Umschlags unseres Soldbuchs ein Blatt eingeklebt: »Zehn Gebote für den deutschen Soldaten«. Darin waren aufgezählt die Vorschriften der internationalen Konvention zur Bändigung der Kriegsbestie: Schonung des entwaffneten und gefangenen gegnerischen Soldaten, Schonung der Zivilbevölkerung, Verbot von Plünderung und Vergewaltigung. Mit Beginn des Russlandfeldzugs wurde dieses Blatt aus den Soldbüchern entfernt – und jeder konnte wissen, dass nun die Barbarei unter Zustimmung der Wehrmachtführung gesiegt hatte.

Helmut Gollwitzer, Wehrmachtsoldat

fanatischen Widerstandswillen und bemühten sich, diesen andauernd zu überwachen und zu schüren. Bei Kriegsmüdigkeit und Nachlassen des Kampfwillens übten sie ein beispielloses Terrorregiment aus.«

Auch Gräueltaten an deutschen Gefangenen wurden vornehmlich als das Werk der Kommissare gedeutet. Ihre Einschätzung als gemeine Bestien, Halunken, verrohte Menschen und Verbrecher wirkte freilich wie eine sich selbst erfüllende Prophezeiung: Der deutsche Mordbefehl wurde sehr bald auf sowjetischer Seite bekannt und führte dazu, dass die Kommissare erbitterten Widerstand leisteten und sich oftmals eher selber töteten, anstatt in die Hände des Feindes zu fallen. Aus diesem Grund wurde der Kommissarbefehl im Mai 1942 nach entsprechenden Interventionen des

> Was uns gesagt wurde, war, die Russen sind Schweine, die Russen machen keine Gefangenen, die Russen stechen Gefangenen die Augen aus, und ähnliche Geschichten. Diese Gräuelpropaganda hörten wir, aber mehr auch nicht.
>
> Peter Schilling, Wehrmachtsoldat

OKH von Hitler aufgehoben. In welchem Ausmaß die sowjetischen Politoffiziere wirklich zur Radikalisierung des Krieges beitrugen, ist bislang im Detail noch nicht nachgewiesen worden. Die Forschung leidet hier einmal mehr darunter, dass die russischen Archive noch nicht frei zugänglich sind.

Im kollektiven Gedächtnis der Zeitzeugen spielt der Kommissarbefehl eine vollkommen untergeordnete Rolle. Und dies hat zunächst einen ganz plausiblen Grund: An der Ostfront starben in den ersten Monaten des »Unternehmens Barbarossa« im Durchschnitt 1500 deutsche Soldaten am Tag, über 300 000 bis Ende 1941. Die Liquidierung eines sowjetischen Politoffiziers in der Allgegenwart von Tod, Zerstörung und Leid wurde daher wohl nur in Ausnahmefällen als etwas Besonderes wahrgenommen. Sie wurde gleichsam als ein letztlich unwichtiges Nebenereignis des Krieges abgetan und dementsprechend später auch nicht mehr erinnert. Zudem muss bedacht werden, dass nur ein sehr kleiner Teil der im Osten kämpfenden Wehrmachtsoldaten die Ermordung eines Kommissars miterlebt hat. Die Heeresführung achtete ganz bewusst darauf, diese meist »unauffällig« in der Nähe des Divisionsgefechtsstands zu »beseitigen«. Wenn ein Zeitzeuge wie Ewald-Heinrich

> Ich kann mich an die Bekanntgabe des Kommissarbefehls, der ja in erster Linie die Truppe betraf, in meiner Division nicht erinnern. Das muss nicht heißen, dass er nicht bekannt gegeben worden ist, aber er ist nicht so in mein Bewusstsein eingedrungen, wenn er bekannt gegeben worden ist
>
> Ulrich de Maizière, Generalstabsoffizier

149

von Kleist-Schmenzin im ZDF-Interview schildert: »Ich habe nie erlebt, dass ein Kommissar erschossen wurde, das hab ich nicht erlebt«, so ist diese Aussage, wenngleich sie nach 60 Jahren nicht mehr exakt überprüft werden kann, durchaus glaubwürdig. Zeitzeuge Horst Kühne erinnert sich an die Nacht zum 22. Juni 1941, als den Soldaten der Kommissarbefehl bekannt gegeben wurde: »Unser Kompaniechef las ihn vor und sagte: ›Ich habe Ihnen vorgelesen, weil ich das musste. Was jeder davon zu halten hat, muss er mit seinem Gewissen abmachen.‹ Und das haben wir als ganz großartige, offene Stellungnahme gegen einen Befehl angenommen, und wir hatten also große Hochachtung vor unserem Kompaniechef, dass er so was gesagt hatte.«

Es gibt zahlreiche ähnlich lautende Zeitzeugenberichte. Schriftliche Quellen über die Befehlsverlesung haben sich kaum erhalten. Die Exekutionsberichte belegen indes eindeutig, dass es genug Soldaten gab, die bereitwillig Kommissare töteten.

Viele sowjetische Politoffiziere entledigten sich ihrer verräterischen Uniform, bevor sie die Waffen niederlegten. So konnten sie hoffen, im Millionenheer der sowjetischen Gefangenen unterzutauchen. In den Lagern wurde indes gezielt Jagd auf sie gemacht. Aber selbst wenn man sie nicht erkannte, war ihr Überleben keinesfalls gesichert. In deutschem Gewahrsam erwartete die Rotarmisten ein jämmerliches Schicksal. NS- und Wehrmachtführung waren sich im Vorfeld des »Unternehmens Barbarossa« einig, dass das besetzte sowjetische Territorium rücksichtslos für die Belange der kämpfenden Truppe und der Heimat ausgebeutet werden müsse. Dabei nahmen alle an der Planung Beteiligten in Kauf, dass als Folge Millionen von Menschen verhungern könnten. Für die Ernährung der Kriegsgefangenen war sowohl im OKW als auch im OKH bewusst keine Vorsorge getroffen worden. Von den 5,7 Millionen Rotarmisten in deutschem Gewahrsam kamen 2,5 bis 3,3 Millionen – die Schätzungen schwanken – um: Das sind 45 bis 57 Prozent. Sie starben in Lagern, für die die Wehrmacht verantwortlich war: 845 000 noch im Militärverwaltungsgebiet in der Nähe der Front, 1,2 Millionen in Lagern der Zivilverwaltungsgebiete im Hinterland, 500 000 im sogenannten Generalgouvernement und 360 000 bis 400 000 in Lagern im Deutschen Reich. Das Massensterben setzte aufgrund der völlig unzureichenden Verpflegung bereits im Spätsommer 1941 ein und erreichte im Winter seinen Höhepunkt, bevor es erst im Frühjahr 1942 vorübergehend abflaute. Bis dahin waren rund zwei Millionen gefangene Rotarmisten tot.

Eine gewisse Wende der Kriegsgefangenenpolitik setzte erst im Herbst 1941 ein, als die deutsche Kriegswirtschaft zunehmend unter Arbeitskräftemangel litt. Man erkannte nun den Wert der Menschen, die man eigentlich hatte verhungern lassen wollen. Doch zu einer grundlegenden Änderung der Politik konnte sich die Wehrmachtführung nicht entschließen, auch wenn es Einzelne gegeben hat, die verzweifelt um das Leben der Gefangenen kämpften und – erfolglos – gegen die katastrophale Behandlung protestierten.

> Es gibt einen makabren Ausspruch des Generalquartiermeisters Wagner vom November 1941, in dem er definitiv sagt: »Nicht arbeitende Kriegsgefangene haben zu verhungern.«
>
> Christian Hartmann, Historiker

> Man muss davon ausgehen, dass mehr als drei Millionen Kriegsgefangene in deutschem Gewahrsam umgekommen sind. Dies ist ein originäres Verbrechen der Wehrmacht, denn diese Kriegsgefangenen standen unter der Befehlsgewalt der Wehrmacht.
>
> Johannes Hürter, Historiker

Die Kriegführung in Russland war von vornherein auf Rücksichtslosigkeit abgestellt, nicht nur bei der Ermordung der Kommissare und der Behandlung der Gefangenen. Auch im eigentlichen Kampfgeschehen sollte die Wehrmacht mit äußerster Härte vorgehen, so war es in den Merkblättern für die Truppe bereits vor dem Angriff zu lesen. Die Rote Armee würde völkerrechtswidrig, heimtückisch, verschlagen, hinterlistig und gemein kämpfen, und man müsse »mit der nötigen Schärfe« zurückschlagen. Als die Kämpfe am 22. Juni 1941 begannen, zeigte sich sehr bald, dass die Ermahnungen der Führung nicht folgenlos blieben. Vom ersten Tag an führte die Wehrmacht den Kampf mit großer Brutalität. In manchen Gebieten wurde »das Bild von ungezählten, am Vormarschweg liegenden [sowjetischen] Soldatenleichen …, die ohne Waffen und mit erhobenen Händen eindeutig durch Kopfschüsse aus nächster Nähe erledigt worden sind« zu einem Massenphänomen. Ein entscheidender Faktor für diese unkontrollierten Gewaltausbrüche war, dass sich das in den Merkblättern gezeichnete Bild der grausamen Kampfweise der Roten Armee sehr bald bestätigte: Vom ersten Kriegstag an führten auch die sowjetischen Streitkräfte einen Kampf, der sich jenseits von Völkerrecht und Kriegsbrauch bewegte.

Karlhans Mayer erinnert sich im ZDF-Interview: »Es gab jede Menge Grausamkeiten. Wir sind über die Düna, und dann ist ein Vorauskommando von uns, ein Spähtrupp, von den Russen überfallen und elendig massakriert worden. Da hat man einem die Hände abgehackt und hat die an einem Strick über den Weg in einer Lichtung gespannt, wo wir automatisch langkommen mussten. Die anderen haben wir erschlagen am Wasser gefunden. Ist ja klar, dass die nächste Zeit dann keiner Pardon gegeben hat.« Die Meldungen über die Misshandlung deutscher Gefangener, die grausame Verstümmelung Verwundeter und die Liquidierung sich ergebender Landser rissen im gesamten Russlandfeldzug nicht ab. Heute wird geschätzt, dass 90 bis 95 Prozent der deutschen Soldaten, die 1941 in die Hände sowjetischer Truppen gefallen waren, die Gefangenschaft nicht überlebten und meistens direkt an der Front umgebracht wurden. Die Nachrichten über sowjetische Verbrechen an deutschen Verwundeten und Gefangenen riefen in den Verbänden des Ostheeres eine virulente Vergeltungswut wach und verstärkten die ohnehin schon vorhandene Bereitschaft zu einem rücksichtslosen Vorgehen. Anfang Juli 1941 schrieb General Gotthard Heinrici an seine Familie: »Teilweise wurde überhaupt kein Pardon mehr gegeben. Der Russe benahm sich viehisch gegen unsere Verwundeten. Nun schlugen u. schossen unsere Leute alles tot, was in brauner Uniform umherlief. So steigern sich beide Parteien gegenseitig empor, mit der Folge, dass Hekatomben von Menschenopfern gebracht werden.« Erfuhren die Landser, dass gefangene deutsche Soldaten von der Roten Armee getötet worden waren, wurden im Gegenzug oft russische Gefangene exekutiert. Ein solcher Vorgang ist für die 61. Infanteriedivision dokumentiert, die am Nordabschnitt der Ostfront kämpfte. Als man am 7. Oktober 1941 die Leichen von drei getöteten Regimentsangehörigen entdeckte, befahl der Divisionskommandeur am nächsten Tag, kurzerhand 93 russische Soldaten zu erschießen.

Es kam immer wieder zu Grausamkeiten gegenüber deutschen Gefangenen und das löste Racheaktionen aus, die wieder zu neuen Grausamkeiten führten.
Carl Dirks, Wehrmachtsoldat und Historiker

Die gegenseitige Ermordung von Gefangenen war sicher ein entscheidender Faktor für die Gewalteskalation an der Ostfront. Hinzu kam aber auch, dass die eigentlichen Kämpfe einen vollkommen anderen Charakter hatten als in Polen, Frankreich oder Jugoslawien. Die Rote Armee leistete einen unerwartet harten Widerstand, und viele sowjetische Soldaten wehrten sich lieber bis in den Tod, anstatt sich gefangen zu geben. Erbittert geführte Nahkämpfe führten immer wieder zu schweren Verlusten und zu Exzessen gegenüber dem Feind. Als massiven Bruch des Kriegsrechts empfand die Wehrmacht etwa die Simulation von Verwundung, Kampfunfähigkeit und Tod, um anschließend aus dem Hinterhalt weiterzukämpfen. Diese Kriegslist war in der Haager Landkriegsordnung zwar nicht ausdrücklich verboten worden, sie stellte aber einen Verstoß gegen die ungeschriebenen Regeln des offenen Kampfes dar. Solche »Hinterhältigkeiten« waren in den Merkblättern der Heeresführung im Vorfeld des Russlandfeldzugs angekündigt worden und wurden nun von den deutschen Truppen mit großer Brutalität beantwortet. So meldete ein Regiment der 299. Infanteriedivision Ende Juni 1941: »Gefangene werden von der über die heimtückische Kampfweise des Gegners erbitterten Truppe nicht mehr gemacht.« Auch Feuerüberfälle aus dem Hinterhalt, das Herannahenlassen des Gegners und die schlagartige Feuereröffnung auf kurze Entfernungen, das Passierenlassen der gegnerischen Angriffsspitzen zum anschließenden Angriff in ihren Rücken, wurden auf diese Weise gedeutet und den Rotarmisten zur Last gelegt, obgleich es sich hierbei um normale – für die Deutschen indes ungewohnte – Kampfesweisen handelte.

Das Liquidieren russischer Gefangener, das »Niedermachen« der Sol-

Es gab im ersten Winter in unserer Einheit einen jungen Soldaten, der immer für die Rückführung der Gefangenen eingesetzt wurde. Später hörten wir, dass er nach einem Kilometer eine geballte Handgranatenladung in den Trupp warf, dann kehrte er zurück, und die Gefangenenrückbringung war erledigt. Das löste ganz große Empörung aus – vor allem deswegen, weil wir uns an unseren zehn Fingern abzählen konnten, dass man es mit uns genauso machen würde, wenn wir in Gefangenschaft kämen.

Carl Dirks, Wehrmachtssoldat und Historiker

daten im Kampf und Massenerschießungen zur Vergeltung wurden zweifellos durch die rassistischen Überlegenheitsattitüden begünstigt, die im Ostheer vorherrschten. Den Soldaten war bei jeder Gelegenheit vermittelt worden, dass sie »gegen eine feindliche Rasse und einen Kulturträger minderer Art« zu kämpfen hatten. Die Heeresführung war darum bemüht, ein »gesundes Gefühl des Hasses« bei den eigenen Soldaten hervorzurufen und im Kampf »keine Gefühlsduselei und Gnade« zu zeigen. Wenngleich die Landser diese Vorgaben in ganz unterschiedlichem Ausmaß verinnerlichten – den Respekt vor dem Lebensrecht gegnerischer Gefangener vermochten sie kaum zu erhöhen.

Der Historiker Felix Römer hat erstmals auf Grundlage aller verfügbaren deutschen Quellen die Gewalteskalation an der Ostfront untersucht. Er fand heraus, dass sich diese in den ersten Wochen des Russlandkriegs auf dem Höhepunkt befand, um im Spätsommer und Herbst zeitweilig abzuflauen. Während der Winterkrise 1941/42 nahmen die Exzesse aufgrund der heftigen Kämpfe erneut zu. Als sich das Ostheer unter teilweise chaotischen Zuständen zurückziehen musste, kam es häufig vor, dass Kriegsgefangene reihenweise erschossen wurden, da man sie nicht abtransportieren konnte. Bis Kriegsende gab es immer wieder sich abwechselnde Phasen unkontrollierter Gewaltausbrüche und besonnteren Verhaltens. Die Ermordung von Gefangenen auf dem Schlachtfeld verschwand indes nie vollständig aus dem Alltag dieses Krieges. Deutsche und Russen fassten den Krieg als einen existenziellen Kampf »jenseits traditioneller Bahnen und rechtlicher Normen« auf. Während sich die Kriegsparteien zumindest auf den nordafrikanischen und westeuropäischen Schlachtfeldern an die völkerrechtlichen Regeln hielten, waren diese im »Weltanschauungskrieg« an der Ostfront weitgehend außer Kraft gesetzt. Es gab daher auf beiden Seiten nur halbherzige Bemühungen der Armeeführung, die Gewalteskalation einzudämmen. Als sich im Verlauf des Feldzugs herausstellte, dass die »Aufhetzung« der Truppen und verständnisvolle Reaktionen auf Exzesstaten nur dazu führten, den Widerstand der Roten Armee anzufachen, unternahm man Versuche, die ausufernde Gewalt zu stoppen – freilich regional und zeitlich mit unterschiedlichem Erfolg. Letztlich wirkten die Vorkommnisse in der Anfangsphase des Feldzugs auf beiden Seiten so stark nach, dass »eine Rückkehr zu den Formen des ›europäischen Normalkriegs‹ ausgeschlossen war und von

Oben und unten: »Vor allem zeigt sich in Wehrmachtkreisen ein ständig wachsendes Interesse für die Aufgaben und Belange sicherheitspolizeilicher Arbeit«: Auch Einheiten der Wehrmacht wurden zur Jagd auf Juden und deren Unterdrückung herangezogen

beiden Kriegsparteien auch nicht ernsthaft angestrebt wurde«, meint der Historiker Felix Römer. Wenngleich es auch zahllose Zeugnisse von Menschlichkeit und Gnade in diesen Kämpfen gibt, ist unverkennbar, dass der Krieg bis Mai 1945 ein Weltanschauungskrieg blieb – und zwar nicht nur in den Sonntagsreden einiger NS-Führer, sondern auch in den Köpfen der Soldaten auf beiden Seiten.

Eines der größten deutschen Verbrechen, in die auch die Wehrmacht verstrickt war in Russland, war zweifellos die Ermordung der Juden. In den ersten zwölf Monaten des »Unternehmens Barbarossa« wurden etwa 900 000 Juden getötet, davon 500 000 im Operationsgebiet des Heeres. Der Massenmord vollzog sich in mehreren Phasen: Zunächst war offenbar geplant, lediglich die jüdisch-bolschewistischen Kader zu liquidieren. Im Juli 1941 ging man dazu über, alle jüdischen Männer zu ermorden, ab August 1941 vermehrt auch die Frauen und Kinder.

> **Es ist unbestritten, dass der hauptsächliche Teil dieser Verbrechen von der SS, von den Einsatzgruppen durchgeführt worden ist. Ohne die Wehrmacht wären die Verbrechen in diesem Ausmaß allerdings nicht möglich gewesen. Die Wehrmacht hat den Holocaust teils passiv, teils aktiv unterstützt. Ohne die Wehrmacht hätte es diesen Genozid nicht gegeben.**
>
> Felix Römer, Historiker

Nur ein relativ kleiner Teil der jüdischen Bevölkerung ist von Einheiten der Wehrmacht ermordet worden, vielleicht 20 000 Personen. Die 707. Infanteriedivision war der einzige Heeresverband, der »selbstständig und systematisch große Massaker an Juden mit vielen tausend Opfern« organisierte, stellte der Historiker Christian Gerlach fest. Allein im Herbst 1941 ermordeten Einheiten der Division über 10 000 Juden. Der Divisionskommandeur, Generalmajor Bechtolsheim, ein fanatischer Antisemit, gab am 19. Oktober 1941 folgende Weisung heraus: »Die Juden sind unsere Todfeinde. Sie sind aber keine Menschen mehr im europäischen Kultursinn, sondern von Jugend auf zu Verbrechern erzogene und von Jugend auf geschulte Bestien. Bestien aber müssen vernichtet werden.« Bechtolsheim war in seinem extremen Judenhass sicher kein typischer Wehrmachtgeneral und die 707. Infanteriedivision keine durchschnittliche Division. Wenngleich die Wehrmacht beim Holocaust zumeist nicht als Täter auftrat, kann dies jedoch nicht darüber hinwegtäuschen, dass sie ihn unterstützte, indem sie den Mordkommandos der SS logistisch mit Absperrungskommandos aushalf, Anschläge druckte oder Wachposten abstellte.

Bruno Menzel, Soldat in der 281. Sicherungsdivision ist im ZDF-Interview noch gegenwärtig, wie sein Bataillon an der Ermordung der Juden in dem weißrussischen Ort Krupki nördöstlich von Minsk mitwirkte. »Abends zuvor kam unser Zugführer und sagte: ›Jungs, morgen haben wir eine schwere Aufgabe. Wer nicht mitmachen will, braucht nicht mitmachen.‹ Hat keiner sich gemeldet und sagte, ich mache nicht mit. Das ist ja Feigheit vorm Feind. Hat keiner was gesagt. Und nachts um zwei war Alarm, und da wurde die ganze Stadt Krupki umstellt von unseren Kompanien, und um acht Uhr morgens kam so ein SS-Offizier mit zwei Mann und hat überall bekannt gegeben, dass die Juden sich zwecks Auswanderung auf dem Marktplatz melden müssten. Wir sind also in die Häuser reingegangen und haben gesagt: ›Raus hier – nach'm Marktplatz, nach'm Marktplatz.‹ Die konnten mitschleppen, was sie tragen konnten. Nachmittags ging es dann raus über die Rollbahn bis zu einem abgeernteten Getreidefeld. Und auf einmal hieß es: ›Alles halt! Soldaten, Abstand nehmen.‹ Und dann mussten sie sich vor tiefe Gräben stellen. Immer zehn Juden hatten die Oberkleidung freizumachen, kriegten einen Genickschuss und purzelten einer nach dem anderen in den Graben rein. Sie wurden am laufenden Band erschossen.«

Die Zusammenarbeit mit dem Heer verlief stets reibungslos. Die Einsatzgruppe A konnte im Oktober 1941 sogar melden, dass die Zusammenarbeit mit der Panzergruppe 4 unter Generaloberst Hoepner sehr eng, ja fast herzlich sei. Die Absprachen im Vorfeld des »Unternehmens Barbarossa« sahen eigentlich vor, dass die Einsatzgruppen nur in Sonderfällen im Operationsgebiet des Heeres ihr Mordwerk verrichten durften. In dieser Zone, die bis zu 200 Kilometer ins Hinterland reichte, waren die Oberbefehlshaber der Armeen und Heeresgruppen die uneingeschränkten Herren. Doch die Generäle schienen die Ermordung der männlichen Juden als einen willkommenen Beitrag zur Sicherung der eroberten Gebiete

> *Es wurde geschossen, die Menschen fielen in diesen Graben, und dann kamen wir dran. Ich kann Ihnen nicht sagen, ob ich in diesen Graben fallen wollte oder ob ich da zufällig hineinfiel. Ich bin jedenfalls lebendig in diesen Graben hineingefallen.*
> Sofija Schalaumowa, Überlebende des Massakers in Krupki

zu erachten. So erlaubten sie den SS-Einsatzgruppen, den Panzerspitzen zu folgen, damit sie unmittelbar nach der Besetzung der russischen Städte und Dörfer mit den Massentötungen beginnen konnten.

Der Judenmord erreichte im Bereich der 6. Armee die größten und schrecklichsten Ausmaße. Dies lag zum einen daran, dass ihr Operationsgebiet etliche ukrainische Großstädte umfasste, in denen trotz Flucht und Evakuierung noch immer eine große Anzahl von Juden verblieben war. Zum anderen war Generalfeldmarschall Walter von Reichenau dezidiert nationalsozialistisch, antislawisch und antisemitisch eingestellt. Er war ein durchaus eigenwilliger Charakter, der nicht in jedem Punkt mit der NS-Führung übereinstimmte. 1939 hatte er sogar heftig gegen den Frankreichfeldzug protestiert, und er stand auch in Kontakt zu Carl Goerdeler. Sein Ehrgeiz und seine politischen Überzeugungen führten in Russland freilich dazu, dass er in ungebremster Radikalität die Ermordung der Juden forcierte und unterstützte.

> **Kein einziger von den Armee-Oberbefehlshabern hat sich dem Wirken der SS-Kommandos in den Weg gestellt. Ganz im Gegenteil, diese Eskalation von der Erschießung zunächst der führenden Kommunisten über die Erschießung aller jüdischer Männer hin zur Erschießung aller Juden, also auch der Frauen und Kinder, wurde von den Oberbefehlshabern hingenommen und zum Teil sogar befördert.**
>
> Christian Streit, Historiker

> **Im Befehlsbereich der 6. Armee sind zwischen 40 000 und 50 000 sowjetische Juden ermordet worden. Das wäre nicht zu erreichen gewesen, wenn das Armeeoberkommando nicht die SS massiv unterstützt hätte.**
>
> Timm Richter, Historiker

In Reichenaus Befehlsbereich ereignete sich ein besonders schauerliches Beispiel der Zusammenarbeit von Einsatzgruppen und Wehrmacht. Der Ortskommandant von Bjelaja Zerkow in der Ukraine befahl Mitte August den etwa 800 ortsansässigen Juden, sich auf der Kommandantur zu melden. Die Geheime Feldpolizei übergab diese dann der SS, die sie liquidierte. Der Landser Franz Kohler wurde zufällig Zeuge des Geschehens. »Ich habe das gesehen und gedacht: Warum machen die Leute da vorne einen Purzelbaum? Machen einen Purzelbaum und sind weg«, schildert er seine Erinnerungen in einem ZDF-Interview. »Da steht eine Reihe Leute da und machen gleichzeitig einen Purzelbaum. Was soll das? Das habe ich gedacht. Ich bin näher hingegangen, bis ich gesehen habe, dass die erschossen wurden und in eine Grube reinfielen. Ich konnte es nicht glauben. Es waren Frauen dabei, keine Kinder. Ich sage, das gibt es doch nicht. Wir ermorden doch keine Zivilisten. Und ich bin dann dorthin gegangen. Ich sprach einen SS-Posten an, der zuvor

»Der Krieg muss als Vernichtungsfeldzug geführt werden«: Walter von Reichenau mit Hitler im Herbst 1941

mitgeschossen hatte. Er war in meinem Alter, ein bisschen kleiner als ich, blond. Ich sage: ›Was soll das hier? Was macht ihr hier?‹ – ›Ja, das ist Führerbefehl‹, antwortete er. ›Ja, das gibt es doch nicht‹, entgegne ich. ›Doch, wir haben Befehl, alle Juden zu erschießen.‹ Sage ich: ›Ausgeschlossen‹ – ›Doch, das ist so.‹ – Ich werde nie vergessen«, berichtet Franz Kohler weiter, »da waren ein älterer Mann und zwei Frauen. Das müssen seine Töchter gewesen sein. Das waren die letzten drei. Der hat die Frauen in den Arm genommen, und dann kam ein SS-Mann und hat sie mit der Pistole erschossen. Genickschuss. Aber erst die Töchter, und er hat sie gehalten. Und dann war er dran.«

Die rund 90 Kinder der Ermordeten wurden zunächst in einem schulähnlichen Gebäude ohne jede Versorgung zurückbehalten. Schließlich machten zwei Wehrmachtpfarrer einen Generalstabsoffizier der gerade in Bjelaja Zerkow liegenden 295. Infanteriedivision, Oberstleutnant Helmut Groscurth, auf die fürchterlichen Zustände aufmerksam, worauf er am 20. August 1941 das Gebäude inspizierte. »Die Räume waren angefüllt mit etwa 90 Kindern. Es herrschte ein unbeschreiblicher Schmutz. Lumpen, Windeln, Unrat lagen umher. Zahllose Fliegen bedeckten die teilweise nackten Kinder. Fast alle Kinder weinten oder wimmerten. Der Gestank war unerträglich«, hielt Groscurth in einem Bericht fest. Entsetzt über das

> *Als die Menschen zur Erschießung geführt wurden, blieben die Leute stehen. Auch meine Mutter und ich sind auf dem Gehweg stehen geblieben. Da habe ich gesehen, wie eine jüdische Mutter aus diesem Zug ihre etwa fünfjährige Tochter, mit der sie am Rand der Straße entlangging, zu einer bei uns auf dem Gehweg stehenden Frau geschubst hat. Diese Frau hat das Mädchen sofort genommen und ist in der Menge verschwunden. Das hat keiner gesehen. Dieses Mädchen ist wahrscheinlich am Leben geblieben, sie wurde gerettet.*
>
> Tatjana Kischakowskaja, Einwohnerin von Bjelaja Zerkow

Gesehene, erkundigte sich dieser bei einem SS-Oberscharführer, der ihm bereitwillig mitteilte, dass die Kinder bald »beseitigt werden sollten«. Auch der Feldkommandant der Wehrmacht bestätigte dies. Groscurth setzte sich mit den höheren Dienststellen in Verbindung und erreichte, dass der Oberbefehlshaber der 6. Armee, Walter von Reichenau, eine Entscheidung über das Schicksal der Kinder treffen sollte. Am Morgen des 21. August erhielt Groscurth einen Anruf vom Armeestab: Die einmal begonnene Aktion werde »in zweckmäßiger Weise« durchgeführt, die Kinder würden erschossen. Sie zu retten wäre für Reichenau ein Leichtes gewesen. Doch er dachte nicht daran – ebenso wie der örtliche Feldkommandant der Wehrmacht. Dieser äußerte Groscurth gegenüber sogar, dass »diese Brut ausgerottet werden müsse«.

So wie Oberstleutnant Groscurth sind im Verlauf des Russlandfeldzugs viele Soldaten und Offiziere Zeugen umfangreicher Tötungsaktionen geworden. Die Massenerschießungen ließen sich kaum geheim halten und zogen mancherorts eine Menge Schaulustiger an. Wiederholt hatten Wehrmachtsoldaten der SS bei der Durchführung der Erschießungen sogar ihre Hilfe angeboten und die Aktionen fleißig fotografiert. Bei der 6. Armee befürchtete man wohl ein »Verwildern« der Truppe und gab am 10. August 1941 den Befehl heraus, der »jede Teilnahme von Soldaten der Armee als Zuschauer oder Ausführende bei Exeku-

Es war Krieg, und es ist vieles passiert im Krieg, was nicht gerecht war, Aber was konnten die Kinder dafür?
Reinhold Emmer, Wehrmachtsoldat

Großcurth war leider in mehrerer Hinsicht untypisch. Er war einer der wenigen, die aktiv etwas gegen die Verbrechen an der Ostfront unternommen haben, und er war einer der wenigen, die schon sehr früh zum Widerstand gefunden haben.
Timm Richter, Historiker

»Was konnten die Kinder dafür?«: Im Schulhaus von Bjelaja Zerkow waren 90 jüdische Kinder eine Woche lang eingesperrt, ehe sie von Helfern der SS erschossen wurden

»In mehrerer Hinsicht untypisch«: Oberstleutnant Helmut Groscurth versuchte, die Ermordung dieser Kinder zu verhindern

tionen, die nicht von einem Vorgesetzten befohlen sind«, verbot. Auch Heinrich Kittel hat eine der vielen Erschießungen mitbekommen. Im britischen Lager Trent Park erzählt er im Dezember 1944 einem Mitgefangenen davon: »Da liege ich in der Früh am Sonntag im Bett, und da höre ich immer zwei Salven, und dann noch hinterher so Kleingewehrfeuer. Ich stehe auf und gehe raus, da sage ich: ›Was ist das für eine Schießerei hier?‹ Die Ordonnanz sagt zu mir: ›Herr Oberst, da müssen Sie hingehen, da werden Sie was sehen.‹ Ich bin da bloß in die Nähe hingegangen, das hat mir genügt. Ich habe gesagt: ›Ich greife ein.‹ Habe mich ins Auto gesetzt und bin zu diesem SD-Menschen rein und sagte: ›Ich verbiete ein für alle Male, dass da draußen Erschießungen sind, wo man zuschauen kann. Wenn ihr die Leute im Wald erschießt oder irgendwo, wo es niemand sieht, das ist eure Sache. Aber wir beziehen das Trinkwasser aus Tiefbrunnen, da kriegen wir ja lauter Leichenwasser.« Kittel protestierte gegen die Erschießung der Juden – aber nur, weil er in erster Linie die Trinkwasserversorgung seiner Soldaten in Gefahr sah.

> »Na ja, diese Juden sind ja die Pest des Ostens gewesen! Man hätte sie auf ein Territorium zusammentreiben und einer nützlichen Beschäftigung zuführen sollen. Im Übrigen, soweit mir überhaupt bekannt ist von diesen Dingen, halte ich die Schnauze, so lange, bis sie mich anklagen.«
>
> Generalleutnant Heinrich Kittel in Trent Park, Februar 1945

> **Auf meine Meldung, dass im Rücken der Front Hunderttausende ermordet würden, reagierte er [Manstein] unwillig. Er sagte: »Das ist so unglaubwürdig, was Sie mir da eben mitgeteilt haben, dass ich mich weigere, das zur Kenntnis zu nehmen.«**
>
> Alexander Stahlberg, Ordonnanzoffizier Mansteins

»Hier werden seit Tagen Juden erschossen«: Dietrich von Choltitz (vorn rechts) und General-oberst Erich von Manstein vor Sewastopol, Sommer 1942

Auch Dietrich von Choltitz, 1941/42 als Kommandeur des Infanterie-regiments 16 an dem Kämpfen um Sewastopol auf der Krim beteiligt, war Zeuge fürchterlicher Massaker. Über seine Erlebnisse sprach er in eng-lischer Kriegsgefangenschaft mit einem Kameraden: »Da kam der Kommandant des Flugplatzes auf mich zu – und da schoss es. ›Was‹, sagte ich, ›macht ihr etwa eine Übung?‹ Da sagte er: ›Um Gottes willen, ich darf ja nicht reden. Hier werden seit Tagen Juden erschossen.‹ Einer von Choltitz' Offizieren wurde von den SS-Schergen sogar ganz offiziell zu einer Massenexekution eingeladen – als Gast. Insgesamt wurden auf der Krim rund 40 000 Juden von den Einheiten der Einsatzgruppe D umgebracht. Und diese Massentötungen konnten überhaupt nicht verborgen bleiben. Nicht nur Oberst Choltitz und einfache Landser waren Zeugen, sondern natürlich auch der örtliche Oberbefehlshaber, Generaloberst Erich von Manstein, der die 11. Armee befehligte. Nach dem Krieg hat er sein Wissen um den Judenmord auf der Krim stets geleugnet. Archivquellen belegen freilich, dass sein Stab genauestens über die Exekutionen informiert war und diese offensichtlich auch guthieß, um etwa in der Krimhauptstadt Simfereopol die Wohnraum- und Ernährungslage zu verbessern. Der Vertreter des Auswärtigen Amtes im Armeestab, Werner Otto von Hentig, berichtete entsetzt über den Judenmord: »Die Wirkungen solcher Schlächtereien beschränken sich ja keineswegs auf die Opfer selbst; sie berühren einmal die gesamte Bevölkerung des besetzten Gebietes, weil natürlich keiner für möglich gehalten hat, dass wir Frauen und Kinder töten. Sie berühren auch die Moral der Truppen und weiterhin unsere wirtschaftliche Stellung.«

Auch der Feindnachrichtenoffizier der Heeresgruppe Mitte, Rudolf-Christoph von Gersdorff, zeigte sich erschüttert von den Vorgängen hinter der Front und ließ im Dezember 1941 ins offizielle Kriegstagebuch notieren: »Bei allen langen Gesprächen mit Offizieren wurde ich, ohne darauf hingedeutet zu haben, nach den Judenerschießungen gefragt. Ich habe den Eindruck gewonnen, dass die Erschießungen der Juden, der Gefangenen und auch der Kommissare fast allgemein im Offizierskorps abgelehnt werden. Die Erschießungen werden als Verletzungen der Ehre der deutschen Armee, in Sonderheit des deutschen Offizierskorps, betrachtet. Es ist hierzu festzustellen, dass die vorhandenen Tatsachen in vollem Umfang bekannt geworden sind und dass im Offizierskorps der Front weit mehr darüber gesprochen wird, als anzunehmen war.«

Gersdorff, Henning von Tresckow und andere Stabsoffiziere hatten sich zu diesem Zeitpunkt bereits dem Widerstand zugewandt, auch weil ihnen das ganze Ausmaß der Judenvernichtung mittlerweile ersichtlich

Ich habe gesehen, wie ältere Leute auf einen Lkw steigen mussten. Sie waren ganz gefasst, sie haben nicht mal geschrien. Und ich habe ein Baby gesehen, das am Straßenrand lag und erschossen war. Das war ein ganz schreckliches Erlebnis. Nach einem Tag war dann das ganze Gebiet wie menschenleer, es war kein Mensch mehr zu sehen. Da habe ich mir gesagt: Wehe uns, wenn der Krieg zu Ende ist. Das war ein furchtbares Erlebnis für mich.

Gottfried Reinhold-Heidrich, Wehrmachtsoldat,
über ein SS-Massaker in Borrissow

geworden war. Ob die Ablehnung des Massenmordes, wie Gersdorff sie hier als gegeben darstellt, wirklich »fast allgemein« gewesen ist, bezweifelt der Münchener Historiker Johannes Hürter. Beweisen lässt sich weder das eine noch das andere. Für Gersdorff und seine Mitstreiter im Stab der Heeresgruppe Mitte dürfte das Massaker von Borrisow, einer Stadt, in der am 20. Oktober 1941 Polizeieinheiten und ukrainische Milizen auf besonders grausame Weise 8000 Juden umbrachten, sicher ein Schlüsselerlebnis gewesen sein.

Aber nicht alle Soldaten wollten wahrhaben, dass vor ihren Augen ein Genozid ablief. Viele bezweifelten den Wahrheitsgehalt der Geschichten über Mord und Unrecht, andere taten es als vereinzelte Exzesse verrohter SS-Einheiten ab. Mancher war erschüttert, andere reagierten gleichgültig, und für Dritte war der Tod Hunderttausender eine Kriegsnotwendigkeit. Der Heterogenität der Reaktionen waren keine Grenzen gesetzt. Im September 1944 unterhielt sich General Heinrich Eberbach mit seinem Sohn, einem jungen U-Boot-Kommandanten, über die Judenvernichtung – nicht ahnend, das ihre Gespräche in dem Gefangenenlager Trent Park mitgeschnitten wurden: »Man kann vielleicht noch so weit gehen, dass man sagt, gut, es müssen eben diese Million Juden, oder wie viele wir da umgebracht haben, gut, das musste eben sein, im Interesse unseres Volkes«, entrüstete Eberbach sich. »Aber die Frauen und die Kinder, das musste nicht sein. Das ist das, was zu weit geht.« Der Sohn antwortete daraufhin: »Nun ja, wenn die Juden, dann auch die Frauen und Kinder oder mindestens die Kinder. Brauchen sie gar nicht öffentlich zu machen – aber was nützt mir das, wenn ich die alten Leute umlege?«

Aus zahlreichen Zeugnissen wird heute ersichtlich, dass sehr viele von der Ermordung der Juden in Russland gewusst haben. Die Geschehnisse im Hinterland der Front hatten sich in Windeseile über Mundpropaganda verbreitet. Wie sich so etwas zugetragen hat, erzählte Oberst Hans Reimann im Dezember 1943 in Trent Park einem Kameraden: »Mir selbst hat ein höherer Polizeibeamter in der Bahn erzählt, dass sie in Berditschew und in Schitomir Tausende von Juden und Frauen und Kinder totgeschos-

»Frauen und Kinder, das musste nicht sein«: Die Generäle in Trent Park, unter ihnen General Eberbach (sitzend, 2. v. l.) und Oberst Reimann (sitzend, rechts), sprachen offen über die Beteiligung der Wehrmacht am Judenmord

sen haben – der hat mir das selbst erzählt, ohne dass ich danach gefragt habe, und er hat das so grausig und drastisch geschildert, dass ich in meinen Sack oben langte und eine Flasche Wodka herausholte. … Der erzählte das mit der geschäftsmäßigen Ruhe eines berufsmäßigen Mörders.« Dies bedeutet freilich nicht, dass alle über alles im Bilde waren. Es ist offensichtlich, dass zahllose Soldaten von den Gräueltaten nichts mitbekamen. Dies galt vor allem für den systematischen Mord in den Gaskammern. So war es selbst höchstens zehn Prozent der in Trent Park inhaftierten Offiziere bekannt, dass es Vernichtungslager gab.

Die entscheidende Frage, wie viele Wehrmachtsoldaten direkt oder indirekt an der Ermordung der Juden in Russland beteiligt waren, lässt sich heute nicht mehr genau beantworten. Der Münchener Historiker Dieter Pohl schätzt, dass einige zehntausend Wehrmachtsoldaten in Russland an Selektion, Organisierung und Durchführung mitwirkten. Sie kamen vor allem aus den im Hinterland stationierten Sicherungsverbänden, der Geheimen Feldpolizei und den Feld- und Ortskommandanturen. Die weit überwiegende Mehrheit der Wehrmachtsoldaten ist hierbei nicht in Erscheinung getreten.

Die Ermordung der Juden fand in den ersten sechs Monaten des Russlandfeldzugs vielfach unter dem Deckmantel einer vermeintlichen »Befriedung« der besetzten Gebiete statt. SS- und SD-Führer führten dabei immer wieder die Begründung an, die Exekution der männlichen jüdischen Bevölkerung diene dazu, die eroberten Territorien zu sichern. Ob sie wirklich daran glaubten, mag dahingestellt sein. Es war vor allem eine vorgeschobene Argumentation zur Legitimierung des Massenmords. Etliche Wehrmachtgeneräle betrachteten die jüdische Bevölkerung in der Tat als *militärisches* Sicherheitsproblem. Juden galten ihnen als Träger des bolschewistischen Staates, somit als Freischärler, deren Ermordung vielfach begrüßt wurde, weil damit ein potenzieller Widerstand gegen die Besatzungsmacht im Keim erstickt werden konnte. »Dort, wo der Jude ist, ist der Partisan, wo die Partisanen sind, ist der Jude«, hieß es in einer Anweisung zur Guerillabekämpfung der Heeresgruppe Mitte im September 1941. Die meisten Wehrmachtbefehlshaber begrüßten daher den Judenmord der Einsatzgruppen und unterstützten ihn. Vereinzelter und letztlich freilich wirkungsloser Protest regte sich erst, als von militärischer Relevanz selbst bei großzügigster Auslegung nicht mehr gesprochen werden konnte: als im Herbst 1941 auch systematisch die jüdischen Frauen und Kinder getötet und die ersten deutschen Juden in den Osten deportiert und hier ermordet wurden.

Die Unterstützung des Massenmords an den Juden verdeutlicht nicht nur die ideologischen Übereinstimmungen von Wehrmacht und NS-Führung. Sie weist auch auf ein fundamentales Problem in der Konzeption des

> »Das Verhältnis zur Wehrmacht ist nach wie vor ohne jede Trübung. Vor allem zeigt sich in Wehrmachtkreisen ein ständig wachsendes Interesse für die Aufgaben und Belange sicherheitspolizeilicher Arbeit. Dies war gerade bei den Exekutionen in besonderem Maße zu beobachten. … So laufen zur Zeit bei sämtlichen Dienststellen der Einsatzgruppe fortgesetzt Meldungen über festgestellte Funktionäre und Juden ein.«
>
> Ereignismeldung der Einsatzgruppe C, 20. August 1941

Feldzugs hin: Die Heeresführung war ganz darauf konzentriert, die Rote Armee zu schlagen. Für die Sicherung der riesigen besetzten Gebiete standen nur wenige Kräfte zur Verfügung: ein Sammelsurium von Sicherungsdivisionen, Polizeibataillonen und Waffen-SS-Brigaden, zusammen kaum mehr als 100 000 Mann, sollte ein Territorium kontrollieren, dass um ein Vielfaches größer war als das Deutsche Reich. Die 221. Sicherungsdivision stand Ende Juli 1941 vor der schier unlösbaren Aufgabe, mit ihren 9000 Mann einen Teil Weißrusslands zu besetzen, dessen Ausdehnung etwa der Fläche des heutigen Baden-Württemberg gleichkam. Die Furcht, das riesige Land nicht kontrollieren zu können, war dementsprechend groß, zumal es sich als unmöglich erwies, die von den schnellen Panzereinheiten gebildeten Kessel vollständig zu durchkämmen. Zahlreiche versprengte Rotarmisten konnten sich der Gefangennahme durch Flucht in die Wälder entziehen und irrten im Hinterland der Front umher. Die Wehrmacht nahm diese potenzielle Gefährdung ihrer rückwärtigen Verbindungen sehr ernst; insbesondere nachdem Stalin am 3. Juli 1941 zum »Großen Vaterländischen Krieg« aufgerufen hatte, in dem er auch den Partisanenkrieg forderte. Er bestätigte damit die deutschen Erwartungen, dass die »total verhetzte bolschewistische Bevölkerung« einen »Banden- und Heckenschützenkrieg« beginnen könnte. Hitler sagte am 16. Juli, dass dieser Partisanenkrieg nun die Möglichkeit

> In den vom Feind okkupierten Gebieten müssen … für den Feind und alle seine Helfershelfer unerträgliche Verhältnisse geschaffen werden, sie müssen auf Schritt und Tritt verfolgt und vernichtet, und alle ihre Maßnahmen müssen vereitelt werden.
>
> Rede Stalins, 3. Juli 1941

> »Der Feind muss vollständig vernichtet werden. … Richtig handelt, wer unter vollkommener Hintansetzung etwaiger persönlicher Gefühlsanwandlungen rücksichtslos und unbarmherzig zupackt.«
>
> Richtlinien für die Partisanenbekämpfung, 25. Oktober 1941

167

biete, »auszurotten, was sich gegen uns stellt«. Um das gewaltige Territorium zu befrieden, solle man jeden, der »nur schief schaue, totschießen«. Bereits eine Woche später, am 25. Juli, erließ das OKH einen Befehl, wonach »jede Bedrohung durch die feindliche Zivilbevölkerung und jede Begünstigung oder Hilfe seitens der Zivilbevölkerung für Partisanen, Versprengte usw.« rücksichtslos unterbunden werde. Wo sich passiver Widerstand auch nur abzeichne oder nach Sabotageakten die Täter nicht sofort festzustellen seien, müssten »unverzügliche kollektive Gewaltmaßnahmen« durchgeführt werden. »Nachsicht und Weichheit« seien nicht angebracht, vielmehr müsse durch »hartes und schonungsloses Durchgreifen«, an das »der Russe« gewöhnt und das der »Hinterhältigkeit und Eigenart des bolschewistischen Gegners« angemessen sei, der Kleinkrieg im Keim erstickt werden. Die untergeordneten Dienststellen leiteten diese Weisung teilweise kommentarlos weiter, wiesen teilweise aber auch darauf hin, dass die »gutwillige« – insbesondere die ukrainische Bevölkerung »anständig« und »vernünftig« zu behandeln und Gewaltmaßnahmen vornehmlich gegen Juden oder Russen zu richten seien.

Trotz aller Befürchtungen und trotz des Aufrufs von Stalin vom 3. Juli 1941 gab es in den ersten Monaten des Russlandkriegs keine nennenswerten Partisanenaktivitäten. Gewiss kam es zu vereinzelten Überfällen, der Charakter dieser Kämpfe war jedoch mit dem Partisanenkrieg späterer Jahre, insbesondere 1943/44, nicht zu vergleichen. Die versprengten Rotarmisten waren zunächst nur darauf bedacht, ihr Leben zu retten, und nicht, gegen die Deutschen zu kämpfen. Lediglich im Bereich der Heeresgruppe Nord machte sich schon ab Ende Juli 1941 das Auftreten von Partisanen »störend« bemerkbar. Die Reaktion der Wehrmacht konnte angesichts des unreflektierenden Vertrauens in Gewaltmaßnahmen nicht überraschen: Erich Hoepner, der Befehlshaber der Panzergruppe 4, befahl schon am 3. August 1941, das Dorf Straschewo »dem Erdboden gleich[zu]machen«, da in der Nähe deutsche Soldaten von Partisanen überfallen worden waren. Dieses Verhalten erwies sich im Verlauf des Russlandkriegs als typisch: Partisanenaktionen wurden mit dem Niederbrennen nahe gelegener Dörfer, der Ermordung der Einwohner oder der Exekution von Geiseln beantwortet. Völkerrechtlich geregelt war die Bekämpfung von Partisanen nicht. Die Haager Landkriegsordnung vom 18. Oktober 1907 ist auf dieses Phänomen nicht näher eingegangen. Sie

Oben: »Keine nennenswerten Aktivitäten«: In den ersten Monaten des Ostfeldzugs stellten Partisanen noch kein größeres Problem dar (Foto vom Sommer 1941)
Unten: »Sitten und Gebräuche genauso wie im Dreißigjährigen Kriege«: Unter Partisanenverdacht stehende Zivilisten müssen vor der Exekution ihr eigenes Grab schaufeln

sprach freilich auch irregulären Kämpfern den Kombattantenstatus zu, falls sie verantwortliche Vorgesetzte hatten, aus der Ferne erkennbare Abzeichen trugen, die Waffen offen führten und die Gesetze und Gebräuche des Krieges respektierten. In der Praxis wurden diese Regelungen freilich kaum beachtet. Nach dem internationalen Gewohnheitsrecht war die Tötung illegaler Kombattanten durchaus zulässig, und gemäß der deutschen Kriegssonderstrafrechtsverordnung vom 17. August 1938 wurde Freischärlerei mit der Todesstrafe geahndet. Vorausgehen musste indes ein geregeltes Kriegsgerichtsverfahren. Einen solchen Aufwand hat man allerdings weder 1939 in Polen noch 1940 in Frankreich betrieben, wo die Wehrmacht in mehreren Fällen wahllos als Partisanen verdächtigte Dorfbewohner tötete. Für das »Unternehmen Barbarossa« waren geregelte Kriegsgerichtsverfahren von vornherein nicht vorgesehen, und auf allen Ebenen herrschte die Ansicht vor, nur mit rücksichtsloser Gewaltanwendung einer Freischärlerbewegung begegnen zu können.

Im Herbst 1941 begannen sich im Hinterland der Front sowjetische Partisanengruppen zu organisieren, und sie wurden erstmals als größeres militärisches Problem erkannt. Zu diesem Zeitpunkt befand sich das deutsche Ostheer in einer schweren Krise. Der ursprüngliche Plan, unmittelbar nach Überschreiten der Grenze die Rote Armee binnen weniger Wochen zu vernichten, war gescheitert. Trotz großer Erfolge konnte der Widerstand nicht gebrochen werden, und die eigenen Verluste erreichten schwindelerregende Höhen. Hinzu kam eine sich ständig verschärfende Nachschubkrise. Ein erfolgreicher Abschluss des Feldzugs rückte in immer weitere Ferne. In dieser Situation wollte die Generalität mit einer letzten Kraftanstrengungen noch vor Wintereinbruch die Entscheidung erzwingen. Das bedeutete auch, die nun auftretenden Partisanen mit aller Härte zu bekämpfen. Am schärfsten reagierte der Oberbefehlshaber der 6. Armee, Walter von Reichenau, auf diese Bedrohung. Am 10. Oktober 1941 ermahnte er seine Truppen: »Der Kampf gegen den Feind hinter der

»Das wesentlichste Ziel des Feldzuges gegen das jüdisch-bolschewistische System ist die völlige Zerschlagung der Machtmittel und die Ausrottung des asiatischen Einflusses im europäischen Kulturkreis. Hierdurch entstehen auch für die Truppe Aufgaben, die über das hergebrachte einseitige Soldatentum hinausgehen.

Der Soldat ist im Ostraum nicht nur ein Kämpfer nach den Regeln der Kriegskunst, sondern auch Träger einer unerbittlichen völkischen Idee und der Rächer für alle Bestialitäten, die deutschem und artverwandtem Volkstum zugefügt wurden. Deshalb muss der Soldat für die Notwendigkeit der harten, aber gerechten Sühne am jüdischen Untermenschentum volles Verständnis haben. Sie hat den weiteren Zweck, Erhebungen im Rücken der Wehrmacht, die erfahrungsgemäß stets von Juden angezettelt wurden, im Keime zu ersticken.«

Befehl Reichenaus, 10. Oktober 1941

Front wird noch nicht ernst genug genommen. Immer noch werden heimtückische, grausame Partisanen und entartete Weiber zu Kriegsgefangenen gemacht, immer noch werden halb uniformierte oder in Zivil gekleidete Heckenschützen und Herumtreiber wie anständige Soldaten behandelt und in die Gefangenenlager abgeführt.« Er verlangte ein drakonisches Vorgehen: »Der Schrecken vor den deutschen Gegenmaßnahmen muss stärker sein als die Drohung der umherirrenden bolschewistischen Restteile.« Und er stellte nochmals unmissverständlich klar: »Der Krieg muss als Vernichtungsfeldzug geführt werden, um das deutsche Volk von der asiatisch-jüdischen Gefahr für alle Zeiten zu befreien.« Dieser berühmt-berüchtigte Befehl, der auch ein Schachzug Reichenaus zur Verbesserung seiner Karrierechancen war, blieb nicht folgenlos, wie der Historiker Felix Römer nachweisen konnte: Bei den Divisionen der 6. Armee schnellten in den kommenden Monaten die Zahlen der erschossenen Zivilisten und Partisanen sprunghaft in die Höhe. Doch Reichenau war noch immer nicht zufrieden, und er wies seine Soldaten am 9. November 1941 nochmals an: »Ihr habt als Rächer aufzutreten zum organisierten Kampf gegen die gewissenlosen Mordbestien! Zweierlei ist dazu nötig. Einmal müsst ihr Mittel zur Vernichtung dieser Mörder anwenden, die weder unserer Art entsprechen noch jemals von deutschen Soldaten gegen eine feindliche Bevölkerung angewendet worden sind.«

171

»Ausrotten, was sich gegen uns stellt«: Eine öffentliche Hinrichtung von Partisanen – mit hunderten Wehrmachtsoldaten als Zuschauer

Reichenaus Befehle stießen höheren Ortes auf große Zustimmung und wurden als mustergültig bewertet. Hermann Hoth und Erich von Manstein erließen für ihre Armeen ähnlich lautende Weisungen. Das Vorgehen war an der gesamten Ostfront ähnlich: Kleinere Kommandos der Sicherungsdivisionen, der Geheimen Feldpolizei, der Feldgendarmerie und einheimischer Hilfstruppen durchkämmten immer wieder große Landstriche und exekutierten Partisanen oder solche, die sie dafür hielten. Allein im rückwärtigen Gebiet der Heeresgruppe Mitte wurden bis zum 1. März 1942 63 257 Partisanen als »erledigt« gemeldet. Dieser Masse standen 638 deutsche Gefallene gegenüber. Das extreme Missverhältnis von eige-

»Die Heimat nicht beunruhigen«: Aufnahmen von standrechtlichen Erschießungen und Exekutionen waren den deutschen Landsern grundsätzlich untersagt

nen Verlusten und solchen bei den Partisanen zeigt, dass es sich bei der Guerillabekämpfung nicht um eine militärische Operation im klassischen Sinne, sondern meist um eine Terrormaßnahme handelte, von der unterschiedslos alle betroffen waren, die man für verdächtig hielt. Wenngleich unter den Exekutierten eine hohe Zahl echter Partisanen vermutet werden kann – die überwiegende Mehrheit der Opfer dürfte aus unschuldigen Zivilisten bestanden haben. General Gotthard Heinrici brachte die Eskalation der Gewalt treffend auf den Punkt: »Es herrschen Sitten und Gebräuche genauso wie im 30-jährigen Kriege. Nur allein der hat recht, der sich im Besitz der Macht befindet«, notierte er am 19. November 1941 in sein Tagebuch. Bruno Menzel, Angehöriger der 286. Sicherungsdivision, die im rückwärtigen Gebiet der Heeresgruppe Mitte eingesetzt war, schildert im ZDF-Interview, wie mit gefangenen Partisanen kurzer Prozess gemacht wurde. »Der Kompaniechef sagte: ›Die werden umgelegt.‹ Der Oberfeldwebel kam und stellte das Exekutionskommando zusammen: ›Du … du … du.‹ Das waren acht junge Russen, und die mussten wir von vorne erschießen – alle. Ich musste mich so zusammenreißen. Die weinten wie verrückt. Sie wussten ja, dass sie erschossen werden. Die weinten, aber der Oberfeldwebel, der gab das Kommando: ›Legt an – gebt Feuer!‹ Das musst du machen. Musst du machen. Ist ein Befehl. Ist Befehlsverweigerung, wenn du es nicht machst.«

Die Guerillagruppen, die langsam, aber stetig immer mehr Zulauf erhielten, konnten mit diesen Maßnahmen nicht ausgeschaltet werden. Im Zuge der sowjetischen Winteroffensive 1941/42 wurden die Partisanen zunehmend straffer organisiert und auch von sowjetischer Seite besser unterstützt. Im Frühjahr 1942 kontrollierten sowjetische Partisanenverbände bereits ausgedehnte Gebiete vor allem im Bereich der Heeresgruppe Mitte. Diesen Einheiten war mit kleinen »Jagdkommandos« nicht mehr beizukommen. Die Wehrmacht versuchte daher mit sogenannten »Großunternehmen«, der Partisanengefahr Herr zu werden. Kampfkräftige Großverbände mussten vorübergehend von der Front abgezogen werden, um in einer Art Kesseltreiben ein von den Partisanen beherrschtes Territorium zu umstellen und es anschließend zu durchkämmen. Da die Partisanen selber im unübersichtlichen Gelände sich der direkten Konfrontation mit den deutschen Truppen entzogen, wurde die Zivilbevölkerung zu Opfern wahlloser deutscher Mord- und Plünderungsaktionen. Generaloberst Rudolf Schmidt, Oberbefehlshaber der 2. Panzerarmee, war einer der wenigen, die sich gegen unterschiedslose Gewaltanwendung aussprachen. Am 19. Juni 1942 stellte er fest: »Ich erwarte aber, dass die Truppe es versteht, Unterschiede zwischen den Partisanen und der im Partisanengebiet teilweise unter starkem Terror lebenden Bevölkerung zu

Die Partisanen machten keine Gefangenen. Und wenn wir Partisanen geschnappt hatten, wurden die auch umgelegt. Sie mussten das eigene Grab schaufeln und kriegten einen Schuss.
Bruno Menzel, Wehrmachtsoldat

Sie sind aus den Häusern gezerrt worden, wurden abgeführt, mussten einen Spaten mitnehmen und ihr eigenes Loch graben. Dann kam die Feldgendarmerie und hat sie erschossen.
Willi Hein, Wehrmachtsoldat

machen. Es kommt darauf an, diese auf unsere Seite zu bringen«. Auch da, wo es erforderlich sei, die Bevölkerung zu evakuieren und ihre Häuser zu zerstören, müsse menschlich vorgegangen werden. »Auch im Partisanenkrieg bleiben wir Soldaten und führen nicht den Kampf gegen Frauen und Kinder.« Derartige Differenzierungen erregten stets das Missfallen Hitlers, der in seinem »Bandenbekämpfungsbefehl« vom 16. Dezember 1942 nochmals daran erinnerte, dass die Truppe im Kampf um Sein oder Nichtsein berechtigt und verpflichtet sei, »ohne Einschränkung auch gegen Frauen und Kinder allerbrutalste Mittel anzuwenden«, wenn sie nur zu dem angestrebten Erfolg führten, »dieser Pest [der Banden] Herr zu werden«.

Der Partisanenkrieg und die Art seiner Handhabung war regional überaus verschieden – es gab Wellen der Eskalation, aber auch Ansätz zur Deeskalation. Das Gesamtbild ist freilich eindeutig: Die Gewaltspirale drehte sich umso schneller, je länger der Krieg dauerte, zumal die Partisanen immer besser organisiert waren und immer mehr Zulauf erhielten, als im Frühjahr 1943 die groß angelegten Deportationen von Zwangsarbeitern ins Reich begannen. Seit 1943 ging die Wehrmacht immer mehr dazu über, sogenannte »tote Zonen« zu bilden. Dabei ging es darum, die Zivilbevölkerung aus großen Gebieten zu evakuieren und alle danach angetroffenen Personen als vermeintliche Guerillakämpfer zu töten. Dass dieser willkürlichen Vorgehensweise auch Tausende unschuldiger Zivilisten zum Opfer fielen, wurde billigend in Kauf genommen. Diese Operationen wurden im Übrigen auch gerne dazu genutzt, um tausende Männer und Frauen ins Reich zu verfrachten, wo sie unter unmenschlichen Bedingungen in der Rüstungsindustrie schuften mussten.

Bei der Partisanenbekämpfung fanden nach seriösen Schätzungen etwa 500000 Sowjetbürger den Tod. Wie viele hiervon »aktive« Partisanen waren und wie viele unbeteiligte Zivilisten, ist heute kaum mehr zu belegen. Die weit überwiegende Mehrheit wird aber in letztere Kategorie einzuordnen sein.

Damit war die Partisanenbekämpfung – nach der Ermordung der sowjetischen Kriegsgefange-

> Erschießungen von Partisanen, von Zivilisten oder von Partisanenverdächtigen waren ein flächendeckendes Phänomen, das sich an allen Frontabschnitten der Ostfront nachweisen lässt. Man geht heute davon aus, dass insgesamt etwa eine halbe Million Menschen den Antipartisanenaktionen und Repressalien der deutschen Truppen zum Opfer gefallen sind.
>
> Felix Römer, Historiker

nen – eines der größten Verbrechen der Wehrmacht. Sie scheiterte mit dem Versuch, durch Brachialgewalt den Widerstand im Hinterland im Keim zu ersticken. Das stete Anwachsen der Partisanengruppen hätte nur durch dadurch abgemildert werden können, dass man der einheimischen Bevölkerung politisch entgegengekommen wäre. Doch gerade dies war weder im Sinne der NS- noch der Mehrheit der Wehrmachtführung. Das Land sollte ausgebeutet und ausgeplündert werden, die Bewohner sollten es stumm ertragen, auch wenn dies den eigenen Tod bedeutete. Das Auftreten des deutschen Besatzungsregimes war von Anfang an von »Unsicherheit, rassischem Hochmut, volkstumspolitischem Programm und einem unreflektierten Vertrauen in die Gewalt« gekennzeichnet.

Am Schicksal der sowjetischen Zivilbevölkerung lässt sich ablesen, in welch erschreckendem Ausmaß der Russlandfeldzug ein »totaler Krieg« war. Der Gerichtsbarkeitserlass machte die Menschen gleichsam zu Vogelfreien, die sich der Willkür der deutschen Truppen bedingungslos zu unterwerfen hatten. Welche Folgen damit verbunden sein konnten, erlebte General Wilhelm Ritter von Thoma als Kommandeur der 20. Panzerdivision im Dezember 1941. In drastischen Worten berichtete er im britischen Lager Trent Park dem Mitgefangenen Eberbach: »In einem Bauernhaus in Alexandrowka sitzen ein Hauptmann, ein Oberleutnant und einige Unteroffiziere zusammen in der einzigen warmen Stube. Da ergibt sich Folgendes: Da sagt der Hauptmann zu dem Oberleutnant: ›Ach, ich kann diese Bauerngesichter gar nicht sehen!‹ … [Er] zieht seinen Revolver raus und schießt seinen Bauern, den er selber eingeladen hatte, über den Tisch weg über den Haufen.‹ – »Der ist aber schwer verurteilt worden, der Hauptmann«, vermutet Eberbach. »Ja, jetzt warten Sie nur,

Gräuel auch der Wehrmacht gegen die Zivilbevölkerung hat es leider gegeben. Ich will nur ein Beispiel nennen. Die Infanterie geht vor, übernachtet in einem Bauernhaus, geht am nächsten Morgen weiter und hat viele schwere MG-Kästen. Lässt zwei Kästen da liegen. Die nachfolgende Truppe findet die zwei Kästen, unterstellt, das sind Partisanen, die haben den Infanteristen das gestohlen – und sie werden aufgehängt. So etwas gab es häufiger.

Carl Dirks, Wehrmachtsoldat und Historiker

was rausgekommen ist«, fuhr Thoma fort. »Dann sagt er zu einer der Ordonnanzen, die sollten ihn rausschleifen. Die Frau erhebt ein Mordsgeschrei, Mordsgeheul, läuft mit ihren Kindern weg und hockt sich gleich oben drauf auf den Ofen und hat geweint, was nun selbstverständlich ist. Da sagt der zu dem Oberleutnant: ›Mach mir jetzt mal da Ruhe; die weg, da oben!‹ Der zieht seinen Revolver und schießt die Frau über den Haufen. Die wird ebenfalls hinausgeschleift. Da ist noch ein Mädel, ein zehnjähriger Bub und ein zwei Monate altes Kind. Plötzlich sagte der Hauptmann: ›Schießt die andere tot‹. Da hat der das Mädel totgeschossen. Jetzt der zehnjährige Bub. Der Hauptmann hat gesagt: ›Bringt ihn raus und schießt ihn draußen über den Haufen.‹ Der ist mit Genickschuss auch umgebracht worden. Jetzt hat der kleine Balg von zwei Monaten da oben gehockt. Da sagt er: ›Raus mit diesem Viech!‹ Niedergeschlagen, beim Fuß gepackt und am Fuß hängend hinausgezogen und in den Schnee hinausgeschmissen. Ich schickte einen Kriegsgerichtsrat hin, und als dann verhandelt worden ist, sagte der Hauptmann: ›Die wir erschossen haben, das sind ja keine Menschen. Der Führer sagte doch, die Russen sind keine Menschen, die gehören in die Tierklasse. Herr General, wir erkennen nicht an, dass wir wegen Mord angeklagt werden.‹ Dann kam das Kriegsgerichtsurteil, einer ist zur Degradation und Zuchthaus verurteilt worden, der andere ein paar Jahre Zuchthaus. Ich habe das Urteil nicht unterschrieben. Die ganze Truppe hat sich aufgeregt über diese entsetzliche Geschichte. Ich habe für beide die Todesstrafe, und zwar die öffentliche durch ›Erschießen bei der Truppe‹ beantragt.« Hitler bestätigte das Urteil allerdings nicht. Die beiden Mörder kamen mit der Versetzung in eine Strafkompanie davon.

Dieser Fall zeigt exemplarisch, welche Folgen der Kriegsgerichtsbarkeitserlass hatte. Zahlreiche ähnliche Vorkommnisse sind dokumentiert. Sicherlich gab es etliche Einheiten, die die Zivilbevölkerung gut behandelt haben. Doch insbesondere die in der Gefechtszone lebenden Russen traf fast überall ein außerordentlich hartes Los, da sich die Wehrmacht meist über ihre einfachsten Grundbedürfnisse hinwegsetzte. »Ich weiß von Fällen«, erzählte Heinrich Eberbach in Trent Park, »wo die Männer in Russland in ihrer Verzweiflung in diesem schrecklichen Winter 1941/42 Dinge begangen haben, die sie unter anderen Umständen nie getan hätten. Um nur einen Fall zu erwähnen: Unser Kradschützenbataillon hat in

Oben: »Ohne Einschränkung auch gegen Frauen und Kinder«: Eine Partisanenrazzia in einem Dorf bei Brjansk, Sommer 1942
Unten: »Ernährung aus dem Lande«: Ein Soldat treibt eine von der Wehrmacht beschlagnahmte Viehherde zur Schlachtung, Sommer 1942

Oben links: »Der liebe Gott bezahlt's«: Die besetzten Ostgebiete wurden systematisch ausgeplündert
Oben rechts: »Tausende elendig zugrunde gegangen«: Vor allem die Stadtbevölkerung litt unter der deutschen Hungerpolitik. Kinder in der Stadt Poltawa, 1942
Unten: »Keinerlei Interesse am Unterhalt der Bevölkerung«: Russische Zivilisten zerlegen ein verendetes Pferd, Februar 1942

tiefem Schnee ein Dorf angegriffen und es unter beträchtlichen Verlusten eingenommen. Dann nahmen sie auch das nächste Dorf ein, in dem die Russen Minen gelegt hatten. Dort wurde dann die russische Bevölkerung über diese Minen getrieben. Von den 30 Männern, die sie darübertrieben, wurden 21 von den Minen zerrissen. Der Kommandeur des Bataillons berichtete mir: ›Ich habe schon so viele gute Burschen verloren, dass ich einfach nicht die Verantwortung gegenüber den deutschen Müttern und Vätern übernehmen konnte, meine Männer durch diese Minen zu schicken.‹«

Aber auch nach dem Ende der eigentlichen Kampfhandlungen war die Bevölkerung den Besatzern auf Gedeih und Verderb ausgeliefert. Unzählige Fälle von Plünderungen und Vandalismus sind belegt. Ein Augenzeuge: »Durchziehende Truppen haben die Kühe auf der Weide erschossen. Statt Geld geben die Soldaten den Bauern Zigarettenschecks oder Zettel, auf denen geschrieben steht: ›Der liebe Gott bezahlt's‹ oder ›Leck mich am Arsch!‹«. Die Ausschreitungen der Truppe scheinen sich vor allem in den ersten Wochen und in der Phase der chaotischen Rückzüge gehäuft zu haben. Für die Menschen in den besetzten Gebieten erwies es sich als fatal, dass sich die Wehrmacht rücksichtslos »aus dem Lande« ernähren sollte. So war man überhaupt nur mit 20 Tagessätzen Verpflegung in Russland einmarschiert. Nach der Haager Landkriegsordnung war es einer Besatzungsmacht zwar gestattet, die Wirtschaft des Landes für die eigene Versorgung in Anspruch zu nehmen. Dies durfte aber nur insoweit geschehen, als die ökonomische Leistungsfähigkeit dies erlaubte. NS- und Wehrmachtführung waren allerdings von vornherein nicht gewillt, auf die Belange der einheimischen Bevölkerung Rücksicht zu nehmen, und hatten den Hungertod von Millionen von Menschen mit »stupendem Gleichmut ins Kalkül gezogen«, so der Münchener Historiker Christian Hartmann. Weit schwerwiegender als die »wilden« Plünderungen der Fronttruppen, gegen die mal mehr, mal weniger von der Führung eingeschritten wurde, war die planmäßige Ausbeutung durch die Versorgungstruppen des deutschen Ostheeres. Immerhin galt es, 2,5 bis 3,3 Millionen Soldaten zu ernähren. Dies führte dazu, dass insbesondere der Gefechtsbereich, in dem 80 Prozent aller Wehrmachtangehörigen eingesetzt waren, in eine »Kahlfraßzone« verwandelt wurde. Die obersten Militärstäbe arbeiteten darüber hinaus eng mit der sogenannten Wirtschaftsorganisation Ost zusammen, einer zivilmilitärischen »Mischbehörde« in der etwa 20 000 Fachleute mit der systematischen Ausbeutung der besetzten Gebiete beschäftigt waren.

Die wirtschaftlichen Belastungen der Bauern waren regional sehr unterschiedlich. Sie konnten auch halbwegs erträglich sein, wie Alexander Brakel in seiner Studie über die weißrussische Region Baranowicze herausgefunden hat. Die Bewohner der wenigen Großstädte hingegen hatten in ganz besonderem Maße unter der deutschen Hungerpolitik zu leiden. Die in den Städten lebenden Menschen waren in ihrer Bewegungsfreiheit stark eingeschränkt. Sie durften keine Hamsterfahrten aufs Land unternehmen, weil die deutschen Behörden das Aufkommen einer urbanen Widerstandsbewegung befürchteten. Für die Versorgung innerhalb der Städte war aber auch nicht gesorgt. Wenngleich die ganz große Katastrophe ausblieb, sind doch tausende Stadtbewohner elendig zugrunde gegangen. Allein in Charkow, der viertgrößten Stadt der Sowjetunion, gab es bis August 1942 über 11 000 Hungertote.

Die Ausbeutung der besetzten Gebiete umfasste nicht nur die Nahrungsmittel, sondern auch die Arbeitskraft der einheimischen Bevölkerung. Im Militärverwaltungsgebiet mussten Männer, Frauen und Kinder für die Wehrmacht Aufräumarbeiten verrichten, Stellungen bauen und Flugplätze anlegen. Vielfach setzte man die Einheimischen auch zum Minenräumen ein, wobei ganze Arbeitskolonnen getötet wurden. Auch dies widersprach dem geltenden Völkerrecht, das nur Arbeiten für rein zivile Zwecke unter akzeptablen Bedingungen gestattete. In den Zivilverwaltungsgebieten waren rund 600 000 Menschen in Reparaturbetrieben, Soldatenheimen, ja sogar in Bordellen für die Wehrmacht tätig. 2,8 Millionen Menschen wurden aus den besetzten Ge-

> »Die deutsche Wehrmacht hat am Unterhalt der Stadtbevölkerung Charkows keinerlei Interesse.«
> Richtlinien der Stadtkommandantur Charkow, 23. Oktober 1941

bieten bis Sommer 1944 zur Zwangsarbeit ins Reich deportiert. Etwa die Hälfte davon ist von der Wehrmacht »erfasst« worden, wobei diese Aktionen meist reine Sklavenjagden waren.

Im Russlandfeldzug gehörte es schon bald zum Kriegsbrauch, dem Gegner beim Rückzug nur zerstörtes Land zu hinterlassen, um seinen Vormarsch zu verlangsamen. Dies war an sich nichts Ungewöhnliches, wurde die Taktik der »Verbrannten Erde« doch seit der Antike in Kriegen immer wieder angewendet. 1941 versuchte zunächst die Rote Armee, alle wichtigen Wirtschaftsgüter zu vernichten, die nicht weggeschafft werden konnten. Die Folgen hatte zunächst die Zivilbevölkerung zu tragen, doch waren die Zerstörungen nicht so gravierend, als dass die heranstürmende Wehrmacht dadurch nennenswert hätte aufgehalten werden können. Der Bewegungskrieg ließ den sowjetischen Truppen meist keine Zeit zu umfassenderen Verwüstungen. Die Wehrmacht wendete auf ihren Rückzügen im Winter 1941/42 das gleiche Prinzip an. Auch hier waren die Folgen für die Zivilbevölkerung insgesamt gesehen noch vergleichsweise überschaubar. Ein geradezu verheerendes und in historischer Perspektive wohl einmaliges Ausmaß nahm die »Verbrannte-Erde«-Strategie dann an, als ab 1943 die Wehrmacht aus der Sowjetunion gedrängt wurde. Hitler verlangte, in den geräumten Gebieten alles zu zerstören. Jegliche »Rücksichtnahme auf die Lage der Bevölkerung« müsse »im Interesse der Kampfführung entfallen«. Überall dort, wo der Rückzug einigermaßen geordnet und planmäßig vonstatten ging, hinterließ das Ostheer ein brennendes und zerstörtes Land, erstmals im März 1943 bei der Aufgabe des Frontbogens um Rshew und Wjasma. Industrieanlagen, Bahnhöfe, Gleise, Brücken und Dörfer wurden vernichtet. Am 21. September 1943 schrieb ein junger Landser seiner Frau: »Auf dem gegenüberliegenden Ufer [des Dnjepr] brennt alles bereits seit Tagen lichterloh, denn du musst wissen, dass alle Städte und Dörfer in jenen Gebieten, die wir jetzt räumen, in Brand gesteckt werden, auch das kleinste Haus im Dorf muss fallen. Alle großen Gebäude werden gesprengt. Der Russe soll nichts als ein Trümmerfeld vorfinden. Jede Unterbringungsmöglichkeit für Truppen wird ihm genommen dadurch. Es ist

Man sollte beim Rückmarsch alles, was einem Soldaten dienlich sein könnte, vernichten. Es sollten alle Häuser niedergebrannt werden, es sollten alle Brunnen verdorben werden, indem man tote Hühner oder irgendetwas reinwarf, damit nichts übrig blieb.

Heinz Franz, Wehrmachtssoldat

Beim Rückzug 1943 in der Ukraine sollten wir ein Dorf innerhalb von einer Stunde räumen, dann mit unserer Leuchtspurmunition anzünden und verbrennen. Die Bevölkerung sollte drinbleiben und nicht gewarnt werden. Die wäre jämmerlich verbrannt. Diesen Befehl habe ich nicht befolgt. Ich habe also dem Dorfältesten gesagt: Schaut, dass ihr euer Zeug aufladet und nach hinten kommt. In einer Stunde müssen wir raus und die Häuser anzünden.

Ulrich Gunzert, Wehrmachtoffizier

also ein grausig schönes Bild.« Eine prinzipielle Ablehnung der Taktik der »Verbrannten Erde« lässt sich weder bei der Wehrmachtführung noch bei der Truppe nachweisen. Proteste gab es zwar, aber nur dort, wo ein »Verwildern« der Soldaten durch teilweise sinnloses Zerstören festzustellen war oder wenn der eigene Rückzug beeinträchtigt wurde.

Wo die Möglichkeit bestand, versuchte man alles mitzuführen, was nicht niet- und nagelfest war: Rinder, Schweine, Pferde – und die Zivilbevölkerung. Die Rote Armee sollte nicht nur ein zerstörtes, sondern auch ein menschenleeres Land vorfinden. Allein in Weißrussland wurde eine Million Menschen »in irgendein Nirgendwo« getrieben, betont der Historiker Christian Hartmann. In der Sowjetunion insgesamt waren es wohl an die drei Millionen. Ein Teil von ihnen folgte der Wehrmacht freiwillig, weil sie die Rache der Roten Armee fürchten mussten: entweder, weil sie mit den Deutschen kollaboriert oder doch von der Besatzungsherrschaft in irgendeiner Weise profitiert hatten. Die Sowjets machten in der Tat mit Kollaborateuren und solchen, die sie dafür hielten, kurzen Prozess. Nachdem es ihren Streitkräften gelungen war, Charkow im Februar 1943 für wenige Wochen zurückzuerobern, erschossen sie 4000 Einwohner, die sie der Zusammenarbeit mit dem Feind verdächtigten. Die meisten Zivilisten begleiteten die Wehrmacht allerdings nicht aus freien Stücken, sondern sie wurden gezwungen, den ungewissen Marsch nach Westen anzutreten. Eigentlich oblag die Organisation dieser Zwangsflucht den Arbeitsdienststellen der Zivilverwaltung. Doch die war mit dieser Aufgabe heillos überfordert und konnte sie nur mit Hilfe der Wehrmacht umsetzen.

Im Bereich der Heeresgruppe Mitte stieß die Deportationspraxis im Frühjahr 1944 an ihre Grenzen, da »Ernährungslage und Raumnot« es wünschenswert erscheinen ließen, alle »unproduktiven Bevölkerungsteile, … Invaliden und Krüppel, ansteckend Kranke, Nichtarbeitsfähige (Greise, Kinder, Frauen mit mehreren Kleinkindern)«, auf das Gefechtsfeld »feind- oder banditenwärts« abzuschieben – wie es in den Dienstakten hieß. Für die 9. Armee ergab sich im März 1944 eine günstige Gelegenheit, alle »überflüssigen Esser« in ihrer Region loszuwerden. Einige Divisionen sollten sich zu dieser Zeit aus einem Frontvorsprung 80 Kilometer südlich der weißrussischen Stadt Bobruisk zurückziehen. In das zur Räumung vorgesehene Territorium verfrachtete man kurzerhand 50 000 Zivilisten. Am 12. März 1944 begannen Wehrmachteinheiten und SD in einem 5000 Quadratkilometer großen Gebiet damit, die Bevölkerung zusammenzutreiben, in Züge zu pferchen und in die Nähe des Dorfes Ozarichi in unmittelbarer Frontnähe zu befördern. Fünf Tage später – nach dem Rückzug der Wehrmacht – befanden sich die Lager mit den Deportierten im Niemandsland zwischen den deutschen und sowjetischen Hauptkampflinien. So entledigte sich man des Problems, diese Menschen weiterhin ernähren zu müssen, und deckte den eigenen Rückzug mit einem menschlichen Schutzschild. Beim Abtransport der Menschen in die Lager spielten sich grauenhafte Szenen ab. Ein Feldgeistlicher der 129. Infanteriedivision notierte in sein Tagebuch: »Ich entdeckte in der Ferne das Lager. Ein ununterbrochenes leises Wehklagen vieler Stimmen stieg daraus zum Himmel auf. Und dann sah ich, wie man gerade die Leiche eines alten Mannes anschleppte wie ein Stück Vieh. Eine Greisin lag tot am Wege mit frischer Schusswunde. Ein Posten der Feldgendarmerie wies auf ein paar Bündel im Dreck hin: tote Kinder. Auch sie wurden erschossen, wie überhaupt alles umgelegt wird, was wegen Krankheit, Alter und Schwäche nicht mehr weiterkann.« Etwa 9000 Menschen starben durch Gewalt oder an Entkräftung während der Deportation oder an deren unmittelbaren Folgen, wie Unterernährung, Unterkühlung sowie einer Typhusepidemie, betont der Historiker Christoph Rass.

Obgleich die Rückzugsverbrechen noch nicht vollständig aufgearbeitet sind, scheint Ozarichi nach bisherigen Erkenntnissen ein Extremfall gewesen zu sein. Er belegt allerdings einmal mehr, wie radikal und skrupellos die Wehrmacht mit der sowjetischen Bevölkerung umzugehen bereit war. Ganz offensichtlich war seit 1941 kein Umdenken erfolgt. Die Zivilisten blieben eine »Verfügungsmasse«, mit der man nach Gutdünken zu verfahren gedachte.

Die Liste der Verbrechen der Wehrmacht an der Ostfront ist lang. In unvorstellbarem Ausmaß haben deutsche Soldaten in der Sowjetunion gewütet, gemordet und gebrandschatzt. Einen solch grausamen Krieg mit Abermillionen von Toten hatte es in der Neuzeit noch nicht gegeben. Es war ohne jeden Zweifel vom ersten Tag an ein verbrecherischer Krieg. Was bedeutet dies nun für den einzelnen Wehrmachtangehörigen? Wer waren die Täter? Und vor allem – wie viele Täter gab es? Dies ist eine Schlüsselfrage, die auch der ersten Wehrmachtausstellung so viel Sprengkraft verlieh. Ihr Organisator, Hannes Heer, geht davon aus, dass an der Ostfront mindestens 60 bis 80 Prozent der Wehrmachtangehörigen an Verbrechen beteiligt waren. Insgesamt waren rund zehn Millionen deutsche Soldaten in Russland im Einsatz, dem zufolge hätten es mit sechs bis acht Millionen Tätern zu tun. Praktisch in jeder deutschen Familie gäbe es somit einen Kriegsverbrecher. Die öffentlichen Reaktionen auf diese Vorwürfe sind bekannt. Schätzungen seriöser Wissenschaftler gehen von einer weit niedrigeren Zahl aus. Der Freiburger Historiker Ullrich Herbert bezeichnete die Vermutung von bis zu 80 Prozent als »einigermaßen absurd«. Der Militärhistoriker Rolf-Dieter Müller beziffert die Zahl der Täter hingegen auf fünf Prozent. Das sind indes immer noch 500 000! Dennoch fällt der Unterschied zwischen beiden Zahlenangaben sofort ins Auge, da sie völlig voneinander abweichen. Selbst wenn es nie möglich sein wird, eine exakte Zahl zu bestimmen, so geht es doch um die Frage nach »viel« oder »wenig«. War die Masse des Ostheeres in Gräuel verstrickt, oder waren die Verbrechen Taten einer Minderheit?

Zur Beantwortung dieser Frage muss man sich noch einmal vor Augen halten, wo, wann und von wem die zahllosen Verbrechen verübt worden sind. Die größten Opferzahlen forderten der Massenmord an den sowjetischen Kriegsgefangenen und die brutale Partisanenbekämpfung, in deren Verlauf unzählige Dörfer niedergebrannt und hunderttausende Zivilisten massakriert worden sind. Beide Verbrechenskomplexe spielten sich im Hinterland der Front ab, in dem gerade einmal sieben Prozent des Ostheeres stationiert waren.

> Im Hinterland haben sehr viele Verbrechen stattgefunden, aber da gab es nur relativ wenige Soldaten, die Masse war an der Front. Und natürlich war ein hoher Stabsoffizier ganz anders informiert und auch involviert als der gemeine Mann an der Front.
>
> Christian Hartmann, Historiker

> Wenn man den Krieg im Osten anhand der Anzahl der Opfer mit dem Krieg im Westen vergleicht, dann sieht man ganz deutlich: Der Krieg im Osten war ein Vernichtungskrieg.
>
> Ian Kershaw, Historiker

Gleiches trifft auf die Unterstützung des Holocaust zu. Auch hier traten meist nur die wenigen rückwärtigen Einheiten in Erscheinung: die Sicherungsdivisionen, die Feldgendarmerie, die Orts- und Feldkommandanturen. Die bei Weitem überwiegende Mehrheit der Wehrmachtsoldaten, 80 Prozent, war in der maximal 20 Kilometer breiten Gefechtszone an der Hauptkampflinie im Einsatz und an diesen Vorgängen nicht beteiligt. Allerdings darf man sich keinen Illusionen hingeben: Front- und Etappensoldaten lassen sich kaum in »gut« und »böse« einteilen. Die Verbrechen im Hinterland reichten immer auch bis in das unmittelbare Kampfgebiet. Front- und Etappensoldaten waren alle Teil eines verbrecherischen Weltanschauungskriegs, und vielfach entschied nur der Zufall darüber, ob ein Soldat zum Täter wurde oder nicht: etwa wenn die eigene Einheit zur Bekämpfung von Partisanen abkommandiert wurde. Und natürlich machte sich der Kampf zweier Ideologien auch direkt an der Front selbst bemerkbar: Hier sei nur auf die Umsetzung des Kommissarbefehls verwiesen. Angesichts von 3,3 Millionen Wehrmachtsoldaten, die im Juni 1941 in Russland einmarschierten, und 7000 bis 8000 bis Mitte 1942 liquidierten russischen Politoffizieren ist freilich unübersehbar, dass die allermeisten Landser mit diesem Verbrechen nicht in direkte Berührung kamen. Die Umsetzung des Kommissarbefehls zeigt gleichsam auf, welche Auswüchse den Krieg auch unmittelbar an der Front prägten. Dies gilt freilich nicht für die mit äußerster Brutalität ausgetragenen Gefechte an vorderster Front, die jenseits aller völkerrechtlichen Normen stattfanden. Dem Feind wurde vielfach »keine Gnade« erwiesen, Rotarmisten wurden im Kampf »niedergemacht«, Gefangene erschossen. Allerdings verlief auch hier der Kampf nicht immer regellos. Die Bandbreite der Verhaltensweisen war nach Zeit und Raum enorm. Wenngleich sich auch die Rote Armee vom ersten Kriegstag an nicht an das Völkerrecht hielt, legitimiert dies nicht das Vorgehen der deutschen Soldaten. Gleichwohl entstand durch die schonungslose Härte der Kämpfe ein kaum mehr zu entwirrendes Gemisch von Aktion und Reaktion, das es dem heutigen Betrachter beinahe unmöglich macht, Täter und Opfer sauber zu trennen.

Eindeutiger ist das Bild bei den deutschen Rückzugsverbrechen. Während für die Deportationen Feldgendarmerie und rückwärtige Einheiten verantwortlich zeichneten, verursachte die Fronttruppe vielfach ein Zerstörungswerk sondergleichen. Auch hier gab es zeitlich und regional erhebliche Unterschiede. Während manche Frontabschnitte aufgrund des überhasteten Rückzugs nahezu intakt blieben, hinterließen andere Einheiten »Wüstenzonen«.

Ein Blick auf das deutsche Ostheer macht ferner deutlich, dass »die« Wehrmacht lediglich ein Sammelbegriff für höchst verschiedene Einheiten war, von der Panzerabteilung bis zur Bäckereikompanie. Deren Lebenswelten und deren Verantwortlichkeiten für Unrecht und Verbrechen können nicht auf einen Nenner gebracht werden. So muss es bei eher vagen Quantifizierungen bleiben. »Viele haben wenig und wenige haben viel zu verantworten« – mit diesen Worten brachte der Historiker Christian Hartmann die personelle Dimension der Verbrechen zutreffend auf den Punkt.

> **Die Wehrmacht war als Gesamtorganisation an der Vorbereitung und Durchführung eines verbrecherischen Krieges beteiligt. Sie hat sich aktiv beteiligt; sie hat nicht nur das hingenommen, was SS-Einheiten in ihrem Operationsbereich angerichtet haben, sondern sie hat sich auch aktiv beteiligt an diesen Verbrechen. Diesen Verbrechen sind Millionen Menschen zum Opfer gefallen. Das heißt natürlich nicht, dass jeder Angehörige der Wehrmacht ein Verbrecher war.**
> Johannes Hürter, Historiker

Der »Russlandfeldzug« war ohne Zweifel das politische und militärische »Kernstück« des Zweiten Weltkriegs in Europa. Die Schlachten zwischen der Halbinsel Kola im Norden und dem Kaukasus im Süden dauerten am längsten, sie forderten die meisten Opfer, sie waren am meisten ideologisiert, und sie hatten mit Abstand die meisten Kriegsverbrechen zur Folge. Doch welchen Charakter hatte der Krieg in Polen, in Frankreich, Italien und auf dem Balkan? Blieb der Weltanschauungskrieg auf die Ostfront beschränkt, und bewegte sich die Wehrmacht ansonsten in den Bahnen des europäischen »Normalkriegs«? Wie schon in Russland ergibt sich beim Blick auf die anderen Kriegsschauplätze ein differenziertes Bild.

Im Polenfeldzug kam es zu ganz ähnlichen, allerdings zahlenmäßig weit weniger umfangreichen Vorfällen wie später im »Unternehmen Barbarossa«: Die vielfach harte und verbissene Gegenwehr der polnischen Streitkräfte und die latente Angst vor Guerillakämpfern und Aggression waren die Ursachen für zahlreiche Massaker. Unsicherheit und Aggression bildeten im Polenfeldzug ein gefährliches Gemisch, das sich erup-

> **Ohne die Besetzung Polens und die dort eskalierende Barbarei wäre wahrscheinlich der Quantensprung in die gänzliche Vernichtung ab Juni 1941 – dem Überfall auf die Sowjetunion – nicht möglich gewesen. Polen galt quasi als ideologisches Experimentierfeld.**
> Ian Kershaw, Historiker

»Sofortiges und rücksichtsloses Durchgreifen«: Erschießung von serbischen Geiseln in Pančevo,
22. April 1941

»Gewaltspirale in Gang gesetzt«: Deutsche Soldaten bergen einen auf dem Balkan von Partisanen ermordeten Kameraden, 1944

tiv entladen konnte. Rund 3000 polnische Soldaten wurden von der Wehrmacht abseits der Kämpfe im September 1939 exekutiert. Hinzu kamen etwa 7000 Zivilisten, die meist einem Phänomen zum Opfer fielen, das in der deutschen Armee bereits im Ersten Weltkrieg auftrat: einer geradezu panischen Angst vor Partisanen, der sogenannten Franktireurpsychose. Sobald die übernervöse Truppe aus dem Hinterhalt beschossen wurde, reagierte sie mit brutaler Härte und liquidierte in zahlreichen Fällen vollkommen unbeteiligte Zivilisten. Zwar gab es einzelne Hinweise auf echte Partisanen, doch in keinem Fall war die Reaktion der Wehrmacht durch das Völkerrecht gedeckt, zumal es sich in den allermeisten Fällen schlicht um Einbildungen unerfahrener Soldaten handelte.

Auf dem Balkan deutete zunächst nichts auf eine besondere Radikalisierung des Krieges hin. Am 6. April 1941 marschierten deutsche, italienische und ungarische Truppen in Jugoslawien ein. In nur elf Tagen war das Land besetzt. Die Bombardierung Belgrads, der über 1500 Zivilisten zum Opfer fielen, lähmte die dortige Militäradministration, und das multiethnische Heer löste sich unter dem Ansturm der Achsenmächte bald auf. Heftige Kämpfe hatten nur vereinzelt stattgefunden. Viele kroatische, slowenische und serbische Soldaten waren einfach nach Hause gegangen, meist hatten sie ihre Waffen gleich mitgenommen. Wie überall in Europa reagierte die Wehrmacht auch in Jugoslawien mit größter Brutalität auf Widerstand gegen die Besatzung. Als am 20. April 1941 in der unweit von Belgrad gelegenen serbischen Stadt Pančevo Heckenschützen einen Soldaten der SS-Division »Das Reich« töteten und einen weiteren schwer verwundeten, wurden rund 100 Einwohner festgenommen und vor ein Militärgericht gestellt, das 36 von ihnen zum Tode verurteilte. 18 wurden von einem Exekutionskommando des Infanterieregiments »Großdeutschland« erschossen, 18 weitere wurden auf dem Friedhof von Pančevo gehängt. Diese Hinrichtungen sollten Exempel statuieren und als Abschreckungsmaßnahme dienen, um jeden Widerstand in Serbien schon im Ansatz zu ersticken. In den nächsten Wochen blieb es im Land ruhig. Jugoslawien wurde zerschlagen, der »Unabhängige Staat Kroatien« gebildet, der mit Deutschland und Italien verbündet war. In Serbien

»Die Zunahme von heimtückischen Überfällen macht schärfste Gegenmaßnahmen erforderlich. Nur sofortiges und rücksichtsloses Durchgreifen gewährleistet die Aufrechterhaltung von Ruhe und Sicherheit und die Verhinderung der Bildung von Banden.«
Maximilian Freiherr von Weichs, Oberbefehlshaber der 2. Armee, 28. April 1941

blieben drei schwache Besatzungsdivisionen zurück. Im Sommer 1941 löste sich dann mit lawinenartiger Geschwindigkeit die hastig improvisierte Friedensordnung in Luft auf. Mit dem deutschen Überfall auf die Sowjetunion am 22. Juni 1941 brach in Serbien ein spontaner und weitgehend unorganisierter Aufstand aus, an dessen Spitze sich im Verlauf der nächsten Monate der Chef der jugoslawischen kommunistischen Partei, Josip Broz, genannt Tito, und der königstreue Draza Mihailović setzten. Beide organisierten eine mehr oder minder kampfstarke Guerillabewegung, Tito die kommunistischen Partisanen und Mihailović die Tschetniks. Die Wehrmacht versuchte mit großer Brutalität den Aufstand zu ersticken. Allein im Juli und August 1941 erschoss oder erhängte sie 1000 Personen. Doch die Lage geriet außer Kontrolle, weite Teile Serbiens waren bald von den Aufständischen besetzt. Hitler entsandte General Franz Böhme nach Serbien, um »auf weite Sicht im Gesamtraum mit den schärfsten Mitteln die Ordnung wiederherzustellen«. Am 16. September 1941 erließ das OKW die Weisung, für jeden getöteten Deutschen 100 und für jeden Verwundeten 50 serbische Geiseln zu exekutieren. Böhme hielt sich an diesen Mordbefehl. Von September 1941 bis zum Februar 1942 erschoss die Wehrmacht in Serbien mindestens 20 149 Zivilisten. Böhme hatte auch angeordnet, sämtliche Juden als »Sühneopfer« heranzuziehen, sodass die Wehrmacht aus eigenem Antrieb im Zuge der Vergeltungsmaßnahmen die gesamte männliche jüdische Bevölkerung Serbiens, etwa 4000 bis 5000 Menschen, umbrachte.

Die schlimmsten Massaker fanden im Oktober 1941 in den serbischen Städten Kraljevo und Kragujevac statt. Einheiten der 717. Infanteriedivi-

»Ich bekam auch den Befehl in Serbien, für jeden deutschen Toten 100 Leute und für jeden Verwundeten 50 Leute erschießen zu lassen. Ich habe aber diesen Befehl nie ausgeführt. In einem serbischen Ort hat der Kommandant, wenn er zwei Tote und drei Verwundete hatte, in der Ortschaft zusammengetrieben: 200 Serben für die Toten und 150 für die Verwundeten, das sind 350 Mann, und hat die erschießen lassen. Es sind dort etwa 2400 Mann erschossen worden. Aber das sind Dinge, die nicht vorzukommen brauchten.«

Oberst Eberhard Wildermuth in Trent Park, April 1945

sion erschossen binnen weniger Tage 4000 bis 5000 männliche Geiseln als Rache für Angriffe der Tschetniks. Major Eberhard Wildermuth war damals in Kraljevo. Im vertraulichen Gespräch im Gefangenenlager Trent Park beharrte er darauf, dass er den Befehl, jeden getöteten Deutschen mit den Leben von 100 Serben zu sühnen, niemals ausgeführt habe. Ob Wildermuth, der ohne Zweifel ein Gegner des NS-Regimes war und nach dem Krieg Bundesbauminister im Kabinett Adenauer wurde, die Wahrheit sagte oder ob er doch am Massenmord von Kraljevo beteiligt war, lässt sich aus den überlieferten Akten nicht beweisen. In sein Tagebuch schrieb er nur: »Kraljevo ist eine tote Stadt geworden. Die Härte unserer Vergeltungsmaßnahmen ist furchtbar.«

Die deutschen Repressionen waren für die Aufständischen ein Schock. Draza Mihailović zweifelte zunehmend an dem Sinn der Rebellion, da die Folgen für die Zivilbevölkerung verheerend waren. Hinzu kam, dass zwischen den kommunistischen Partisanen Titos und den königstreuen Tschetniks mittlerweile ein Bürgerkrieg ausgebrochen war. Der serbische Aufstand brach daher im Dezember 1941 in sich zusammen.

> »Weitere in letzter Zeit von der Truppe errungene Erfolge tragen dazu bei, das Ansehen der deutschen Wehrmacht in Serbien weiter zu stärken.«
>
> Franz Böhme, Bevollmächtigter Kommandierender General in Serbien, 20. Oktober 1941

Einen ähnlichen – aus deutscher Sicht erfolgreichen – Effekt hatte die Bekämpfung von Partisanen in Griechenland. Im Raum Thessaloniki brannte die Wehrmacht im Oktober 1941 mehrere Dörfer nieder und tötete 488 Zivilisten. Diese Kriegsverbrechen führten zu einem vorübergehenden Zusammenbruch der Guerillabewegung in diesem Raum.

»Befriedet« waren Jugoslawien und Griechenland damit freilich nicht. 1942 flackerten die Aktivitäten der Widerständler wieder auf. Bis zur Befreiung in der zweiten Jahreshälfte 1944 tobte vor allem in Jugoslawien ein grausamer Guerillakrieg. Neben dem Kampf gegen die deutschen, italienischen und bulgarischen Besatzer lieferten sich die kommunistischen Partisanen Titos, die serbischen Tschetniks und das mit den Achsenmächten verbündete kroatische Ustascha-Regime blutige Gefechte. Die verworrene Situation hätte nur durch eine politische Lösung einigermaßen entschärft werden können, die Hitler freilich immer ablehnte. Die brutalen Repressionsmethoden setzten eine Welle der Gewalt in Gang, die trotz manch halbherziger Versuche nicht mehr gestoppt wurde. Massenerschießungen von Geiseln, Abfackeln von Dörfern, Morde an unbeteiligten Zivilisten, das »Niedermachen« feindlicher Gefangener blieben an der Tagesordnung, obgleich die Kämpfe gegen die immer besser ausgerüsteten und militärisch straff organisierten Partisanen sich bald kaum mehr von regulären Gefechten an der Front unterschieden. Kriegsverbrechen wurden nur noch registriert, wenn sie politische Folgen hatten, etwa wenn Zivilisten des Bündnispartners Kroatien umgebracht wurden. Die deutschen Soldaten nahmen Jugoslawien weitgehend als rechtsfreien Raum wahr, in dem das Gesetz des Stärkeren herrschte. Die Zahl der Opfer ist aufgrund der Vermischung von Partisanenbekämpfung und Bürgerkrieg bis heute nur schwer zu bestimmen. Von einer Million jugoslawischer Kriegstoter fielen 300 000 bis 350 000 der deutschen Partisanenbekämpfung zum Opfer, schätzt der Militärhistoriker Klaus Schmider. Ein Drittel davon dürften unbeteiligte Zivilisten gewesen sein.

Auch in Griechenland ging die Wehrmacht mit großer Brutalität gegen Partisanen vor. So massakrierten Angehörige der 1. Gebirgsdivision am 16. August 1943 aus nichtigem Anlass 317 Einwohner des Dorfes Kommeno. Als Racheakt für die Ermordung von 75 Gefangenen erschossen Soldaten der 117. Jägerdivision 696 Einwohner in Kalavryta und Umgebung. Die These der Mitschuld und der Heimtücke nahezu der ganzen Bevölkerung in Verbindung mit dem Stereotyp der »Balkanmentalität« – der zufolge »hierzulande ein Menschenleben nicht viel wert« sei – drückte die Hemmschwelle bei der Truppe tief herab, betont der Historiker Hagen Fleischer. Insgesamt fanden 21 000 Griechen bei deutschen Vergeltungsmaßnahmen den Tod; 9000 sollen durch Racheakte der italienischen Armee, 40 000 durch Repressalien der Bulgaren ums Leben gekommen sein.

Das Ausscheren des Bündnispartners Italien aus dem Krieg am 8. September 1943 wertete die Wehrmacht als perfiden Verrat, der alle rassistischen Vorurteile gegenüber »den« Italienern zu bestätigen schien. Die Mischung aus Hass und Rache und die übliche Brutalität in der Partisanenbekämpfung auf allen Ebenen waren dafür verantwortlich, dass es »kein Kriegsverbrechen oder Verbrechen gegen die Menschlichkeit [gibt], das Angehörige der deutschen Wehrmacht, SS und Polizei … nicht an italienischen Männern, Frauen und Kindern verübt haben«, so der Freiburger Militärhistoriker Gerhard Schreiber. Bei der Entwaffnung der italienischen

Oben und unten: »Ein Exempel statuieren«: Als Vergeltung für den Tod von Kameraden ermordeten deutsche Fallschirmjäger hunderte Zivilisten auf Kreta, Juni 1941

Streitkräfte ging die Wehrmacht teilweise mit unverhältnismäßiger Härte vor und »liquidierte« etwa 6800 Soldaten des ehemaligen Verbündeten. Der gravierendste Vorfall ereignete sich auf der griechischen Insel Kephalonia, auf der rund 5300 italienische Soldaten auf Befehl Hitlers ermordet wurden, weil sie nicht hatten kapitulieren wollen. Von den 700 000 in deutsche Gefangenschaft überführten Soldaten kamen 46 000 beim Transport oder in der Zwangsarbeit auf erbärmlichste Weise um. Im deutsch besetzten Mittel- und Oberitalien entbrannte ein blutiger Partisanenkrieg, der auch eine Auseinandersetzung zwischen jenen war, die für die Seite der Alliierten optierten, und solchen, die Mussolinis faschistische Republik von Salò unterstützten. Wie auf anderen Kriegsschauplätzen auch beantworteten Wehrmacht und Waffen-SS mit größter Brutalität die Aktionen von Partisanen. Insgesamt mussten rund 10 000 Zivilisten, die Mehrzahl Frauen, Kinder und alte Menschen, infolge von Sühnemaßnahmen der Besatzungsmacht ihr Leben lassen. Wenngleich Waffen-SS-Einheiten die größten Massaker verübten – ein Großteil der Opfer geht zulasten von Wehrmachtsoldaten. Mehr als 95 Prozent der Angehörigen der deutschen Italienarmee waren an diesen Untaten indes weder direkt noch indirekt beteiligt. Es waren einige wenige Einheiten, etwa die Division »Hermann Göring«, die sich durch eine unfassbare Brutalität hervortaten.

> Wenn irgendwelche Deutsche überfallen wurden, dann wurden für einen Deutschen bis zu zehn Italiener erschossen. Die wurden wahllos herausgegriffen, junge Leute, alte Leute, es spielte keine Rolle. Ich habe es gesehen auf dem Rückmarsch, da waren die Leichen aufgebahrt, Frauen, Kinder, Männer. Das war die Strafe dafür, dass die Partisanen deutsche Soldaten überfallen hatten.
>
> Max Gotthard, Wehrmachtsoldat

Wenngleich Hitler seinen Bandenbekämpfungsbefehl auch in Italien ausgeführt sehen wollte und forderte, »ohne Einschränkungen auch gegen Frauen und Kinder jedes Mittel anzuwenden«, kann die Verantwortung für die Gräueltaten nicht auf den Diktator abgeschoben werden. Die deutsche Generalität befürwortete diese Methoden, verlangte immer wieder »scharfes Durchgreifen«, kündigte gar an, »schlappe und unentschlossene Führer« rigoros »zur Rechenschaft« zu ziehen, und die Truppe war mit ganz wenigen Ausnahmen bereit, ihre Weisungen zu befolgen. Wie auf den anderen Kriegsschauplätzen gab es auch in

> Dann hieß es: »Antreten und durchkämmen!« Das Gebiet wurde dann durchkämmt, also in Linie, und wer erwischt wurde von denen, wurde gnadenlos umgebracht.
>
> Max Gotthard, Wehrmachtsoldat

»Die Strafe dafür, dass sie deutsche Soldaten überfallen hatten: Erhängte Partisanen in Rimini, August 1944

Italien zeitweise Bemühungen, das Tempo der sich immer schneller drehenden Gewaltspirale ein wenig abzubremsen. Doch die Deeskalationsversuche waren halbherzig und ließen stets die notwendige Entschlossenheit vermissen.

»Wer kommt: die plutokratischen Massen des Weltjudentums. Der Angloamerikaner ohne Maske, um kein Haar besser als der Bolschewik, genau von demselben Vernichtungswillen erfüllt wie der asiatische Rotarmist.« Mit solchen Worten versuchten nationalsozialistische Führungsoffiziere im Frühjahr 1944, die Soldaten der Wehrmacht auf die bevorstehende alliierte Landung in Frankreich einzustimmen. Die Spitzen von Staat und Armee wollten nicht nur gegen die Sowjetunion, sondern auch gegen die Westmächte einen Weltanschauungskrieg führen. So verwundert es kaum, dass sich ihre Befehle zum fanatischen Kampf bis zur letzten Patrone, zur rücksichtslosen Partisanenbekämpfung oder zur »Verbrannten Erde« nur wenig von den radikalen Weisungen des Krieges im Osten unterschieden. Doch der von der NS-Führung propagierte Weltanschauungskrieg in Frankreich fand nicht statt. Dies gilt vor allem für die Kämpfe an der Front, für die befohlenen Zerstörungen während des Rückzugs, aber letztlich auch für die Operationen gegen die Partisanen. In allen drei Bereichen beging die Wehrmacht Kriegsverbrechen. Am umfangreichsten verstieß sie zweifellos bei der Partisanenbekämpfung gegen rechtliche Normen. Knapp 20 000 Franzosen fielen der Unterdrückung des Widerstands in den Jahren 1940 bis 1944 zum Opfer, darunter etwa 6000 bis 7000 unbeteiligte Zivilisten. Weitere 61 000 Männer wurden aus politischen Gründen oder wegen Widerstands gegen die Besatzungsmacht in deutsche Konzentrationslager verbracht, wo 40 Prozent von ihnen umkamen. Nicht vergessen werden darf auch die Unterstützung der Wehrmacht bei der Deportation von 75 000 Juden in die Todeslager. So grauenvoll sich diese Bilanz ausnimmt, so sehr unterschied sich der Krieg in Frankreich doch von jenem in der Sowjetunion oder auf dem Balkan. Die französische Widerstandsbewegung wurde als militärischer Störfaktor bekämpft, nicht als ideologischer Todfeind. Einen Weltanschauungskrieg hat es in Frankreich nicht gegeben und somit auch keine systematische Terrorstrategie zur Bekämpfung der Aufständischen. In Frankreich war nur einmal ein ganzes Dorf niedergebrannt und seine Bevölkerung ermordet worden: Eine Kompanie der SS-Division »Das Reich« löschte am 10. Juni 1944 Oradour-sur-Glane aus. Auch bei den übrigen Aktionen fielen Frauen und Kinder fast ausschließlich dem Wüten von SS-Einheiten zum Opfer. In Italien kam dies öfter vor, doch auch dort gingen nur wenige, besonders ideologisierte Verbände wie die 16. SS-Division »Reichsführer-SS« oder auch die Luftwaffendivision »Hermann Göring« brutaler zu Werke als normale Wehrmachteinheiten. Auf dem Balkan und in der Sowjetunion lässt sich ein solcher Unterschied im Übrigen nicht feststellen. Das Feindbild von SS und Wehrmacht war hier offenbar nicht divergierend.

Seit es Kriege gibt, sollten Regeln und Normen die organisierte Gewalt kanalisieren und kontrollieren. Diese Prinzipien sind immer wieder gebrochen worden, und es kam zu ungezählten Gewalttaten, meist an Wehrlosen. Das Ausmaß von Kriegsverbrechen war seit jeher von zwei Faktoren abhängig: von der geistigen Indoktrination der Kämpfenden, sei es in religiöser oder in ideologischer Form, sowie von der Härte und der Art der Gefechte. Beide Faktoren konnten dazu führen, den Gegner nicht mehr als gleichberechtigt anzuerkennen und ihm jede Schonung zu verweigern. Die Phänomene waren vor allem aus Kolonial- und Religionskriegen sowie aus den Guerillakriegen bekannt, die fast immer in exzessive Gewaltorgien ausarteten. Im Zweiten Weltkrieg erreichte die Totalisierung des Krieges einen historischen Höhepunkt und damit auch das Ausmaß an Kriegsverbrechen. Wenngleich sämtliche am Krieg beteiligten Armeen in der Zeit von 1939 bis 1945 für Gräueltaten verantwortlich waren, so begingen die sowjetischen, die japanischen und vor allem die deutschen Streitkräfte diese in einer Größenordnung, die alles Bekannte in den Schatten stellte. In allen drei Armeen vermischte sich die Ideologisierung von Führung und Soldaten mit einem überaus harten und grausamen Krieg zu einer verheerenden Gewaltbereitschaft. Innerhalb der Wehrmacht gab es bei den Kriegsverbrechen regional und zeitlich erhebliche Unterschiede. Auf jedem Kriegsschauplatz herrschten andere »Sitten und Gebräuche«, verhielt sich die Wehrmacht anders. Dies hing eng mit den örtlichen Gegebenheiten zusammen: der durch ideologische Raster bestimmten Wahrnehmung des besetzten Landes im Allgemeinen und des Gegners im Besonderen, der Dauer und Intensität einer Partisanenbewegung, der Heftigkeit der Kämpfe an der Front. Am radikalsten ging die

Wehrmacht zweifellos in der Sowjetunion vor, wo sie einen beispiellosen Weltanschauungskrieg führte, in dem militärische und politische Kriegführung miteinander verschmolzen. Auf dem Balkan gab es zwar keinen von der Wehrmacht geführten Weltanschauungskrieg – der Region standen NS- und Armeeführung vergleichsweise gleichgültig gegenüber. Hier waren sie aber mit einer massiven Aufstandsbewegung und einem Bürgerkrieg konfrontiert, denen man nur durch rücksichtslose Härte glaubte begegnen zu können – und damit langfristig weder militärisch oder politisch etwas erreichte. Die Wehrmacht beteiligte sich auch hier am Völkermord, freilich auf zahlenmäßig unvergleichlich niedrigerem Niveau als auf dem Gebiet der Sowjetunion. Die Verbrechen in Italien und Frankreich ähneln sich wiederum. Wenngleich auch hier vor allem die Partisanenbekämpfung mit großer Brutalität erfolgte, erreichte der Krieg nicht annähernd eine Eskalationsstufe wie in der Sowjetunion.

Die Motive der Täter sind seit Jahrzehnten Gegenstand zahlreicher Forschungsarbeiten. Allerdings gelang es bislang nicht, ein psychologisches Profil zu entwickeln. Im streng katholischen Milieu erzogene Familienväter mordeten ebenso wie fanatische Nationalsozialisten. Neben den weltanschaulichen Indoktrinationen müssen vor allem die sogenannten situativen Faktoren beachtet werden. Der Glaube, im Handeln der Gruppe keine Handlungsalternativen zu haben – sei es, um nicht aufzufallen, sei es, weil man Sanktionen befürchtete –, führte dazu, dass allzu viele bedenkenlos töteten. Autonomes Agieren gegen die Gruppe war in der Wehrmacht überaus selten. Wichtig war auch das Phänomen der sozialen Absonderung: Wurde ein Gegner, etwa »der Partisan«, nicht als Kombattant anerkannt, wurde er also aus der Gruppe der nach dem Völkerrecht zu behandelnden Soldaten dauerhaft ausgegrenzt, so erleichterte dies seine Exekution. Dieser Ausgrenzungsprozess verlief in den einzelnen besetzten Ländern durchaus unterschiedlich und war abhängig von den Befehlen der Wehrmachtführung wie von den Kriegserfah-

> Der Krieg ist eine schreckliche Sache, die abstumpft und die den Menschen fürchterlich verändert. Das muss man sehen. Und diejenigen, die es nicht miterlebt haben, können sich das nicht vorstellen. Ich sage das nicht als Entschuldigung, sondern als Erklärung. Aber insgesamt würde ich sagen, war der ganz große Teil der Wehrmachtangehörigen aktiv an Verbrechen nicht beteiligt, was nicht ausschließt, dass einige spezielle Einheiten sehr intensiv involviert waren.
> Ewald von Kleist, Wehrmachtoffizier

rungen der Soldaten. Wie verschiedenartig er praktiziert wurde, verdeutlicht ein Blick auf die Partisanenbekämpfung in Frankreich und Russland.

Eine besondere Verantwortung trug die Generalität, somit jener kleine Personenkreis, der die Spitze der Wehrmacht bildete und das Handeln von 17,3 Millionen Soldaten zu vertreten hatte. Hitlers verbrecherischer Krieg war auch ihr Krieg. Sicher gab es Ausnahmen, manche Proteste. Nach dem Sieg über Frankreich war die Generalität, die oberste zumal, ein korrumpiertes Werkzeug des Diktators, bereit zu jeder Untat. Wie Johannes Hürter unlängst darlegen konnte, nutzten die Oberbefehlshaber an der Ostfront ihren durchaus erheblichen Spielraum fast nie zur Eindämmung von Unrecht und Gewalt – im Gegenteil.

Die Wehrmacht hat zahllose Verbrechen begangen, ihre Angehörigen waren aber bei Weitem nicht alle Verbrecher. Eine Kollektivschuld kann es nicht geben. Es bleibt vielmehr die Aufgabe, die Verantwortung der Einzelnen noch detaillierter zu ermitteln, um mehr über die Motive und die individuelle Schuld zu erfahren. Die Historiker werden auch in Zukunft noch viel zu leisten haben.

Widerstand in Uniform

Heinz Drossel war ebenso erschöpft wie seine schweißverklebten und staubbedeckten Kameraden – seit Tagen schleppten sich die schwer bepackten Soldaten des Infanterieregiments 415 durch die sommerliche Hitze Litauens. Um die Mittagszeit wurde an diesem 9. Juli 1941 irgendwo zwischen Kowno und Dagda eine Rast befohlen. Die Marschkolonne musste die Straße räumen und einen motorisierten Verband vorbeilassen.

> Es ist Zeit, dass jetzt etwas getan wird. Derjenige, der etwas zu tun wagt, muss sich bewusst sein, dass er wohl als Verräter in die deutsche Geschichte eingehen wird. Unterlässt er jedoch die Tat, dann wäre er ein Verräter vor seinem eigenen Gewissen.
>
> Stauffenberg, 1944

»Wir liegen am Straßenrand, viel Lärm, viel Dreck, viel Staub. Hinter uns eine Wiese, dann Wald, dunkler Wald. Ich habe das Gefühl, mal ausbrechen zu müssen, mal für eine Viertelstunde allein zu sein, mal nichts sehen zu müssen vom Krieg«, schreibt Drossel in seinen Memoiren. Als Melder der Kompanie war es ihm möglich, sich kurz davonzumachen – sein Ziel war der nahe gelegene Wald. Dort tat sich Ungewöhnliches: »Der Talgrund lag vielleicht 30 Meter unter mir, und ich sah ein großes Massengrab, etwa zwei Meter breit und 25 bis 30 Meter lang. Um das Grab knieten lauter Männer. Die Männer waren alle jüdisch gekleidet, und hinter den Männern stand ein Mann in deutscher Uniform mit einer Pistole oder Maschinenpistole in der Hand. Direkt unter mir stand ein kleiner Junge von vielleicht sechs Jahren, der griff immer nach dem Mann neben ihm, und der Uniformierte hinter ihm schlug ihm immer auf den Arm, das geschah vielleicht zwei- bis dreimal. Als der Junge wieder rübergriff, da nahm der Mann seine Pistole und gab dem Kleinen einen Genickschuss und stieß ihn mit dem Fuß in das Grab.« Plötzlich fauchte ein Posten in der Uniform einer SS- oder Polizeieinheit den entsetzten Soldaten Drossel an: »Was hast du hier zu suchen? Hau ab! Und halt die Schnauze!« Der damals Dreiundzwanzigjährige hat die Schreckensbilder nie vergessen – und damals wurde ihm klar: »Jetzt ist bei mir endgültig Feierabend; jetzt ist dieses Regime für mich total erledigt, und ich werde nur noch nach meinem eigenen Gewissen handeln.«

Nach dem eigenen Gewissen zu handeln – auch im Krieg gab es Menschen, die diese besondere Art von Mut aufbrachten. Menschen wie Heinz Drossel, der genau zwei Tage nach seinem ersten juristischen Staatsexamen in die Wehrmacht einberufen worden war. Trotz einer Prädikatsnote hatte man ihn nicht zum Referendariat zugelassen, weil er keiner NS-Organisation beitreten wollte. So war der Jurist am 1. Dezember 1939 als einfacher Soldat in das Potsdamer Infanterieregiment 9 eingerückt. Im Frankreichfeldzug war ihm klar geworden, dass er niemals auf einen Menschen schießen würde. Was das für ihn bedeutete, stellte er nach dem Überfall auf die Sowjetunion unter Beweis. Nur eine Woche nachdem er Zeuge der Ermordung von Juden geworden war, bekam er den Befehl, einen gefangenen Kommissar zum Bataillonsgefechtsstand zu bringen. Drossel kannte den völkerrechtswidrigen Kommissarbefehl, laut dem Politkommissare der Sowjetarmee zu »liquidieren« waren. »Ich nahm ihn also in Empfang, entwaffnet war er schon, ließ ihn dann zwei bis drei Meter vor mir gehen. Ich hatte den Karabiner geladen und entsichert, er ging also ›Hände hoch‹. Mir war von vornherein klar: Den bringst du nicht zum Bataillon.« Denn dort wäre er wohl erschossen worden. Und so führte er den Mann ab – bis beide außer Sicht- und Hörweite der anderen Kameraden waren. »Dann sagte ich zu ihm: ›Stehen bleiben, Hände runter, umdrehen.‹ Dann standen wir beide uns gegenüber, ich hatte meinen Karabiner dann zur Erde gestellt, um ihm zu zeigen, dass ich keine Mordabsichten hatte. Ich konnte mir vorstellen, dass der Mann – der kannte natürlich den Kommissarbefehl – der Meinung war, es sei so weit.«

Drossel hatte als Soldat einen Dolmetscherkurs für Russisch absolviert. »Ich sagte dann zu ihm: ›Ich bin kein Mörder, ich bin ein Mensch, und Sie laufen jetzt den Weg hier geradeaus, denn da sind keine deutschen Soldaten mehr. Dann finden Sie Anschluss an Ihre Einheit.« Der sowjetische Kommissar nutzte seine Chance und rannte davon. »Aber dann blieb er noch mal stehen, drehte sich um, winkte mir zu und rief: ›Amirti‹ – ›Friede auch mit dir‹ –, dann war er weg. Ich hab dann kehrtgemacht, bin zurück und hätte ja nun melden müssen. Das tat ich nicht. Ich machte gar nichts, stellte mich einfach so zwei, drei Meter neben meinen Kompaniechef. Er beachtete mich überhaupt nicht, und über diesen Vorfall ist nie wieder gesprochen worden zwischen uns beiden.«

Der berüchtigte Kommissarbefehl beleidigte nicht nur das Rechtsempfinden des einfachen Soldaten Heinz Drossel. Die Order hatte schon vor Beginn des »Unternehmens Barbarossa« auf einer ganz anderen Ebene für Empörung gesorgt. »Wenn es uns nicht gelingt, dass diese Befehle zurückgenommen werden, dann hat Deutschland endgültig seine Ehre verlo-

»Nur noch nach dem eigenen Gewissen handeln«: Heinz Drossel war einer von wenigen Wehrmachtsoldaten, die verbrecherische Befehle nicht befolgten

ren«, lautete im Mai 1941 die düstere Prophezeiung Henning von Tresckows, Oberstleutnant und Erster Stabsoffizier (Ia) der Heeresgruppe Mitte. Als verantwortungsbewusster Offizier erkannte er sofort die weitreichende Bedeutung jenes völkerrechtswidrigen Kommissarbefehls. Das galt ebenso für den fast zeitgleich ausgegebenen Gerichtsbarkeitserlass, in dem es hieß: »Für Handlungen, die Angehörige der Wehrmacht und des Gefolges gegen feindliche Zivilpersonen begehen, besteht kein Verfolgungszwang, auch dann nicht, wenn die Tat zugleich ein militärisches Verbrechen und Vergehen ist.« Beide Weisungen widersprachen nicht nur

Tresckows professionell geschultem Rechtsempfinden. Als pommerscher Adelsspross fühlte er sich einem ganz besonderen Ethos verpflichtet – dem Preußentum: »Es birgt eine große Verpflichtung in sich, die Verpflichtung zur Wahrheit, zur innerlichen und äußerlichen Disziplin, zur Pflichterfüllung bis zum Letzten. Aber man soll niemals vom Preußentum sprechen, ohne darauf hinzuweisen, dass es sich damit nicht erschöpft. Es wird oft missverstanden. Vom wahren Preußentum ist der Begriff der Freiheit niemals zu trennen«, lautete sein Credo. Die Freiheit, die er sich nahm, war die Freiheit zum unabhängigen Denken und zum eigenständigen Urteil. Das war sein Maßstab für ein gelebtes Preußentum – dem gerecht zu werden war auch das, was er von seinen Offizierskameraden und besonders von der Generalität erwartete.

Von Tresckow intervenierte beim Kommandeur der Heeresgruppe Mitte, Feldmarschall Fedor von Bock, gegen die verbrecherischen Befehle. Das war nicht die absurde Anmaßung eines kleinen Stabsoffiziers, sondern die wohlkalkulierte Strategie eines adligen preußischen Offiziers, der familiär bestens etabliert war und sich in elitären Kreisen wie selbstverständlich bewegte – Feldmarschall von Bock war sein Onkel. Hier wollte er den Hebel ansetzen: »Du musst noch heute zu Hitler fliegen, und zwar zusammen mit Generalfeldmarschall von Rundstedt und Generalfeldmarschall von Leeb. ... Ihr müsst Hitler die Kabinettsfrage stellen und gemeinsam erklären: Sie haben uns versprochen, dass die Truppe nicht mit verbrecherischen Befehlen belastet wird. Dieses Versprechen wurde gebrochen, denn nun haben Sie uns einen Befehl geschickt, der ein eindeutiges Verbrechen darstellt. Wir verweigern Ihnen den Gehorsam, wenn Sie diesen Befehl nicht zurücknehmen.« Feldmarschall von Bock, Tresckows »Onkel Fedi«, war nicht begeistert: »Dann schmeißt er mich raus!« Sein Neffe darauf: »Dann hast du wenigstens einen guten Abgang vor der Geschichte gehabt!« Doch der Appell an den Feldmarschall war vergeblich. Er und seine Generalskameraden protestierten nicht persönlich bei Hitler, verhinderten nicht die verbrecherischen Auswüchse des Krieges gegen die Sowjetunion – und sie verpassten den »guten Abgang vor der Geschichte«. Generalfeldmarschall von Bock wollte lediglich einen Vertrauten und Mitarbeiter aus Tresckows

Mein Vater hat damals gegen den Kommissarbefehl protestiert, wie man weiß. Er hat auch versucht, seine Vorgesetzten dazu zu bewegen, Protest einzulegen.
Uta Freifrau von Aretin, Tochter Henning von Tresckows

»Wenigstens ein guter Abgang vor der Geschichte«?: Generalfeldmarschall Fedor von Bock an der Ostfront, Oktober 1941

Stab, Rittmeister Rudolf-Christoph Freiherr von Gersdorff, nach Berlin schicken. Der sollte dort beim OKH protestieren. Gersdorffs Protestnote im Namen des Feldmarschalls von Bock wurde in Berlin wenig Beachtung geschenkt. Schließlich hatte das OKH an der Formulierung der Befehle mitgewirkt. Der von Gersdorff angesprochene General gab indes vor, das OKH sei gegen diese Befehle Sturm gelaufen. Aber niemand der führenden Leute wolle es riskieren, wegen Widerspruchs »noch mal bei Hitler rauszufliegen«. Tresckow war erschüttert: So also sah das Preußentum der Generalität aus – die Feldmarschälle hatten nicht das Rückgrat, Hitler und seinen Wutausbrüchen entgegenzutreten. Keine Spur vom viel beschworenen »guten alten preußischen Geist« der Armee. »Die Verantwortung des Einzelnen war durchaus etwas, was in der preußisch-deutschen Armee lange Zeit diskutiert wurde. Das ist aber nur die eine Tradition. Die andere Tradition war selbstverständlich immer auch eine Tradition des Folgens, des Mitmachens, des Ausführens beziehungsweise des möglichst guten Umsetzens der Befehle. Ich möchte das nicht nur gegeneinanderstellen, sondern einfach als zwei Linien sehen, von denen aber selbstverständlich diejenige, die auf Autorität und Nachfolge gerichtet war, immer die stärkere war«, analysiert der Historiker Christian Hartmann vom Münchener Institut für Zeitgeschichte (IfZ) die Befindlichkeit der deutschen Militärelite. Und sein Institutskollege Johannes Hürter erklärt im ZDF-Interview, wie Hitler die Generäle zu folgsamen Handlangern gemacht hatte: »Diese Elite ist durch die Erfolge Hitlers, die auch ihre eigenen Erfolge waren, in einer gewissen Weise bestochen und korrumpiert worden. Nicht nur durch die Erfolge, sondern auch durch ganz unmittelbare und materiellen Vorteile. Hitler hat nach dem Sieg über Frankreich über die Generalität ein Füllhorn von Ehrungen und Zuwendungen, materiellen Zuwendungen, Dotationen, Geldzahlungen ausgeschüttet. All diese Dinge haben die Haltung und auch die Moral entscheidend korrumpiert.« Doch auch ideologisch deckte sich das Interesse der Generalität mit dem Hitlers – ein Angriff auf die Sowjetunion erschien den meisten Erfolg versprechend und wünschenswert, so Johannes Hürter: »Hitler hat im Offizierkorps nicht um diesen Krieg werben müssen. Es ging gegen den jüdisch-bolschewistischen Erzfeind, es ging gegen die bolschewistische Sowjetunion, und gegen diesen Erzfeind hat man den Krieg möglichst schnell und rücksichtslos führen wollen. Das war einhellige Meinung.«

Henning von Tresckow empörte sich einerseits über die verbrecherischen Befehle, tat aber gleichzeitig als Soldat seine Pflicht. Als Ia der Heeresgruppe Mitte war er im Sommer 1941 für die operative Kriegführung verantwortlich – er dirigierte auf seinen Karten die Divisionen und Armeen in der Schlacht. Zwar hegte er gewisse Zweifel an der Möglichkeit des militärischen Erfolgs des »Unternehmens Barbarossa«, doch angesichts der ersten gewaltigen Siege schwankte er zwischen Skepsis und Zuversicht. Moskau zu erreichen war das Ziel der Heeresgruppe Mitte. Die militärischen Pläne der Führung deckten sich mit seinen eigenen professionellen Auffassungen – und er war sich darüber im Klaren, dass dieser Krieg nur erfolgreich sein würde, wenn vor dem Wintereinbruch eine Vorentscheidung zugunsten der Wehrmacht gefallen war. »Ich glaube, dass Henning von Tresckow 1941 aus Überzeugung ein guter Soldat bei diesem Krieg gegen die Sowjetunion war. Weil auch er diesen Gegner möglichst schnell besiegen wollte. Er war ein nationalkonservativer Offizier, der auch das Feindbild des Bolschewismus hatte, darin war er sich mit Hitler durchaus einig«, urteilt der Historiker Johannes Hürter über die Figur Henning von Tresckows. Er war ein Mann, der von seiner Zeit geprägt war, ihre komplexen Zusammenhänge und ihre inneren Brüche spiegelte. Und dennoch wurde er zum unbestreitbar aktivsten Hitler-Gegner innerhalb der Wehrmacht. Doch dazu war er nicht geboren – dazu machte ihn erst die Politik des Diktators.

Denn von Tresckow galt Anfang der dreißiger Jahre als Anhänger des aufstrebenden NS-Agitators. Trotz seiner noblen Herkunft war er ein Kritiker des »verkalkten Adels«. Er glaubte, so vermerkt sein Biograph Bodo Scheurig, dass ein begeisterungsfähiger junger Mensch entweder Kommunist oder Nationalsozialist sein müsse. 1930 versuchte Tresckow, Offizierskameraden »nationalsozialistisch zu beeinflussen«, wie Scheurig

Sie waren am Anfang begeistert, und auch mein Vater stimmte für Hitler. Aber dann im Laufe der Zeit, zuerst 1934, dann besonders 1938, setzte allmählich ein Umdenken ein. Und es ist nicht hoch genug anzurechnen, wenn jemand beginnt, seine eigenen Erziehungsgrundsätze und Traditionsvorstellungen in Frage zu stellen und seine eigenen Ideen einer Revision zu unterziehen.

Uta Freifrau von Aretin, Tochter Henning von Tresckows

schreibt. Einer Verwandten riet er bei einer politischen Diskussion: »Wenn du klug bist, wählst du Hugenberg – wenn du feurig bist, wählst du Hitler.« 1933 begrüßte er – wie viele junge Offiziere – die Machtergreifung Hitlers, denn der neue Reichskanzler versprach, die »Schande von Versailles« zu tilgen und der Armee endlich wieder eine führende Rolle im Deutschen Reich zu verschaffen.

1901 in Magdeburg geboren, wuchs Tresckow auf dem Gut Wartenberg in Pommern auf. Sein Vater, ein ehemaliger General der Kavallerie, war durch eine Erbschaft zum Großgrundbesitzer geworden. Im Alter von 16 Jahren meldete sich Henning freiwillig als Offiziersbewerber zum Potsdamer »Ersten Garderegiment zu Fuß« – eine standesgemäße Eliteeinheit für einen adligen preußischen Patrioten, dessen uneingeschränkte Loyalität dem König und Kaiser galt. Im Juni 1918 wurde er zum jüngsten Leutnant in der kaiserlichen Armee ernannt. In den letzten Monaten des Ersten Weltkriegs erlebte Tresckow die Abwehrschlachten an der Westfront gegen frische amerikanische Divisionen. Nach dem Waffenstillstand wurde er in die Reichswehr übernommen – das 9. Infanterieregiment in Potsdam führte die Tradition der Potsdamer Garde fort. Gleichzeitig blieb auch in den Köpfen der Offiziere die Monarchie das Maß aller Dinge, der neue demokratisch-parlamentarische Staat war dieser konservativen militärischen Elite fremd. Das galt auch für Henning von Tresckow, der gleichwohl eine für seine Kreise überraschende Unabhängigkeit an den Tag legte: 1920 nahm er seinen Abschied von der Reichswehr und begann ein Studium der Rechtswissenschaft, Staatslehre und Finanzwirtschaft. 1924 ging er auf eine Weltreise; anschließend trat er als Bankkaufmann und Börsenmakler in die Dienste eines jüdischen Potsdamer Bankiers. Die Finanzwelt war eine Sphäre, mit der ein Mann seines Standes und seiner Prägung üblicherweise sehr wenig zu tun hatte – auch hier bewies sich Tresckow als unabhängiger Charakter. 1926 heiratete er Erika von Falkenhayn, die Tochter des Feldmarschalls Erich von Falkenhayn; gleichzeitig bemühte er sich um die Wiederaufnahme in die Reichswehr. Das war zu Zeiten des 100 000-Heeres kein leichtes Unterfangen, doch Tresckow verfügte über beste Verbindungen: Reichspräsident von Hindenburg persönlich ebnete ihm als

Fürsprecher den Weg zurück in seine alte Einheit, das Potsdamer Infanterieregiment 9. Das IR 9 war unbestreitbar die Eliteeinheit der Reichswehr, spöttisch wurde es auch »Graf 9« genannt. Fast die Hälfte seiner 76 Offiziere entstammte dem Adel. In diesem kleinen Kreis von Kameraden fand Tresckow Freunde und Vertraute, die ihn über Jahre begleiten oder an entscheidenden Wendepunkten wieder begegnen sollten – etliche als Mitwisser und Akteure im Widerstand gegen Hitler.

»Symbol der Verbindung von Tradition und Nationalsozialismus«: Hitler begibt sich am »Tag von Potsdam« mit seinem Kabinett zur Garnisonskirche, 21. März 1933

211

Am 21. März 1933, kurz nach Hitlers Machtergreifung, präsentierten sich alle Offiziere und Soldaten des IR 9 als loyale Formation. Am »Tag von Potsdam« paradierten sie im zackigen Stechschritt vor dem neuen Reichskanzler Adolf Hitler. An dessen Seite stand – wie als beruhigendes Symbol der Verbindung von Tradition und Nationalsozialismus – Paul von Hindenburg, der in der Armee hoch angesehene Reichspräsident. Als Offizier der Fahneneskorte zog auch Henning von Tresckow mit dem 1. Bataillon an der Ehrentribüne vorbei, auf der jene Männer standen, die im Januar 1933 auf so schicksalhafte Weise Deutschlands Zukunft vorbestimmt hatten. Schon im Jahr darauf trat die Janusköpfigkeit des neuen Regimes immer augenscheinlicher hervor. Noch am 1. Mai 1934 hatte Tresckow befriedigt seine Beförderung zum Hauptmann entgegengenommen – verbunden damit war die Einladung zu einer Prüfung, die eine Ausbildung zum Generalstabsoffizier in Aussicht stellte. So profitierte auch Henning von Tresckow von den verbesserten Aufstiegsmöglichkeiten, die Hitlers Aufrüstung mit sich brachte. Doch schon im folgenden Monat folgte der Schock: Am 30. Juni hatte er als Adjutant sein 1. Bataillon alarmieren müssen – es wurde scharfe Munition ausgegeben und das Regiment in Gefechtsbereitschaft versetzt. Von einem bevorstehenden »Putsch der SA« war die Rede – doch das stellte sich bald als Vorwand heraus. Tresckow erkannte schnell, dass es um die Ausschaltung »lästiger« Parteigenossen gegangen war. Röhm und seine Kameraden aber waren nicht vor Gericht gestellt worden, sondern Mordkommandos der SS zum Opfer gefallen, ebenso wie die ehemaligen Reichswehrgeneräle Schleicher und Bredow. Und die Wehrmachtführung schwieg zu diesem Ausbruch von Terror und Gewalt; die Generalität überging sogar die Morde an den beiden Standesgenossen – eine beschämende Reaktion in den Augen des frisch gebackenen Hauptmanns von Tresckow. Seine Gutgläubigkeit, sein Vertrauen in Hitler war verhöhnt worden – von nun an betrachtete er die Realität mit kritischeren Augen. Die Distanz zu den Machthabern wuchs.

Als er im September 1936 in die 1. Abteilung des Generalstabs im Reichskriegsministerium versetzt wurde, war er kein Anhänger des Regimes mehr. In seiner neuen Dienststellung machte Tresckow die Bekanntschaft mit der Elite der Wehrmacht – er lernte den Generalstabschef des Heeres, General Ludwig Beck, und den Oberbefehlshaber des Heeres,

Generaloberst Werner von Fritsch, kennen. Der Oberquartiermeister I, Oberst i. G. Erich von Manstein, wurde hier zu einem geschätzten Bekannten. Im Generalstab war Tresckow ab Mitte 1937 daran beteiligt, Aufmarschpläne gegen die Tschechoslowakei zu erstellen. Die Szenarien, von denen die Reichswehrführung ausging, waren allerdings noch defensiv. Doch schon bald wandelten sich die Zielsetzungen – ab Dezember 1937 wurden Angriffspläne zur »Lösung des deutschen Raumproblems« geschmiedet. Hitlers Außenpolitik trat in eine neue, ungleich gefährlichere Phase ein. Als die Kriegsgefahr während der Sudetenkrise im Spätsommer 1938 akut wurde, zeigte sich Tresckow entsetzt über diese »Wildwestpolitik«; vor Freunden sprach er gar davon, dass man Hitler »totschießen« müsse. Über die Einzelheiten der Putschpläne, die im Oberkommando des Heeres erwogen wurden, war er nicht informiert, aber in seiner Dienststellung und durch persönliche Kontakte zu General Erwin von Witzleben wusste er, dass es innerhalb der Wehrmacht eine Opposition gab, die den Krieg gegen die Tschechoslowakei verhindern wollte. Zum Putsch kam es nie, weil das Münchener Abkommen den Frieden in Europa einstweilen bewahrte – Hitler hatte triumphiert, die Briten und Franzosen waren vor seinen Drohgebärden zurückgewichen. Endgültig zum Hitler-Gegner wurde Tresckow jedoch durch die Ereignisse, die Hitlers außenpolitischem Triumph schon bald folgten. Die Pogromnacht vom 9. November 1938 zeugte davon, dass in Deutschland Verbrecher regierten, denen keiner mehr Einhalt gebieten konnte oder wollte. Tresckow schämte sich, dass die Heeresführung zu den Angriffen auf jüdische Bürger kein Wort verlor, geschweige denn Protest einlegte.

Im März 1939 – bei der militärischen Besetzung der »Rest-Tschechei« – gehorchten die Generäle widerspruchslos, ebenso wie bei der Planung und Durchführung des »Polenfeldzugs«. Tresckow wurde von General von Manstein nach dem Sieg über Polen in den Stab der Heeres-

Tresckow ist nach dem Judenpogrom 1938 entschlossen gewesen, Hitler umzubringen. Das war der auslösende Faktor. Er war schon nach der Fritsch-Krise kritisch gewesen, sowohl er wie Schlabrendorff waren schon vorher erbitterte Gegner der Nazis gewesen. Aber Tresckow hat sich entschlossen, nach dem Judenpogrom Hitler umzubringen.

Philipp Freiherr von Boeselager, Generalstabsoffizier

Viel zu viele der höchsten Dienstgrade der Wehrmacht haben zu lange etwas mit sich machen lassen, von dem sie im Grunde genommen schon im Jahr 1938 wissen mussten, dass es unverantwortlich war. Das ist ein schweres Urteil des Versagens, um das man nicht herumkommt.

Richard von Weizsäcker, Wehrmachtoffizier

gruppe A nach Koblenz geholt. Seine Dienstbezeichnung lautete nun »Gehilfe des Ersten Generalstabsoffiziers«. In diesem Umfeld wurde Tresckow Zeuge der Diskussionen, die Hitlers Befehl auslöste, noch im Herbst 1939 Frankreich anzugreifen. Das Gros der Heeresführung glaubte, dass ein Schlag gegen Frankreich nicht zu verantworten sei. Voller Zuversicht hoffte Tresckow auf den energischen Einspruch des OKH unter von Brauchitsch, auf das Einschreiten des Generalsstabschefs Halder oder auf einen Aufstand der Oberbefehlshaber der Heeresgruppen. Doch sie alle fanden nicht die Entschlossenheit und den Mut, Hitler gemeinsam entgegenzutreten. Widerstand war von dieser Führungsschicht nicht zu erwarten – das wurde Tresckow in den Monaten vor dem Frankreichfeldzug immer klarer. Der dann folgende »Blitzkrieg«-Erfolg gegen Frankreich euphorisierte die Wehrmacht geradezu. Auch Tresckow konnte sich dem nicht entziehen – er war beeindruckt und bewegt vom sechswöchigen Siegeszug seiner Armee gegen den Gegner, der im Ersten Weltkrieg in vier Jahren nicht niedergerungen werden konnte.

Bei aller Freude über die raschen militärischen Erfolge plagten den Soldaten Henning von Tresckow seit dem Überfall auf Polen schwere Gewissensnöte. Zwar hatte er die Aggression im September 1939 innerlich abgelehnt, doch als Offizier war er entschlossen, seine Pflicht zu tun. Die Wehrmacht stand im Kampf; die Masse der Soldaten fühlte sich an den Fahneneid gebunden und war bereit, dem »Führer« zu folgen. Tresckows Ablehnung des Regimes stand im Widerstreit mit der Verpflichtung seiner Armee und seinen Kameraden gegenüber. Als Soldat und Preuße entschied er sich dafür, auf seinem Posten all seinen Pflichten nach bestem Wissen und Gewissen nachzukommen. Verweigerung, die Untergrabung des militärischen Zusammenhalts, gar die Begünstigung des Feindes kamen für ihn nicht in Frage. Er wurde zu einem Regimegegner, der tapfer und treu seinen soldatischen Dienst tat. Dieser Einsatz war nicht nur Tarnung, sondern auch das Resultat einer Verpflichtung, die er seinem Vaterland und »der Truppe«, also der Institution Wehrmacht, gegenüber spürte.

Der Krieg gegen die Sowjetunion nahm ihn im Sommer 1941 voll und ganz in Anspruch. Tresckow war eben nicht nur Widerständler, sondern auch ein professioneller Stabsoffizier in verantwortlicher Position an der Ostfront – die Widersprüchlichkeiten, die Tresckow in sich bündelte, sorgen noch immer für Debatten unter Zeithistorikern. Sein Wirken als Ia der Heeresgruppe erscheint heute in einem neuen Licht, so meint zumindest der Historiker Johannes Hürter. Er stieß in einem Archiv der ehemaligen DDR-Staatssicherheit auf Kopien von Papieren, die mit dem Namen und der Unterschrift von Tresckows versehen sind. Es handelt sich um Berichte über Exekutionen von Juden durch Einsatzgruppen. Tresckow hat sie als Ia abgezeichnet, das heißt zur Kenntnis genommen. Hürter: »Ich bewerte das so, dass Henning von Tresckow und seine Mitarbeiter, die später den Kern der Opposition gegen Hitler bildeten, im Juli/August 1941 die Beseitigung jüdischer Männer zumindest akzeptiert haben als kriegsnotwendige Maßnahme. Das heißt nicht, dass sie diesen Morden unbedingt zugestimmt haben, dass sie begeistert gewesen wären, aber sie haben es zumindest akzeptiert. ... Die Dokumente, die ich gefunden habe, belegen einwandfrei, dass sie in dieser Zeit genau informiert waren, dass hunderte und tausende jüdische Männer erschossen wurden. Und sie haben dagegen nichts unternommen, obwohl sie dazu durchaus den Handlungsspielraum gehabt hätten, denn es gab zu dieser Zeit die Möglichkeit, die Bewegungsfreiheit der Mordkommandos Himmlers einzuschränken. Darauf haben sie verzichtet.« Erst später sei es bei Tresckow zur Einsicht gekommen: »Das änderte sich, als die SS-Einheiten im Herbst 1941 dazu übergingen, massenhaft auch Frauen und Kinder zu erschießen. Zu diesem Zeitpunkt regte sich dann auch wieder stärker die moralische Empörung, das moralische Gewissen. Und das ist dann wieder ein starkes Motiv der Haltung gegen Hitler geworden.« Hürters Vorwurf: »Es lässt sich vom verzögerten Einsetzen der Moral reden, man könnte aber genauso gut vom Ausblenden der Moral in den ersten Kriegsmonaten reden – vom Ausblenden der Moral aus militärisch-professionellen Gründen.«

Johannes Tuchel, Leiter der Gedenkstätte deutscher Widerstand in Berlin, dagegen verteidigt Tresckows Handeln im Sommer 1941: »Im Laufe der Zeit, in den Monaten Juli, August, September, Oktober, erfährt er davon, dass diese Massenmorde keine Einzelfälle sind, sondern, offenbar

> **Tresckow wie auch seine Mitarbeiter und seine Vorgesetzten waren schon im Juli 1941 sehr genau über die Ausmaße des Massenmordes an jüdischen Männern informiert.**
> Johannes Hürter, Historiker

> **Es kann keinen Zweifel daran geben, dass selbst frühere oder spätere Parteigänger des Widerstands Hitlers Parolen zum Vernichtungskrieg zunächst bereitwillig folgten.**
> Hans Mommsen, Historiker

»Kriegsnotwendige Maßnahme«?: Ein SS-Mann erschießt bei Winniza (Ukraine) einen Zivilisten. Unter den Augenzeugen befinden sich auch Wehrmachtangehörige

auch für ihn erkennbar, zum Konzept von Hitlers Angriffs- und Weltanschauungskrieg gehören. Jetzt stellt sich natürlich die Frage: Was kann er in diesem Moment überhaupt machen – als einzelner Generalstabsoffizier?« Tresckow begann, so Tuchel, Freunde um sich zu scharen, Gleichgesinnte zu suchen, zu sondieren und bei der Heeresgruppe Mitte einen Kern von Hitler-Gegnern zu bilden – und das brauchte Zeit. »Das ist doch ein Vorgehen, wie es für jemanden mit dieser Ausbildung, mit dieser Professionalität, aus meiner Sicht durchaus als etwas Schlüssiges erscheint.« Den Aussagewert der Dokumente, die Hürter gefunden hat, stellt Tuchel in Frage: »Das ist nicht das geordnete Tagebuch des Henning von Tresckow, das uns vorliegt, sondern das sind hochspekulative Dinge. Wir haben einzelne Dokumente, einzelne Berichte, auf denen ein T, das ist die Paraphe von Tresckow, neben Ia, das ist seine Funktionsbezeichnung, steht. Das heißt, er wusste etwas. Aber zeigen Sie mir bitte die Dokumente, aus denen Sie schließen können, dass er diese Dinge befürwortet hätte, unterstützt hätte oder mehr als nur um diese Dinge gewusst hätte.« Hürter hält dagegen, dass er mit seiner Kritik an Tresckow nur eine grundlegende Erkenntnis über den Widerstand in der Wehrmacht untermauern wolle: »Auch Henning von Tresckow und Stauffenberg sind nicht als Helden geboren worden; sie haben sich erst dazu entwickelt. Und diese Entwicklung, die wir ja heute auch mit Recht bewundern, weist Brüche auf. ... Das sind Menschen, keine Ikonen.« Tuchel stimmt dem zu, doch setzt er in seiner Bewertung Tresckows einen deutlich anderen Akzent: »Ich sehe hier jemanden, der Informationen hat und der im Gegensatz zu vielen anderen, die über dieselben Informationen verfügten, daraus im Sommer und Frühherbst 1941 seine Konsequenzen gezogen hat. Ob dies einige Tage früher oder einige Tage später passiert – ist das denn unter den Bedingungen dieses Herbstes von 1941 wirklich von Bedeutung? Ist nicht viel wichtiger, dass sich endlich einmal jemand aufgerafft hat und vernünftig etwas gegen Hitler tun wollte? Nein, Schuld kann ich an dieser Stelle nicht erkennen.«

Im Kreis um Tresckow wuchs die Überzeugung, dass gegen Hitler etwas unternommen werden musste. Der Oberstleutnant begann nun – ausgehend von seiner Position bei der Heeresgruppe Mitte –, systematisch ein loses Netzwerk des Widerstands in der Wehrmacht zu schaffen. Der His-

»Netzwerk des Widerstands in der Wehrmacht«: Henning von Tresckow (4. v. rechts), Fabian von Schlabrendorff (rechts) und andere Offiziere im Stab der Heeresgruppe Mitte

toriker Johannes Tuchel billigt ihm, der in dieser Verschwörung die zentrale Stellung einnahm, außergewöhnliche Qualitäten zu: »Er nutzte seine organisatorischen Fähigkeiten, um als Chef des Stabes zugleich bestimmte militärische Funktionen wahrzunehmen und im Geheimen die Verschwörung gegen Hitler vorzubereiten und voranzutreiben. … Es war seine Fähigkeit, auch auf andere Menschen zuzugehen, andere Menschen auch zu überzeugen, auch durch seine Offenheit. … Wenn wir mehr derartige militärische Führer mit Charisma gehabt hätten, die bereit gewesen wären, ihr Leben gegen Hitler zu wagen, dann wäre die personelle Basis der sogenannten Militäropposition vielleicht nicht ganz so schmal gewesen, wie sie gewesen ist.«

Um ein Netzwerk des Widerstands zu knüpfen, musste ein Mann wie Tresckow innerhalb der Wehrmacht auf ganz persönliche Bindungen zurückgreifen. Manchmal waren es verwandtschaftliche Bande, die er zu nutzen suchte. So holte er

> Tresckow war ein Offizier von großer moralischer Integrität. Er wollte den Widerstand aus der Truppe heraus organisieren.
>
> Klaus von Dohnanyi, Sohn des Verschwörers Hans von Dohnanyi

> Das Infanterieregiment 9 war *das* Infanterieregiment der Reichswehr. Es setzte die Tradition der alten Garderegimente fort; die besten Offiziere der Infanterie kamen in dieses Regiment. Auch wenn man versetzt wurde, gehörte man weiterhin der Familie an, man förderte sich gegenseitig, man war befreundet.
>
> Philipp Freiherr von Boeselager, Generalstabsoffizier

»Kontakte zu zivilen Kreisen«: Hans Oster
war einer der führenden Köpfe des
Widerstands gegen Hitler

seinen Cousin, Leutnant Fabian von Schlabrendorff, in seinen Stab – einen Mann, der zum verlässlichen Mitverschwörer wurde. Außerdem zog er langjährige Freunde hinzu. Er hörte sich bei ehemaligen Regimentskameraden aus dem IR 9 um, ob diese nicht bereit wären, etwas gegen Hitler zu unternehmen. Wer immer solche Fragen ansprach, musste ein besonderes Gespür für Menschen haben, musste die Zeichen einer oppositionellen Haltung lesen können, musste Empfehlungen Dritter als glaubwürdig einschätzen können. Nur auf dieser persönlichen Basis konnte die winzig kleine Opposition innerhalb des riesigen Apparats »Wehrmacht« organisiert werden. Gleichzeitig galt es, nach außen so zu handeln und zu sprechen, dass bei der Masse der Kameraden kein Verdacht aufkam. Denn das Gros musste als loyal zu Hitler gelten – und damit als potenzielle Gefahr. Das offene Gespräch war fast nur im kleinsten Kreis möglich – und klein blieb der Kreis der Verschwörer vom Anfang bis zum Ende. Auch Tresckow, die Schlüsselfigur des militärischen Widerstands, vermochte nie mehr als einige Dutzend Eingeweihte um sich zu gruppieren, dazu kamen etliche, die zwar von seinen Aktivitäten wussten, ihn aber nicht verrieten. Der Münchener Historiker Christian Hartmann spricht von einem »dreifachen Käfig«, in dem jeder Widerstand innerhalb der Wehrmacht an seine Grenzen stieß: Die Regeln des Militärs legten Beschränkungen auf, dazu kamen die Zwänge und Notwendigkeiten des Krieges, die den Handlungsspielraum einengten, zum Dritten erschwerten die Bedingungen einer brutalen Diktatur jedes Handeln.

Die Verschwörer in der Heeresgruppe Mitte waren vollauf mit der Kriegführung beschäftigt – nur nebenbei konnten sie konspirativ tätig werden. Ihr Ziel wurde Ende 1941 definiert: Es galt, Hitler zu beseitigen. Die Niederlage der Wehrmacht vor Moskau im Winter 1941 hatte vielen Militärs als Fanal gegolten. Das als »Blitzkrieg« geplante »Unternehmen Barbarossa« war gescheitert. Gleichzeitig hatte Hitler die Armee in erschreckender Weise in Verbrechen verstrickt. Die Wehrmacht war bei der massenhaften Ermordung der Juden in den besetzten Gebieten teilweise zum Mittäter, zumindest aber zum Mitwisser geworden. Tresckow beschloss, Hitler von der Front aus zu Fall zu bringen, denn die zivilen Widerstandskreise, zu denen er Verbindung hatte, schienen weder über die Machtmittel noch die Entschlossenheit zu verfügen, den Diktator zu beseitigen. Dennoch pflegte Tresckow bewusst Kontakte zum zivilen Widerstand; dabei unterstützten ihn Vertraute im Amt Abwehr, allen voran Oberst Hans Oster. Hitlers Tod durfte kein Chaos auslösen, es musste an eine Nachfolgeregierung gedacht werden; dafür brauchte Tresckow die Absprache mit zivilen »politischen« Köpfen wie etwa Carl Goerdeler, dem von Hitler geschassten ehemaligen Leipziger Oberbürgermeister. Auch regimekritische Diplomaten im Auswärtigen Amt wurden eingebunden. Sie sollten die Haltung der Kriegsgegner zu Putschbestrebungen im Reich sondieren und Kontakte ins Ausland knüpfen. Doch bei aller politischen Umsicht ging es Tresckow vorrangig darum, Hitlers Herrschaft zu beenden – und das konnte nur die Wehrmacht. Dafür brauchte er indes die Rückendeckung durch einen oder mehrere der Feldmarschälle. Die Chance bot sich durchaus, schließlich hatte Tresckow persönliche und dienstliche Beziehungen zu den führenden Köp-

Nach unserer damaligen Kenntnis konnten wir uns nicht vorstellen, dass es ausgerechnet Militärs – Soldaten, Offiziere, Generäle – sein würden, die gegen Hitler vorgehen würden. Das war offen gesagt jenseits unseres Vorstellungsvermögens.

Ralph Giordano, Publizist

Mein Vater hatte Kontakte mit Goerdeler, Ludwig Beck und anderen. Er wurde von Tresckow eingesetzt, um diese Kontakte zwischen militärischem Widerstand und zivilen Widerstandsgruppen zu pflegen: Wer macht im Augenblick was, wer kommt für eine Regierung nach einem Attentat in Frage?

Dieprand von Schlabrendorff, Sohn Fabian von Schlabrendorffs

fen der Wehrmacht an der Ostfront. Seinem Onkel Fedor von Bock gegenüber sprach er Ende 1941 aus, was er vorhatte: »Es gibt nur eine Lösung: Wir müssen Hitler beseitigen!« Der Feldmarschall war entsetzt: »Solche Worte dulde ich nicht; sie sind Hoch- und Landesverrat!« Tresckow schmerzte die ablehnende Reaktion, gleichzeitig schätzte er seinen Onkel kühl ein: »Bock hat vor allem Angst. Er hat sogar Angst, uns zu verpfeifen. Diese Angst ist zuverlässig!«

Die Maßnahmen des Diktators und die Rolle der Generalität – sie beschäftigte auch die deutschen Generäle und Offiziere, die sich als Gefangene der Briten in deren Abhörlager Trent Park Gedanken über Widerstehen und Widerstand machten. Oberst Rudolf Müller-Römer, der im August 1944 in Frankreich gefangen genommen wurde, räsonierte schon wenige Tage später in Trent Park über die geschichtliche Verantwortung der Wehrmacht: »Das ist die historische Schuld der deutschen Generalität, dass sie diese Schweinerei, die so losging im Kriege, nicht geschlossen verhindert haben, indem sie einfach protestiert oder die Waffen hingelegt haben oder sonst was.« Sein Gegenüber, Konteradmiral Walter Hennecke, stimmte zu. »Alle schimpfen sie, alle Generäle. Ich habe immer nur gesagt: ›Kinder, wenn ihr das alles wusstet, dann verstehe ich den einzelnen General nicht und die Gesamtheit der Generalität erst recht nicht, dass keiner gegen so etwas angeht.‹ Alle sagen: ›Ich will mir nicht den Mund verbrennen.‹« Oberst Müller-Römer hatte indes schon die Hauptschuldigen ausgemacht: »Jawohl, Bock, Manstein, Leeb, Rundstedt, die

Generalleutnant Heinrich Kirchheim: »Sehen Sie sich eigentlich durch den Fahneneid gebunden?«

Generalleutnant Maximilian Siry: »Ja, an sich, der Fahneneid besteht, solange der Führer lebt.«

Generalleutnant Heinrich Kirchheim: »Halten Sie den Führer für geistig normal?«

Generalleutnant Maximilian Siry: »Das können Sie ja einem Untergebenen nicht zugestehen, festzustellen, ob sein Vorgesetzter geistig normal ist oder nicht.«

Aufgezeichnetes Gespräch aus Trent Park

»Preußische Feldmarschälle meutern nicht«:
Erich von Manstein (vorn) war nicht bereit,
sich an den Umsturzplänen zu beteiligen

haben die große Schuld; denn es darf ja an sich gegen den obersten Befehlshaber immer nur die erste Garnitur aufstehen.«

Doch »aufzustehen« wagte von der »ersten Garnitur« niemand. Feldmarschall Erich von Manstein wurde von Tresckows Vertrautem Gersdorff
direkt angesprochen und lehnte jede Aktion rundheraus ab. Er machte
geltend, dass er gegenüber Hitler durch seinen Eid gebunden sei. Manstein kritisierte zwar einzelne Entscheidungen des »Führers«, aber einen
grundsätzlichen Konflikt mit dem Diktator wagte
er nicht. Er sah sich als reinen Militärexperten,
der die verantwortungsschwere Aufgabe hatte,
die Front zu halten. Ein Putsch war in seinen Augen Landesverrat, ein Weg, der mitten im Kriege
geradewegs ins Chaos führen würde. »Preußische
Feldmarschälle meutern nicht« blieb sein Motto.

Tresckow war sehr verbittert
über Manstein, der jegliche
Erwägung eines Attentats auf
Hitler und jede politische
Betätigung abgelehnt hatte.
Philipp Freiherr von Boeselager,
Generalstabsoffizier

222

So dachte wohl die Mehrheit der Generäle und Feldmarschälle. Die Tradition des Gehorsams und besonders die Bindung an den Eid, insgeheim wohl auch die Karriere, waren ihnen wichtiger als die Verpflichtung, in einer schwierigen Situation nach ihrem Wissen, Gewissen und ihrer persönlichen Verantwortung zu handeln. Ihre Art von unbedingtem Gehorsam und blinder Eidestreue degradierte sie zu bloßen Befehlsempfängern; in dieser Hinsicht unterschieden sich die meisten von ihnen nicht von Gefreiten. Vergessen schienen die Worte Friedrichs des Großen, der einst zu einem seiner führenden Militärs gesagt hatte: »Ich habe Ihn zum General gemacht , damit Er weiß, wann Er nicht zu gehorchen hat.«

Auf diese altpreußische Tugend schien sich zumindest ein Feldmarschall zu besinnen: Generalfeldmarschall Günther von Kluge. Er war der Nachfolger von Feldmarschall von Bock, der wegen des Misserfolgs vor Moskau Ende 1941 von Hitler abgesetzt worden war. Der neue Feldmarschall an der Spitze der Heeresgruppe Mitte wurde nun zum Ziel der Tresckow'schen Überzeugungsarbeit. Tresckow – so schrieb der Zeitzeuge Rudolf von Gersdorff später – habe gearbeitet wie ein »Uhrmacher, der morgens die Uhr von Kluge aufzog, sodass sie den ganzen Tag über ging

»Kluge sagte, dass etwas passieren müsse mit Hitler«: Generalfeldmarschall Günther von Kluge (sitzend) im Hauptquartier der Heeresgruppe Mitte, 1943

und schlug, aber nur von Tresckow war in der Lage, die Uhr wieder aufzuziehen, wenn sie abgelaufen war. Leider lief sie ziemlich häufig ab.« Kluge wusste, dass Hitlers militärische Entscheidungen die Wehrmacht und Deutschland ins Verderben führten. Ihm war auch klar, dass dieser Zustand – wenn überhaupt – nur gewaltsam verändert werden könnte. Ebenso deutlich aber war, dass von Kluge der eigene Antrieb fehlte, tätig zu werden.

Immerhin ließ er zu, dass Tresckow in seinem Einflussbereich etwas Unerhörtes vorbereitete: Mit Wissen des Feldmarschalls sollte Hitler im März 1943 während eines Frontbesuchs bei der Heeresgruppe Mitte erschossen werden. Als einer von vier Schützen, die mit Pistolen ein Attentat auf Hitler ausführen sollten, hatte sich ein junger Leutnant gemeldet, der in Tresckows Stab Dienst tat. Der vierundzwanzigjährige Philipp von Boeselager urteilte schon damals ganz eindeutig: »Hitler ist ein Verbrecher!« Und gegen den wollte er etwas unternehmen. »Es wurde genau besprochen, wo Hitler sitzen sollte: Kluge sitzt in der Mitte, Hitler auf der einen Seite, Himmler auf der anderen Seite. Die Armee- und Oberbefehlshaber gegenüber und neben ihnen. Die Offiziere,

Als Hitler sich zu einem Besuch der Heeresgruppe ansagte, wurden sofort alle Vorbereitungen getroffen. Ich sagte zu Kluge, dass Hitler den Heeresgruppenstab wahrscheinlich nicht lebend verlassen würde. Kluge nickte nur. Vier Offiziere des Reiterverbands meines Bruders und vier Offiziere vom Stab der Heeresgruppe waren bereit, auf Hitler zu schießen. Es war klar, dass das nur im Kasino geschehen konnte, wo Hitler eine kurze Ansprache an alle Offiziere halten wollte. Alles wurde bis ins Detail geplant, wo Hitler sitzen würde, wo Himmler sitzen würde und wo die Attentäter. Es wurde genau besprochen, wer auf wen schießen sollte; außerdem sollten mehrere Schützen gleichzeitig schießen, damit das Feuer konzentrisch war. Es war alles klipp und klar, bis es im letzten Moment hieß, dass Himmler nicht mitkommen würde. Daraufhin untersagte Kluge das Attentat.

Philipp Freiherr von Boeselager, Generalstabsoffizier

Oben: »Konzentrisch auf Hitler und Himmler schießen«: Das Kasino der Heeresgruppe Mitte, Ort des geplanten Pistolenattentats auf Hitler
Unten: »Perfekter Plan«: Kluge verabschiedet Hitler am 13. März 1943 nach dessen Besuch bei der Heeresgruppe Mitte, im Hintergrund Hitler »Führer«-Maschine

die das Attentat durchführen wollten, sollten im Halbkreis sitzen – so weit links und rechts, dass sie konzentrisch auf Hitler und Himmler schießen konnten.« Moralische Bedenken hatte er durchaus, gesteht Boeselager im ZDF-Interview. »Das geht wirklich gegen die Ehre. Aber in diesem Fall gab es keine Ehre mehr. Man hat alles weggeworfen, man hat all diese Begriffe, diese gesellschaftlichen Begriffe, auf die man fest vertraut hatte, auf die man lange Zeit gebaut hatte, über Bord geworfen, um den Hitler umzubringen.« Im letzten Moment jedoch verbot Feldmarschall von Kluge die Durchführung des Anschlags. Der große Zauderer unter den Feldmarschällen wollte nicht die gesamte Verantwortung für ein Attentat auf sich nehmen. Über die Gründe spekuliert Boeselager: Kluge habe erfahren, dass Himmler, der ursprünglich mitkommen sollte, den »Führer« diesmal nicht begleiten würde. Kluges Bedenken: Wenn Himmler erführe, dass die Armee Hitler bei einem Attentat umgebracht hätte, könne es zu einem Bürgerkrieg zwischen dem Heer und der SS kommen. So gesehen handelte von Kluge in der Sache durchaus verantwortungsvoll. Er konnte pragmatische Gründe dafür geltend machen, Hitler noch nicht zu töten. Doch es spielte gewiss auch die Unentschiedenheit eines innerlich zerrissenen Generals eine Rolle, der den Gehorsam doch lieber über das Gewissen stellte. Tresckow hatte wohl geahnt, dass Kluge einen Rückzieher machen könnte – vorsorglich war ein Alternativplan gefasst worden.

Am späten Nachmittag des 13. März stand die »Führer«-Maschine, eine Focke Wulf 200 »Condor«, auf dem Flugplatz von Smolensk bereit, um den Diktator nach seinem Frontbesuch bei der Heeresgruppe Mitte nach Deutschland zurückzubringen. Als Hitler mit seinem Gefolge über das Rollfeld auf die Maschine zuging, folgten Tresckow und einige seiner Mitverschwörer in einigem Abstand. Sie baten einen Offizier, der nach Rastenburg mitfliegen sollte, ein Päckchen mit an Bord zu nehmen. Der Inhalt: zwei Flaschen Cointreau, angeblich für einen Freund in der Heimat. Der Offizier tat den Gefallen gern – nicht ahnend, dass das Päckchen Sprengstoff und einen

Der Unterschied zwischen dem Pistolenattentat und der Bombe im Flugzeug war, dass es im zweiten Fall nicht klar gewesen wäre, dass das Heer Hitler umgebracht hatte. Er musste in diesem Falle nicht zusammen mit Himmler umgebracht werden, weil eine Machtübernahme Himmlers nicht wahrscheinlich schien.
Philipp Freiherr von Boeselager, Generalstabsoffizier

Mehrfach sind Bomben nicht losgegangen. Man fragt sich: Waren das solche Dilettanten oder war es tatsächlich schicksalhaft bedingt?
Günther Reichhelm, Generalstabsoffizier

Säurezeitzünder enthielt. Eine halbe Stunde nach dem Start sollte es explodieren. Die Maschine würde in der Luft zerrissen werden. Der Plan war perfekt – doch dann erfolgte einige Stunden später aus Rastenburg die Meldung, dass Hitler sicher gelandet sei. Die Verschwörer waren geschockt: Die Bombe, die Hitler töten sollte, war nicht explodiert. In der Kälte des Laderaums hatte offenbar der Säurezünder nicht funktioniert. An diesem Märztag des Jahres 1943 war der Diktator zwei potenziellen Attentaten entgangen. Schon eine Woche später hatte er erneut Glück. Tresckows Mitarbeiter Rudolf von Gersdorff sollte in Berlin anlässlich einer Heldengedenkfeier eine Vorführung russischer Beutewaffen im Zeughaus organisieren. Bei dieser Gelegenheit plante er, sich als Selbstmordattentäter mit dem Diktator in die Luft zu sprengen. Doch Hitler verließ die Ausstellung schon nach wenigen Minuten. Der ihn begleitende Gersdorff hatte die Bombe in seiner Manteltasche bereits aktiviert. Nach Hitlers vorzeitigem Verlassen des Zeughauses gelang es Gersdorff in einem Waschraum erst in letzter Minute, den Sprengsatz wieder zu entschärfen.

Der Tod des Tyrannen aber war der entscheidende Faktor – diese »Initialzündung« wäre das Signal an die Welt gewesen, dass sich in Deutschland etwas verändert hatte. Auf dieser Grundlage wollte man einen glimpflichen Friedensschluss mit den Westmächten aushandeln. Es galt, die totale Niederlage Deutschlands zu verhindern und das »Reich« zu retten. Doch das waren Planspiele, auf die man im März 1943 nur unzureichend vorbereitet war. Wie sollte nach Hitlers Tod in Berlin die Macht übernommen werden, wie sollte die innere Ordnung gewahrt bleiben? Der Stabsoffizier von Tresckow hatte gelernt, dass genaue Planungen und Zuständigkeiten wichtig waren, um einen wirkungsvollen Einsatz des Militärs zu gewährleisten. Nach den ersten gescheiterten Anschlägen auf Hitler gingen die Verschwörer nun daran, ihre Staatsstreichplanung voranzutreiben. Im Juli 1943 wurde Tresckow zur Führerreserve nach Berlin versetzt. Dort kontaktierte er einen Vertrauten und wichtigen Mitstreiter, den Leiter des Allgemeinen Heeresamts, General Friedrich Olbricht. Dessen Dienststelle, die im Bendlerblock untergebracht war, war für den materiellen und vor allem den personellen Nachschub des Heeres verantwortlich. Ihm unterstanden daher die zahlreichen Ausbildungsverbände im

Oben: »Bombe in der Manteltasche«: Hitler während der Besichtigung von russischen
Beutewaffen im Zeughaus, 21. März 1943. Im Hintergrund Freiherr von Gersdorff (2. von rechts)
Unten: »Das Ersatzheer als Instrument des Staatsstreichs«: Im Allgemeinen Heeresamt unter
General Friedrich Olbricht (Mitte) liefen ab 1943 die Fäden der Verschwörung zusammen

Reich. In den Tresoren sämtlicher Einheiten des Ersatzheeres lagen Befehle unter dem Decknamen »Walküre«, die für die Kommandeure genaue Anweisungen für den Fall enthielten, dass Fremdarbeiter oder Kriegsgefangene im Reich »innere Unruhen« auslösten. Diese Alarmbefehle wurden im Spätsommer 1943 durch Henning von Tresckow systematisch überarbeitet – mit der Billigung Olbrichts. Die Verschwörer wollten die Truppen des Ersatzheeres zum Instrument des Staatsstreichs machen. Unter dem Stichwort »Walküre« sollten die Alarmbefehle in Kraft treten: Die dem Allgemeinen Heeresamt unterstellten Truppen würden durch diese Anweisungen in Marsch gesetzt, sobald die Verschwörer den Zeitpunkt für gekommen hielten – das heißt nach der Tötung Hitlers. Dann würden die Truppen Schlüsselstellungen wie Rundfunksender, Ministerien- und SS-Stützpunkte in Berlin und im ganzen Reich besetzen. Der Staatsstreich sollte also anhand offizieller – wenn auch »getürkter« – Befehle von oben in Gang gesetzt werden; die Armee die »vollziehende Gewalt« übernehmen. Das war der geniale Plan, den Tresckow als Ergänzung zu den Attentatsplanungen bisher vermisst hatte.

Gleichzeitig knüpfte er das Netz weiter: In Berlin erneuerte er im Sommer 1943 alte Verbindungen zu zivilen Widerstandskreisen – er traf Goerdeler, Beck und andere Köpfe der Opposition. Auch militärische Verbündete bestärkten ihn in seinem Vorgehen. So traf Tresckow in Berlin den Chef der Besatzungstruppen in Frankreich, General Karl-Heinrich von Stülpnagel. Dieser versicherte ihm, im Falle des »Walküre«-Befehls alles zu tun, um den Umsturz zu unterstützen. Entscheidend war jedoch, dass im Sommer 1943 ein weiterer wichtiger Mann des Widerstands in der Wehrmacht auf den Plan trat. Oberstleutnant Claus Graf Schenk von Stauffenberg war von General Olbricht als Chef des Stabes des Ersatzheeres angefordert worden; im September 1943 nahm der schwer kriegsversehrte Stauffenberg seinen Dienst im Bendlerblock in Berlin auf. Tresckow wusste, dass dieser Mann über die Jahre zu einem leidenschaftlichen Hit-

> **Die Mitglieder des Widerstandes waren keine leichtfertigen Draufgänger. Sie haben sehr intensiv überlegt, was man tun darf und was man tun muss.**
> Dieprand von Schlabrendorff, Sohn Fabian von Schlabrendorffs

> **Meine Mutter hat zusammen mit einer Freundin die Befehle für »Walküre« geschrieben. Besonders als mein Vater im Herbst 1943 in Potsdam war, und von dort aus die Verbindung zu Beck suchte und »Walküre« umgearbeitet wurde, hat ihre Schreibmaschine nicht still gestanden.**
> Uta Freifrau von Aretin, Tochter Henning von Tresckows

Oben: »Eine grundsätzliche Änderung ist nur möglich, wenn Hitler beseitigt wird«: Claus Graf Schenk von Stauffenberg (links) und der Mitverschwörer Oberst Albrecht Ritter Merz von Quirnheim, 1942
Unten: »So ein fabelhafter Mann«: Stauffenberg und sein Divisionskommandeur Friedrich von Broich während des Feldzugs in Nordafrika, 1943

ler-Gegner geworden war. Zugleich galt Stauffenberg als hoch befähigter Stabsoffizier, als außergewöhnliche Persönlichkeit und als ein intelligenter und unabhängiger Geist. Sofort wurde er in die Konspiration eingebunden – er bekam den Auftrag, die »Walküre«-Pläne zu überarbeiten; natürlich sollten seine Ausarbeitungen ganz im Sinne der Verschwörung sein. Als Tresckow im Oktober wieder an die Ostfront versetzt wurde, um ein Regiment zu befehligen, übergab er alle seine Unterlagen und die Federführung für die Staatsstreichplanung seinem besten Mann. Stauffenberg trieb die Planungen unermüdlich voran und pflegte, wie schon zuvor Tresckow, die Kontakte zu zivilen Wiederstandskreisen. Er traf den SPD-Mann Julius Leber sowie Vertreter des »Kreisauer Kreises«, die politische Konzepte für ein Deutschland »nach Hitler« diskutierten. So wurde ab dem Herbst 1943 Stauffenberg zur Schlüsselfigur des Wiederstandszirkels innerhalb der Wehrmacht.

Der 1907 als Spross einer alten schwäbischen Adelsfamilie geborene Claus Graf Schenk von Stauffenberg hatte sich von der Machtergreifung bis hin zu den Anfangserfolgen im Krieg als Anhänger des Regimes gezeigt. Im Mai 1940 war er in den Stab des Oberkommandos des Heeres berufen worden. Den Krieg gegen die Sowjetunion hielt er anfangs für gewinnbar, doch schon vor der Niederlage bei Stalingrad hatte er Einsicht in die erschreckenden Verlustzahlen der deutschen Armeen an der Ostfront bekommen. Er war seitdem davon überzeugt, dass sein geliebtes Vaterland in höchster Gefahr war. Den aktiven Christen empörte zudem die brutale Besatzungspolitik im Osten und die systematische Ermordung der Juden. »Hitler ist der eigentlich Verantwortliche, eine grundsätzliche Änderung ist nur möglich, wenn er beseitigt wird: Ich bin bereit es zu tun«, hatte er bereits im September 1942 seinen Willen zum Tyrannenmord bekundet. Seine Dienststellung im OKH brachte es mit sich, dass er vielerlei Kontakte knüpfen konnte, doch keiner der Gesprächspartner im Generalsrang ließ sich überreden, etwas gegen Hitler zu unternehmen. »Die

> Stauffenberg hat sicher unter seiner Kenntnis von den Dingen, die im rückwärtigen Gebiet der Front stattfanden, gelitten. Ich glaube, dass seine Möglichkeiten der Informationen größer waren als die der meisten Kameraden. Dies war ein Grund für seine Ablehnung Hitlers.
> Ulrich de Maizière, Generalstabsoffizier

> Findet sich denn da drüben im Führerhauptquartier kein Offizier, der das Schwein mit der Pistole erledigt?
> Stauffenberg, 1942

Kerle haben ja die Hosen voll oder Stroh im Kopf, sie wollen nicht«, lautete sein Urteil. Es wollte ihm nicht gelingen, eine zur Tat bereite Gruppe zu formen. Stattdessen war er durch seine Sondierungen in eine gefährliche Lage geraten. Deshalb hatte er sich bemüht, an die Front versetzt zu werden. Im Februar 1943 hatte er seinen Posten als Erster Generalstabsoffizier der 10. Panzerdivision in Tunesien angetreten. Dort geriet er am 7. April 1943 in einen Tieffliegerangriff und wurde schwer verwundet; er verlor die rechte Hand, zwei Finger der linken Hand und sein linkes Auge. Doch die schwere Verwundung beeinträchtigte ihn in seinem Willen zum Umbruch in keinster Weise. Als er im Sommer 1943 in Berlin eintraf, war er umso fester entschlossen, Hitler zu stoppen. Die nächste Gelegenheit für ein Attentat bot sich der Gruppe um Stauffenberg und Tresckow im November 1943. Der junge Hauptmann Axel von dem Bussche, ein erbitterter Gegner des Diktators, seit er 1942 in Dubno die Erschießung von 5000 Juden mit angesehen hatte, war bereit, sich mit Hitler in die Luft sprengen – der Selbstmordattentäter hatte die Möglichkeit, dem Diktator bei einer Uniformvorführung im »Führer«-Hauptquartier nahe zu kommen. Doch die neuen Uniformen, die Hitler präsentiert werden sollten, verbrannten nach einem Luftangriff auf Berlin, die »Modenschau« fiel aus. Wieder war der Diktator dem Tod entronnen. Eine neue Chance eröffnete sich im März 1944. Rittmeister Eberhard von Breitenbuch, ein Mitarbeiter von Feldmarschall Busch, dem neuen Oberbefehlshaber der Heersgruppe Mitte, sollte seinen Vorgesetzten zu einer Besprechung in Hitlers Residenz auf dem Obersalzberg begleiten. Breitenbuch hatte mit Tresckow verabredet, Hitler bei dieser Gelegenheit zu töten. Er wollte eine kleine Browning-Pistole in den Besprechungsraum schmuggeln, denn die üblichen Dienstwaffen mussten im Vorraum abgelegt werden. In letzter Sekunde aber hielt ihn ein Posten auf: An diesem Tage hätten Adjutanten keinen Zutritt zu der Besprechung, hieß es. So harrte der verhinderte Attentäter stundenlang mit einer geladenen Pistole in der Tasche im Vorraum aus. Er wurde nicht durchsucht und fiel nicht weiter auf, doch erneut war Hitler durch einen unfassbaren Zufall mit dem Leben davongekommen.

Heinz Drossel ahnte nichts von den Aktivitäten der Generalstäbler Stauffenberg und Tresckow in Berlin. Er tat an seinem Platz das, was er für anständig hielt, und versuchte anderen dabei zu helfen, ihren Weg zwischen Anpassung und Verweigerung zu finden. Nach langem Fronteinsatz war Heinz Drossel zum Leutnant befördert worden. Der Jurist hatte als Gerichtsoffizier im Bewährungsbataillon 561 Soldaten zu betreuen, die mit der Militärjustiz in Konflikt geraten waren und zur »Bewährung« an die Front »durften«. Im ZDF-Interview erinnert er sich an einen Fall: »Da ist ein Ersatz gekommen. Und darunter ist ein junger Wiener, vielleicht 20 Jahre alt. Der ist nach einer Woche in seiner Kompanie zu seinem Waffenfeldwebel gegangen, hat alle seine Waffen abgegeben und hat dem Waffenfeldwebel erklärt, er brauche sie nicht, er schieße nicht auf Menschen. Das verbiete ihm sein Gewissen, und er wolle mit diesem Krieg nichts zu tun haben.« Heinz Drossel versuchte, den Mann vor dessen eigenem Gewissen zu retten – er beschwor ihn, zu widerrufen, um eine mildere Strafe zu erwirken. »Ich habe es stundenlang versucht und gesagt: ›Hör mal – sag, du hast dir das überlegt. Tu's deiner Mutter zuliebe.‹ Die Antwort war: ›Meine Mutter würde mich verstehen. Ich könnte meiner Mutter nicht wieder unter die Augen treten, wenn ich hier als Soldat auf Menschen schießen würde.‹ Ich habe ihm gesagt: ›Menschenskind, kein Mensch kann kontrollieren, ob du auf Menschen schießt, schieß doch in die Luft.‹« Doch Drossels pragmatischer Ratschlag fand kein Gehör – der Junge berief sich erneut auf sein Gewissen. »Er blieb auch vor Gericht dabei und wurde zum Tode verurteilt.« Die Totalverweigerung des jungen Soldaten wurde nach den damaligen Maßstäben streng geahndet; Drossel wohnte der Hinrichtung bei. »Ich durfte noch bei ihm bleiben bis zum Schluss – wir umarmten uns dann, und er sagte: ›Grüß meine Mutter bitte von mir.‹« Drossel kommt zu einem bemerkenswerten Urteil über den Totalverweigerer. »Er ist der einzige Held, den ich in meinem Leben kennengelernt habe. Ein Mensch, der bis zur letzten Konsequenz sehenden Auges nur seinem Gewissen folgt.«

Die Hinrichtung des Totalverweigerers brachte Heinz Drossel noch weitere Erkenntnisse in Bezug auf Gewissensfragen, die sich innerhalb der Wehrmacht stellten: »Ich habe im Gespräch mit Angehörigen des Exekutionskommandos erfahren, dass zwei Soldaten, die ausersehen waren, ihn zu erschießen, sich geweigert haben. Sie haben in entsprechender Form darum gebeten, an der Exekution nicht teilnehmen zu müssen. Dem ist anstandslos sofort entsprochen worden, es wurden andere eingeteilt.« Das oft bemühte Klischee, dass »man sich zu den zu Erschießenden dazustellen konnte, wenn man sich weigerte«, ist nicht haltbar. Man weiß heute nach zahlreichen Einzelfalluntersuchungen, dass ebendiese spezielle Weigerung in der Regel keine schwerwiegenden Konsequenzen hatte. Das war wohl möglich, weil sich die Wehrmachtführung generell darauf verlassen konnte, dass die Masse der deutschen Soldaten im System von Befehl und Gehorsam funktionierte – auch und gerade unter extremem Druck. Die meisten wussten: Von der Front, wo das Sterben alltäglich wurde, gab es kein Entkommen, es sei denn durch Verwundung oder Tod. Doch die Strukturen einer funktionierenden Truppe boten ein gewisses Maß an Berechenbarkeit in einem immer chaotischer und mörderischer werdenden Krieg. Halt und Sicherheit versprach nur der engere Kreis der Kameraden. Doch wer diese Sicherheit suchte, stand andererseits unter dem Zwang, sich dem Druck der Gruppe zu beugen. Besonders unter den Bedingungen der Ostfront fiel das den meisten nicht schwer.

»Eine Art Erholungsraum für die Wehrmacht«: Deutsche Soldaten besuchen ein Kino im besetzten Frankreich

Ich war glücklich, in Paris zu sein. Man hat seinen normalen Dienst gemacht und sich in der Freizeit in der Stadt amüsiert. Man lernte Mädchen kennen, flirtete. Man konnte ins Theater, in Filme oder in Konzerte gehen. Wenn man in Urlaub fuhr, dann konnte man den Eltern und den Bekannten zu Hause allerhand Dinge mitbringen, die man im Deutschen Reich normalerweise nicht bekam.

Hans Heisel, Marinefernschreiber, lief zum Widerstand über

Derartige Faktoren, die eine Truppe zusammenschweißten, wirkten jedoch während des Krieges nicht überall gleich stark. Im besetzten Frankreich erlebten bis zum Juni 1944 unzählige Soldaten der Wehrmacht eine andere Seite des Zweiten Weltkriegs. Zum einen wurden hier die dezimierten Einheiten, die von der Ostfront kamen, wieder aufgefüllt und weiter ausgebildet. So wurde Frankreich zu einer Art Erholungsraum für die Wehrmacht. Viele andere Soldaten, die ständig als Besatzer in Frankreich Dienst taten, konnten sich von den Schrecken der Ostfront nur durch die Berichte der Wochenschauen ein Bild machen. Dem Marinesoldaten Ludwig Baumann reichte das – die Aufnahmen, die er mit seinen Kameraden schon im Spätherbst 1941 in den deutschen Soldatenkinos in Bordeaux sah, ließen ihm keine Ruhe. »Die Wehrmacht hat ja riesige Kesselschlachten geschlagen bis nach Moskau. In jedem Kessel viele hunderttausend russische Kriegsgefangene – wir sahen das.« Als der Winter kam und die deutschen Soldaten nur mit Kleiderspenden aus der Heimat vor dem Erfrieren bewahrt werden konnten, begannen Baumann und seine Kameraden nachdenklich zu werden. »Wir haben uns hingesetzt und diskutiert und uns gefragt: Die Russen auf freiem Feld, die Kriegsgefangenen bei 40 Grad unter null, die müssen doch alle erfrieren und verhungern. Und so war es ja auch. Und da haben mein Freund und ich gesagt: Nein, das wollen wir nicht mehr mitmachen, diese Verbrechen, diesen Krieg, wir wollen einfach leben!«

Baumann – der als »schlechter Soldat« galt und das Militär verabscheute – und sein Kamerad fassten den Entschluss, zu desertieren. Damit begaben sie sich auf einen hochgefährlichen Weg. Als Deserteure konnten sie unter Kameraden und in der deutschen Bevölkerung kaum auf Verständnis oder gar Hilfe bauen. Sie wurden zu Außenseitern, die damit rechnen mussten, denunziert zu werden. Doch Baumann und sein Kamerad wollten einstweilen nicht nach Deutschland, sondern ins unbesetzte Vichy-Frankreich. Französische Helfer unterstützten ihren Plan: »Es war nachts, die Franzosen warteten mit einem kleinen Laster um die Ecke. Dort bekamen wir dann Zivilzeug; und dann haben sie uns zur innerfranzösischen Grenze gefahren, nur 40 Kilometer weg, dort haben wir uns erst mal in die Büsche gehauen.« Doch wenig später liefen sie einer deutschen Zollstreife in die Arme: »Sie hatten die Gewehre umgehängt, wir hatten Pistolen in der Tasche; wir hätten sie erschießen können. Wir haben's nicht getan. Ich will das nicht glorifizieren, aber wir haben's nicht tun können«, erzählt Baumann im ZDF-Interview. Was folgte, war die Aburteilung vor einem Kriegsgericht: »Mit dem Todesurteil hab ich nicht gerechnet, weil ich ja nicht mal einen Tag weg war. Und dann wurden wir zum Tode verurteilt.« Doch Baumann wurde – im Gegensatz zu vielen anderen – nicht hingerichtet. Er kam in das KZ Esterwege, eines der berüchtigten »Moorlager« im Emsland, und später er in das Wehrmachtsgefängnis Torgau: »Wie ich heute aus der Akte weiß, wurde das Urteil sieben Wochen später in zwölf Jahre Zuchthaus umgewandelt – zu verbüßen nach Kriegsende. Ich hab's nicht erfahren. Ich war zehn Monate in der Todeszelle, Tag und Nacht an Händen und Füßen gefesselt, jeden Morgen, früh, wenn die Wachen wechselten, dachte ich, jetzt holen sie dich raus. Und wenn sie an der Zelle vorbei waren, dann war ich wieder für einen Tag gerettet. Es war so ein Grauen, es verfolgt mich heute noch traumatisch.«

Zur Gesamtzahl der Deserteure in der Wehrmacht gibt es kontroverse Annahmen: Ein geschätzter Maximalwert bis Ende 1944 liegt bei etwa 300 000 Fällen. Realistischer sei eher eine Zahl von 100 000 Deserteuren, schreibt dagegen Dr. Benjamin Ziemann, Historiker an der Universität Sheffield. Die Dunkelziffer sei jedoch zum Kriegsende hin kaum zu benennen. Anschaulich wird die Zahl 100 000, wenn man bedenkt, dass dies der Stärke von knapp sieben Divisionen entsprach. Bei einer Gesamtzahl von 17,3 Millionen Wehrmachtsoldaten, die während des Zweiten Weltkriegs dienten, blieben die Deserteure jedoch noch immer eine sehr kleine Minderheit. Doch Ziemann betont auch: »Sowohl von ihrem Umfang her als auch im Hinblick auf die Folgen für Militärbehörden und Soldaten war Fahnenflucht die bedeutsamste Verweigerungsform in der Wehrmacht.« Im deutschen Heer gab es ab dem Sommer 1943 eine bemerkenswerte

Zunahme von Desertionen, die wohl der aussichtsloser werdenden Kriegslage geschuldet war – hatte doch nach der Panzerschlacht bei Kursk die Sowjetarmee an der Ostfront eindeutig die Initiative übernommen, während in Sizilien die Westalliierten gelandet waren; in der Heimat war die Stadt Hamburg gerade durch einen schrecklichen Feuersturm zerstört worden, verursacht durch einen der bislang schwersten alliierten Bombenangriffe.

Doch darf man Fahnenflucht ohne Weiteres als »Widerstand in der Wehrmacht« bewerten? Ziemann differenziert und macht aufschlussreiche statistische Angaben über die Beweggründe deutscher Deserteure: Mindestens 15 Prozent nannten eindeutig politische und religiöse Motive; zu ihnen gehörten vorwiegend Kommunisten, SPD-Anhänger und Katholiken. Die größte Gruppe – mehr als 50 Prozent aller Deserteure – setzte sich aus »Kriegsmüdigkeit« von der Truppe ab. Sie gaben an, die Vergeblichkeit des Krieges gesehen zu haben, oder machten die Sehnsucht nach Familie oder Frau geltend. 15 bis 20 Prozent hatten Delikte innerhalb der Wehrmacht begangen: Wachvergehen, unerlaubte Entfernung von der Truppe, Urlaubsüberschreitung, Gehorsamsverweigerung; viele gaben an, dass sie sich in kurzschlussartiger Panik der gefürchteten Militärjustiz und weiterer Ermittlung entziehen wollten. Die Basis für diese »statistischen Werte«, so gibt Ziemann zu bedenken, sei schmal, aber die grobe Dreiteilung – direkte Opposition, allgemeine Kriegsmüdigkeit und individuelle Strafauffälligkeit – gebe einen Eindruck dessen, warum Soldaten desertierten. Bei etwa der Hälfte der ausgewerteten Fälle ließ sich nachweisen, dass die Deserteure von einem »linksproletarischen oder katholischen Milieu geprägt waren«, schreibt Ziemann und folgert: »Die in Elternhaus und Bekanntenkreis verbreiteten Wertvorstellungen hatten ihnen offenbar moralische Normen und Urteilskategorien vermittelt, die eine innere Distanzierung von Wehrmacht und Kriegsgeschehen zur Folge hatte.«

Viele verurteilte Deserteure zahlten einen hohen Preis für ihre Fahnenflucht. 35 000 Fälle von Desertion wurden vor deutschen Kriegsgerichten verhandelt, in 22 750 Fällen wurden Todesurteile ausgesprochen, davon wurden 15 000 vollstreckt. Nach Paragraph 69 des Militärstrafgesetzbuchs galt derjenige als schuldig, der die »Absicht« hatte, sich der »Verpflichtung zum Dienst in der Wehrmacht dauernd zu entziehen«. Als Mindest-

»Von extrem nationalsozialistisch eingestellten Offizieren geführt«: Angehörige eines
Strafbataillons der Wehrmacht während der Ausbildung in Belgien, 1942

strafe dafür waren sechs Monate Gefängnis vorgesehen, auf Desertion »im Felde« oder in schweren Fällen stand lebenslängliches Zuchthaus oder Todesstrafe. In einer von Hitler unterschriebenen Richtlinie vom 14. April 1940 hieß es: »Die Todesstrafe ist geboten, wenn der Täter aus Furcht vor persönlicher Gefahr gehandelt hat … Eine Zuchthausstrafe wird … als ausreichende Sühne anzusehen sein, wenn jugendliche Unüberlegtheit, falsche dienstliche Behandlung, schwierige häusliche Verhältnisse oder andere nicht unehrenhafte Beweggründe für den Täter hauptsächlich bestimmend waren.« Dennoch zeigte sich, dass deutsche Militärrichter im Zweiten Weltkrieg exzessiven Gebrauch von der Todesstrafe machten – sie schienen der Darlegung Hitlers in *Mein Kampf* zu folgen, nach der zu gelten hatte: »An der Front kann man sterben, als Deserteur muss man sterben.« So wurden die 15 000 hingerichteten deutschen Deserteure Opfer einer ideologisierten Abschreckungsjustiz, die brutal versuchte, »die Manneszucht« in der Armee aufrechtzuerhalten, und »Wehrmachtsschädlinge« gnadenlos verfolgte. Der Vergleich mit dem Ersten Weltkrieg macht die wahre Dimension dieser Zahl deutlich: In der kaiserlichen Armee, die etwa 13,5 Millionen Soldaten mobilisiert hatte, wurden von 1914 bis 1918 geschätzte 130 000 Mann wegen Desertion verurteilt, 49 erhielten ein Todesurteil, an 18 Verurteilten wurde es vollstreckt. Viele überlebende deutsche Deserteure des Zweiten Weltkriegs trugen den Makel der Verurteilung noch Jahrzehnte. Erst im Jahr 2002 wurden sie mit der Verabschiedung des »Gesetzes zur Aufhebung nationalsozialistischer Unrechtsurteile« durch den Bundestag rehabilitiert.

Der Deserteur Ludwig Baumann erlebte das Kriegsende an der Ostfront im »Bewährungsbataillon 500«. Bewähren mussten sich in diesen Strafeinheiten jene Soldaten, die aus verschiedensten Gründen mit der Wehrmachtjustiz in Konflikt geraten waren – und das waren nicht nur Deserteure. In eine andere Kategorie von Sondereinheiten fiel ein Verband, der ab Herbst 1942 aufgestellt wurde: In der »Afrikabrigade 999«, die später zur »Afrikadivision 999« wurde, dienten Männer, die bis dahin als »wehrunwürdig« gegolten hatten – dazu gehörten entlassene Strafgefangene und Zuchthäusler, die aus dem Vollzug kamen, sowie KZ-Gefangene, die als »Schutzhäftlinge« eingesessen hatten. Unter diesen neuen Soldaten fanden sich auch zahlreiche »Politische«, also Kommunisten und Sozial-

Oben: »An der Front kann man sterben, als Deserteur muss man sterben«: Eine Verhandlung vor einem Feldgericht der Wehrmacht
Unten: »Er musste mit den Wölfen heulen«: Karl-Heinrich von Stülpnagel war von 1942 bis 1944 deutscher Militärbefehlshaber in Frankreich

Warnung | Avertissement

Jeder Franzose, der die Waffen gegen die deutschen Besatzungskraefte erhebt oder Massnahmen unterstützt, die die deutsche Verteidigung schwaechen, stellt sich ausserhalb des Voelkerrechts und wird ohne Gnade als Freischaerler behandelt. Die Bewohner des Landes müssen sich darüber klar sein, dass Terrorgruppen oder Banditen jede Gemeinde, die ihnen Unterkunft, Versorgung oder Nachrichtenhilfe gewaehrt, zum Kampffeld machen und damit die Folgen des Bürgerkrieges und Aufstandes auf sie lenken.

Jede Ortschaft, in der oder in deren Naehe Überfaelle auf Deutsche stattfinden, muss damit rechnen, im Kampf vernichtet zu werden.

Der Befehlshaber Nordostfrankreich.

Tout Français qui prend les armes contre les forces allemandes d'occupation ou qui donne son appui à des entreprises affaiblissant la défense allemande, se met en dehors du droit des gens et sera traité sans merci de franc-tireur. Les habitants du pays doivent se rendre compte clairement que les groupes de terroristes ou les bandits transforment en champ de bataille toute commune qui leur donne asile, les ravitaille ou leur donne des renseignements et attireront sur eux les suites de la guerre civile et de la révolte.

Toute localité dans laquelle ou dans les environs de laquelle auront lieu des attentats sur des Allemands doit s'attendre à être détruite en combat.

Le Befehlshaber Nordostfrankreich.

Oben: »Zum Nachdenken gebracht«: Bekanntmachungen wie diese aus dem Jahr 1941 lösten bei manchen Wehrmachtsoldaten Gewissenskonflikte aus
Unten: »Bedrückende Atmosphäre«: Festgenommene Widerstandskämpfer der Résistance mussten mit dem Todesurteil rechnen

241

demokraten. In der Regel wurden die »politisch unzuverlässigen« Soldaten von extrem nationalsozialistisch eingestellten Unteroffizieren und Offizieren geführt und in Schach gehalten – diese verstanden es zudem, Kriminelle, die ebenfalls in diesen Einheiten dienten, gegen die »Politischen« auszuspielen. Ein Teil der Truppe kam 1943 in Tunesien zum Einsatz. Ihre Führung bestätigte ihnen später, »tadellos« gekämpft zu haben. Dennoch gab es Akte der Verweigerung unter den »Politischen« – ein Teil der ursprünglichen »999er« lag im Winter 1943 an der Ostfront am Dnjepr, dort lief eine Reihe kommunistischer Soldaten über den gefrorenen Fluss zu den Sowjets über. Im darauf folgenden Frühjahr kam es zu einer echten Massendesertion – bei Simferopol wechselten am 13. April zwei deutsche Kompanien der »999er« die Front. Sie sollen sich den Sowjets als Aufklärer zur Verfügung gestellt haben; zwei der Überläufer berichteten später, sie hätten im Frühjahr 1945 bei Hirschberg und Chemnitz Fallschirmaktionen hinter den deutschen Linien durchgeführt. Andere wurden Frontbeauftragte des »Nationalkomitees Freies Deutschland«, die ihrerseits deutsche Soldaten zum Überlaufen bewegen sollten. Die Tätigkeit des »Nationalkomitees« bestand unter anderem aus Widerstandsaktivitäten kriegsgefangener Wehrmachtangehöriger und Überläufer, die unter der Regie des Kriegsgegners organisiert wurden – sie sollten deshalb nicht Gegenstand dieser Betrachtung über den »Widerstand in der Wehrmacht« sein.

Das Überlaufen zum Gegner musste nicht unbedingt an der Front geschehen. In Frankreich gab es unter den Besatzungssoldaten einzelne, die sich von der eigenen Seite innerlich abwandten und daraus Konsequenzen zogen. Wie etwa Kurt Hälker – der Marine-Fernschreibsoldat war in Paris stationiert und fühlte sich vom Auftreten seiner Landsleute in Uniform angewidert: »Dort war eine Besatzungsmacht, die sich herausnahm – auch im individuellen Verhalten zu den Franzosen –, als der Herrschende aufzutreten. Das drückte sich aus in Demütigungen; im Restaurant oder in den Verkehrsmitteln, im gesamten öffentlichen Leben. Man war der Beherrscher in diesem Land. Danach hatte sich alles zu richten. Man war der Herrenmensch«, erinnert sich Hälker. Doch die Franzosen nahmen die Besatzung nicht widerstandslos hin. Ab August 1941 mehrten sich die Aktivitäten gegen die Deutschen. Auf Anschläge der Résistance reagierten die Besatzungsbehörden mit »Sühnemaßnah-men«. Sie ließen Geiseln nehmen und zur Ab-schreckung hinrichten – und machten dies auf Plakaten bekannt. »Diese Ankündigungen bezie-hungsweise die Vollzugsmeldungen über die Exe-kution von französischen Widerstandskämpfern, die als Terroristen bezeichnet wurden, haben mich tief getroffen. Und mich zum Nachdenken gebracht über das, was da geschah. Ob das mit eigenen Haltungen vereinbar wäre, ob man das billigen könne. Und dann begann ein Prozess des Nachdenkens über diese Frage: Wie verhältst du dich in der Zukunft, kannst du das mittragen?« Die Gewissensfrage stellte sich für Hälker in ganz praktischer Hinsicht: »Das konnte jeden Tag auf mich zurückschlagen. Denn unter anderem gab es einen Befehl, dass Exekutionskommandos aus allen Teilen der Wehrmacht nicht nach Plan, son-dern zufällig zusammengestellt werden konnten.

Es war eine bedrückende Atmosphäre, ständig wurden Razzien durchgeführt: gegen die Résistance, gegen Juden, gegen jeden, den man des Widerstands verdächtigte. Es war an der Zeit, dass es aufhörte.

Maurice Kriegel-Valrimont, Kämpfer der Résistance

Ich war nicht gegen die Deut-schen, sondern gegen die Nazis und gegen deren Besatzungs-politik. Ich bin damals nicht angetreten, um auf Deutsche zu schießen. Ich bin angetreten, um für die Befreiung des deut-schen Volkes von der Nazi-diktatur zu wirken. Das war mein Ziel.

Kurt Hälker, Marinefernschreiber in Paris, lief zum Widerstand über

Es hätte mich auch treffen können, dass ich eines Tages vor einer Gruppe von Franzosen gestanden hätte, die für ihre Freiheit kämpften, und ich hätte sie niederschießen müssen. Das war für mich unerträglich.«

Einige Monate lang – von Februar bis Mai 1942 – trugen die Todesur-teile die Unterschrift des deutschen Militärbefehlshabers in Frankreich, General Karl-Heinrich von Stülpnagel, eines Mannes, der dem Wider-stand innerhalb der Wehrmacht zugerechnet werden muss. Er hatte sich schon 1938 als Oberquartiermeister II im Stab von Generaloberst Halder mit Putschplänen gegen Hitler befasst. Wie andere Männer, die wir heute als Mitglieder des Widerstands innerhalb der Wehrmacht kennen, war er nicht frei von Verstrickungen in Hitlers verbrecherischen Krieg. Als Oberbefehlshaber der 17. Armee hatte er bis Oktober 1941 an der Ost-front gedient. Im Rücken seiner Armee war das Sonderkommando 4b ein-gesetzt; Stülpnagel hatte sich um eine reibungslose Zusammenarbeit be-müht und vorgeschlagen, nach feindlichen Sabotageakten zu Repressa-lien zu greifen. In einem Befehl von Stülpnagels vom 30. Juli 1941 heißt es: »Kollektive Maßnahmen nicht wahllos treffen!« Als bevorzugtes Ziel hätten vielmehr »jüdische und kommunistische Einwohner« zu gelten. Träger der Bandenbildung seien »jüdische Komsomolzen«. Obwohl er als ein humanistisch gebildeter Schöngeist galt, setzte er wie viele Vertreter seiner Generation Judentum und »Bolschewismus« auf erschreckend vereinfachende Weise gleich. Das Beispiel Stülpnagels zeigt, dass man Hitlers primitive Ansichten über den »jüdischen Bolschewismus« teilen und den Diktator gleichzeitig als Gefahr für die Zukunft Deutschland betrachten konnte. Auch nach seiner von ihm persönlich erbetenen Ablösung von dem Kommando an der Ostfront und der Ernennung zum Militärbefehlshaber in Frankreich war Stülpnagel bis zum Mai 1942 verantwortlich für Aktionen, die ihn in ein ungünstiges Licht rückten. Am 17. April 1942 befahl Stülpnagel nach einem Anschlag auf einen Schnellzug der Wehrmacht, sofort 30 Kommunisten und Juden zu erschießen und, falls die Täter nicht innerhalb von drei Tagen nach der Veröffentlichung der Bekanntmachung ermittelt seien, 1000 Kommunisten, Juden und dem Täterkreis nahestehende Personen nach dem Osten zu deportieren sowie weitere 80 Menschen zu erschießen. Damit folgte er einem direkten Befehl Hitlers – zumindest nach außen hin. Sein Sohn, Walter von Stülpnagel, damals ein junger Offizier der Wehrmacht, verteidigt im ZDF-Interview seinen Vater als einen Mann, der sich in dieser Situation selbst einen gewissen Handlungsspielraum verschaffte: »Da nach drei Tagen die Täter nicht geschnappt worden waren, hat er nach oben gemeldet: Die Erschießung von 80 Juden und Kommunisten wird vorläufig ausgesetzt, wir haben Spuren, und wir hoffen, dass wir der Täter in Kürze habhaft werden. Das hat er noch ein paarmal gemacht, und nach sechs Wochen hat er die Angelegenheit überhaupt voll eingestellt. Es sind auch durch ihn keine Kommunisten und Juden deportiert worden. Er hat also, statt 110 Leute exekutieren zu lassen, 24 sowieso Bestrafte erschießen lassen. Man muss sich mal vorstellen, was für ein Risiko er damit eingegangen ist. Es ist eine Weisung des ›Führers‹ gewesen, 110 Juden und Kommunisten zu erschießen. Ein ›Führer‹-Befehl war das Höchste und Oberste, was es damals gegeben hat. Es ist ein ungeheures Risiko, das er damals eingegangen ist.«

Auch Kurt Hälker, als Marinesoldat in Paris ein Untergebener Stülpnagels, ging in seinem Zuständigkeitsbereich enorme Risiken ein. Wer die Erschießungsbefehle gab oder unterschrieb, war ihm gleich – er wollte Schlimmeres verhindern. Ein Maat des »Marinekommandos Atlantik« hielt ihn für vertrauenswürdig und machte Hälker zum Mitglied einer Gruppe, die Kontakt zur Résistance hatte. Deutsche Emigranten im Untergrund waren innerhalb des französischen Widerstands im »Travail Allemand« (TA) organisiert, um Wehrmachtsangehörige politisch zu beeinflussen. »Es gab mutige Frauen, politische Emigrantinnen, die in Frankreich tätig waren und die vor allem unter Wehrmachtangehörigen Arbeit leisteten, um sie für eine Antikriegsposition gegen Hitler zu gewinnen. Und die vor allem dazu aufforderten, keine Verbrechen gegen Franzosen zuzulassen oder sich gar daran zu beteiligen.« Sie suchten gezielt den Kontakt – erfolgreich waren sie oft bei einfachen Stabssoldaten. In den Stäben waren Mannschaftsdienstgrade von Offizieren und Unteroffizieren umgeben, die eine gewisse Distanz wahrten. Sie waren isolierter als Soldaten, die ihren Dienst in den üblichen militärischen Großgruppen und Verbänden leisteten. Die eher »einsamen« Mannschaftsdienstgrade in den Stäben hatten gleichzeitig wesentlich mehr Bewegungsfreiheiten als der Durchschnittssoldat. Diese Freiheiten sollten nun im Sinne der Résistance genutzt werden; einstweilen, um konspirativ Informationen zu verbreiten: »Wir wurden ausgerüstet mit Propagandamaterialien, Flugblättern. Man darf sich jetzt keine Broschüren vorstellen. Das waren manchmal auf Zigarettenpapier gedruckte kleine Losungen, Aufrufe, die wir versteckten.« Verteilt wurden die Zettel überall dort, wo Wehrmachtsoldaten verkehrten. »Man hat sie in Soldatenheimen und in Soldatenkinos deponiert. Man hat sie in Lastkraftwagen, die abgestellt waren, hineingeworfen – durch das Fenster, das einen Spalt offen stand. Man hat sie in Metro-Wagen, die sehr stark frequentiert waren, durch Soldaten, deponiert.« Informationsmaterial erhielten Männer wie Kurt Hälker bei konspirativen Treffen. Oft kam man in Hinterzimmern von Wäschereien oder Friseuren zusammen – Orten, die in Paris jeder deutsche Soldat aufsuchen konnte, ohne aufzufallen. Hälkers Kamerad Hans

> **Jeder einzelne Angehörige der Wehrmacht, den wir gewonnen haben, war sehr wichtig. Er lieferte Informationen, nahm unsere Flugblätter entgegen, und konnte vor allen Dingen Waffen liefern – Revolver, Handgranaten und so weiter.**
>
> Peter Gingold, deutscher Emigrant im französischen Widerstand

Heisel, der ebenfalls der »Résistance-Gruppe« im deutschen Marinestab angehörte, ging noch weiter: »Wir haben auch versucht, der Résistance zu helfen, an Waffen zu kommen. Das war relativ einfach. Zum Beispiel in Schwimmbädern, die nur von deutschen Soldaten benutzt worden sind, gab es Möglichkeiten, manchmal ganze Aktentaschen voll Pistolen einzusammeln.« Die Pistolentaschen hingen an Koppeln in den Umkleideräumen – während die Besitzer badeten oder Schwimmwettkämpfe austrugen, stahl Heisel ihre Waffen und übergab sie Männern des französischen Widerstands. Was Männer wie Kurt Hälker und Hans Heisel taten, darf in der Diskussion um den Widerstand in der Wehrmacht nicht unterschätzt werden. Ihre Aktionen erforderten großen persönlichen Mut und eine klare antinazistische Überzeugung. Nicht nur der Diebstahl von Waffen galt als »Begünstigung des Feindes«, gerade auch die Verbreitung von Propaganda und Informationen war in einem System, das den freien Informationsfluss systematisch unterdrückte, ein gefährliches Unterfangen und wurde hart bestraft. Dennoch: Solche Akte des Widerstands unter einfachen Soldaten waren wohl nur unter den Bedingungen der Besatzung in Frankreich möglich – sie waren Einzelfälle und fanden nach dem Krieg in Deutschland kaum Beachtung. Hälker und Heisel schlossen sich noch während der Befreiung von Paris den französischen Truppen an; sie versuchten später in Propagandaabteilungen durch Lautsprecheraufrufe an der Front deutsche Soldaten zur Aufgabe zu überreden. Beide Veteranen wurden in Frankreich nach dem Krieg hoch geehrt.

Im Juli 1944 aber machten andere deutsche Soldaten, die im Widerstand gegen Hitler standen, von sich reden. Der Krieg hatte einen Wendepunkt erreicht, die Hoffnungen des Reiches auf den »Endsieg« waren dramatisch gesunken. In Nordwestfrankreich wurden nach der geglückten Landung der Alliierten schwere Schlachten geschlagen, im Osten hatte die Rote Armee mit der »Operation Bagration« eine Sommeroffensive gestartet, die nicht mehr aufgehalten werden konnte. Die Ostfront war im Begriff zusammenzubrechen. Dafür waren die Chancen der Verschwörer gestiegen. Denn seit dem 1. Juli 1944 hatte der inzwischen führende Kopf der Verschwörung, Oberst Graf Schenk von Stauffenberg, eine neue Dienststellung, die ihm Zugang zu Hitlers Lagebesprechungen in dessen Hauptquartier »Wolfsschanze« verschaffte. Stauffenberg war fest entschlossen, selbst in Rastenburg eine Bombe zu platzieren. Anschließend aber – und das war der Nachteil seiner zentralen Rolle innerhalb der Verschwörung – musste er von Ostpreußen nach Berlin zurückfliegen. Dort war er als treibende Kraft unersetzlich, um vom Bendlerblock aus die »Walküre«-Maßnahmen zu koordinieren. Das Attentat sollte nur der Auftakt sein – entscheidend war das Anlaufen des Staatsstreichs. Das Ersatzheer musste in Marsch gesetzt werden, um in den deutschen Wehrkreisen, vor allem aber auch im besetzten Frankreich, aktiv zu werden. Dort hatte ein Verbündeter den Männern im Bendlerblock bereits versichert, dass er ganz im Sinne der Verschwörung handeln werde: General Karl-Heinrich von Stülpnagel. Der ließ bereits am 13. Juli 1944 den Kommandanten von Groß-Paris, Hans Freiherr von Boineburg-Lengsfeld, zu sich kommen. Beide Männer waren sich seit Langem einig: Hitler musste weg. Stülpnagel kündigte

> Ein großes Problem für die Verschwörer war die Frage: Wie wird sich das Volk verhalten im Falle eines Sieges der Putschisten? Das war eine absolute Unbekannte, und die Aussichten wurden eher skeptisch beurteilt. Denn die Mehrheit der Deutschen stand bis zuletzt hinter Hitler.
>
> Ralph Giordano, Publizist

> Die Bombe zu zünden war für Stauffenberg ein ganz schwieriger Entschluss. Nicht nur aufgrund seiner Religiosität, sondern auch in dem Bewusstsein, dass bei dem Attentat nicht nur Hitler, sondern auch andere im Raum anwesende Personen getötet würden, die das nicht verdient hätten.
>
> Ulrich de Maizière, Generalstabsoffizier

an, dass eine Aktion zur Beseitigung des »Führers« kurz bevorstehe. Sein Auftrag an den Stadtkommandanten war klar: Dessen Leute sollten genau feststellen, wo sich die Außendienststellen von SS und der SD befänden, wo die Privatwohnungen ihrer Führer lägen. Nach der Auslösung des »Walküre«-Befehls sollten die Schergen der NS-Gewaltherrschaft festgesetzt werden.

Sieben Tage später, am Nachmittag des 20. Juli 1944, nahm Alfred Schneider, Soldat im Stab des »Oberbefehlshabers West«, einen Anruf aus dem Stab des Militärbefehlshabers in Frankreich entgegen, der ihn stutzig machte. Da sei so ein merkwürdiges Fernschreiben folgenden Inhalts eingegangen: »Der Führer Adolf Hitler ist tot. In dieser Stunde höchster Gefahr hat die Reichsregierung zur Aufrechterhaltung von Recht und Ordnung den militärischen Ausnahmezustand verhängt ...« Noch wussten die Fernmelder in Paris nicht, dass an diesem Tag gegen 13 Uhr eine Bombe im »Führer«-Hauptquartier explodiert war – gezündet von Oberst Stauffenberg, der seitdem auf der Flucht war. »Und dann kamen

»Rauchende Trümmerhaufen«: Die zerstörte Lagebaracke in der »Wolfsschanze« nach der Explosion der Bombe Stauffenbergs

die Widerrufe. Und dann kamen Telefonate. Die Stäbe in Frankreich haben sich gegenseitig angerufen: Was weißt du? Was hast du gehört? Hast du Rundschreiben von Berlin bekommen und was ist der Inhalt?«

Während im Berliner Bendlerblock die Verschwörer bereits wussten, dass Hitler das Attentat nahezu unverletzt überlebt hatte, herrschte in Paris länger Unklarheit. General von Stülpnagel war indes zu allem entschlossen – trotz der Zweifel am Tode Hitlers. Er unterstützte die Akteure in Berlin ohne jedes Wenn und Aber: Und so lief in Paris nun die Maschinerie an, die im »Walküre«-Befehl festgelegt war: »Plötzlich kommt ein Kamerad rein und sagt: ›Wir müssen sofort zurück zum Bataillon, dicke Luft.‹ Südlich von Paris lag unser Bataillon. Dort war alles schon in Bewegung. Voralarm war gegeben worden. Dann, gegen 20 Uhr, verlas denn

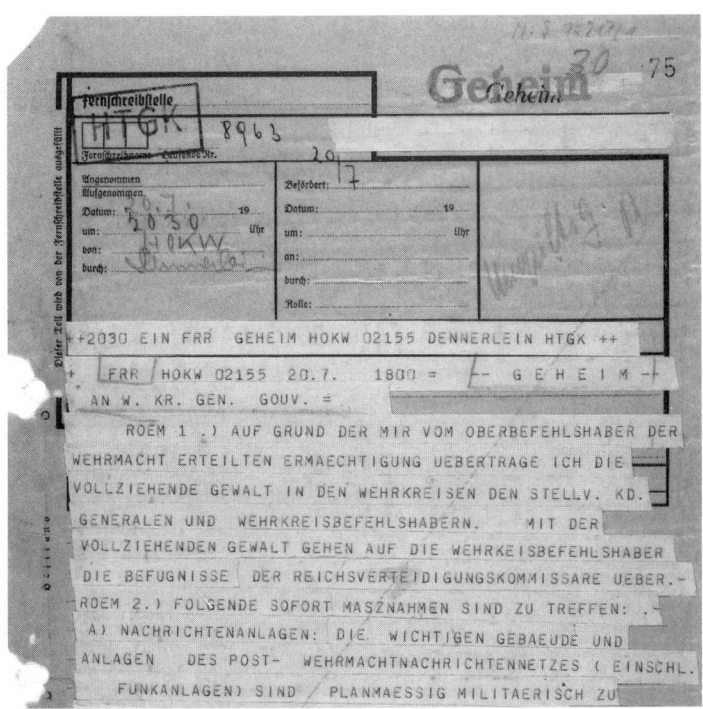

»Der Führer ist tot«: Eines der zahlreichen Fernschreiben, die im Rahmen der »Operation Walküre« von den Verschwörern verschickt wurden

Hauptmann Doktor Gesken in Vertretung des Regimentskommandeurs, der nicht da war, einen Befehl. Und der lautete etwa so: ›In der Heimat sind Unruhen ausgebrochen, der SD hat einen Putsch gemacht, Hitler ist tot. Wir haben Befehl, sofort in Paris Gestapo und SS zu verhaften‹«, erinnert sich Karl Wand, damals als Oberleutnant in Paris stationiert. Wie reagierten SS und SD? »Die waren natürlich schockiert. Sie haben nie damit gerechnet, dass plötzlich im tiefsten Frieden in einer Sommernacht von Paris, so gegen zehn, elf Uhr die Wehrmacht hereinstürmt, mit vorgehaltener Pistole, und sie zwingt, die Hände zu heben und sich zu ergeben«, berichtet Karl Wand im ZDF-Interview. Die Wehrmacht stellte sich gegen die NS-Gewaltigen in Paris; 1200 Vertreter von SS und SD wurden verhaftet. So wie in Paris hätte der Staatsstreich in allen Wehrbezirken des

Reiches ablaufen sollen. War also der »Walküre«-Plan ein Geniestreich? Oder lag der Anfangserfolg in Paris an der absoluten Entschlossenheit eines besonderen Mannes wie Karl-Heinrich von Stülpnagel?

Auch der wusste inzwischen, dass Hitler lebte. Doch er setzte in dieser Lage auf einen vermeintlichen Verbündeten – auf den Oberbefehlshaber West, Generalfeldmarschall von Kluge, dem alle deutschen Truppen unterstanden, die in Frankreich kämpften. Stülpnagel glaubte, dass sich an der Westfront nun eine Eigendynamik entfalten könnte – ob Hitler nun tot war oder nicht. Er suchte am Abend des 20. Juli von Kluge in dessen Hauptquartier in La Roche-Guyon auf, um ihn, so Stülpnagel wörtlich, »zu ersuchen, sich an die Spitze der Verschwörung in Frankreich zu stellen«. Von Stülpnagel wusste, dass von Kluge Kontakte zum Widerstand gehabt hatte. Er hoffte darauf, dass endlich ein aktiver und hoch angesehener Feldmarschall die Initiative ergreifen und die Wehrmacht den Krieg an der Westfront beenden würde. Von Kluge sollte Amerikaner und Briten um einen Waffenstillstand ersuchen. Das war die »Westlösung«, die Stülpnagel und die Verschwörer in der Wehrmacht

Irgendwann in der Nacht drang durch, dass Hitler noch lebte. Das bekamen auch die SS-Leute mit und verlangten ihre Freilassung. Dem wurde zunächst nicht stattgegeben, doch weit nach Mitternacht kam der Befehl zur Entlassung. Wir hatten natürlich eine unglaubliche Angst, vom Jäger plötzlich wieder zum Gejagten zu werden. Am nächsten Morgen hieß es: »Antreten! Der Kommandant von Großparis will eine Erklärung abgeben«. Dann hieß es, dass am Vortag eine Übung zwischen Wehrmacht und SS stattgefunden hätte. Die Übung sei erfolgreich verlaufen, wir könnten wegtreten.

Karl Wand, Offizier in Paris

schon häufiger erwogen hatten – die Truppe im Westen sollte Hitler vor vollendete Tatsachen stellen. Während der Schlachten, die in der Normandie geschlagen wurden, hatte sich bei vielen Kommandeuren und Soldaten die Erkenntnis durchgesetzt, dass die Wehrmacht diesem materiell überlegenen Gegner hoffnungslos unterlegen war. Die »Westlösung« sah deshalb vor, im Westen den Kampf einzustellen und sich aus Frankreich auf die Reichsgrenze zurückzuziehen. Der Diktator im »Führer«-Hauptquartier sollte erst gar nicht konsultiert werden, ein Separatfrieden mit den Westmächten war das Ziel. Auch dies wäre eine Art Putsch gewesen. Noch am 15. Juli etwa hatte Erwin Rommel in einem Lagebericht Hitler mit der Aussichtslosigkeit des Kampfes konfrontiert und politische Konsequenzen gefordert. Sein Schreiben endete mit den Worten: »Die Truppe kämpft allerorts heldenmütig, jedoch der ungleiche Kampf neigt sich dem Ende entgegen. Es ist m. E. nötig, die Folgerungen aus dieser Lage zu ziehen.« Auch er dachte an eine »Westlösung«; sein Schreiben erreichte indes nie den Adressaten, denn Rommel wurde am 17. Juli bei einem Tieffliegerangriff verwundet. Seine klaren Worte waren jedoch Ausdruck seines Verantwortungsbewusstseins als Truppenführer. Schon bald darauf wurde Rommel mit dem Widerstand und dem 20. Juli in Verbindung gebracht – immerhin war er so verdächtig, dass ihn im Oktober 1944 Emissäre Hitlers zwangen, Selbstmord zu begehen. Doch eine eindeutige Unterstützung oder eine Mitwisserschaft in Sachen Attentat ist bis heute nicht klar belegbar. Umso klarer aber ist, dass Generalfeldmarschall von Kluge dem Widerstandszirkel um Tresckow und Stauffenberg gewisse – wenn auch schwankende – Sympathien entgegenbrachte.

Am Abend des 20. Juli trafen Stülpnagel und sein Mitarbeiter Oberst Cäsar von Hofacker – ein Cousin von Stauffenbergs und Unterstützer des Widerstands – in Kluges Hauptquartier in La Roche-Guyon ein. Von Kluge wusste definitiv, dass Hitler lebte. Was dann geschah, beschreibt Walter von Stülpnagel, der Sohn des Pariser Verschwörers: »Mein Vater und Hofacker haben ihn bearbeitet, er möchte mitmachen, aber dann kam ja der berühmte Satz von ihm: ›Ja – wenn das Schwein tot wäre!‹ Das heißt, er hätte wohl mit-

Mein Vater begab sich zusammen mit Stülpnagel in die Residenz von Kluge, um diesen gewissermaßen das Jawort abzuringen. Doch es kam nur zu diesem immer wieder zitierten Satz von Kluge, der natürlich inzwischen wusste, dass das Attentat gescheitert war. Er sagte nur: »Solange dieses Schwein lebt, kann ich mich nicht gegen ihn stellen.«
Alfred von Hofacker, Sohn des Diplomaten Cäsar von Hofacker

»Ja, wenn das Schwein tot wäre!«: Generalfeldmarschall von Kluge verweigerte sich
erneut allen Umsturzplänen (Foto vom
21. Juli 1944)

gemacht, wenn Hitler bei dem Attentat ums Leben gekommen wäre, aber
unter diesen Umständen verweigerte er sich.« Schlimmer noch, er stellte
von Stülpnagels Befehle in Frage, als dieser ihm erzählte, dass in Paris
bereits die SS- und SD-Führer verhaftet würden. Kluge war empört und
ließ den Chef des Stabes, General Blumentritt, sofort in Paris anrufen und
diesen Befehl rückgängig machen. Doch die Aktion lief bereits; Kluge
enthob daraufhin Stülpnagel seines Postens.

Wieder war es der Zauderer von Kluge, der hier obsiegt hatte – ohne
ein erfolgreiches Attentat gab er dem Putsch keine Chance. Das war gewiss eine korrekte Einschätzung, aber sie machte auch deutlich, wie ein
Feldmarschall von Kluge sich von den anderen Verschwörern unterschied.
Diese handelten mit vollem Einsatz, waren bereit, alles zu wagen. Viele
von ihnen – auch der Attentäter von Stauffenberg – ahnten wohl, dass sie
eine ganz geringe Chance hatten. Sie waren sogar bereit, eine nur symbolische Aktion zu unternehmen: »Das Attentat muss erfolgen. Coûte que
coûte. Es kommt nicht mehr auf den praktischen Zweck an, sondern darauf, dass der deutsche Widerstand vor der Welt und vor der Geschichte
den entscheidenden Wurf gewagt hat. Alles andere ist daneben gleichgültig«, hatte Henning von Tresckow, der im Juli 1944 an der Ostfront unab-

kömmlich war, seinen Kameraden in Berlin mit auf den Weg gegeben. Er und die anderen Frondeure waren bereit, dafür auch ihr Leben einzusetzen und innerhalb der Armee ihren Ruf zu verspielen. Stauffenberg: »Es ist Zeit, dass etwas getan wird; derjenige allerdings, der etwas zu tun wagt, muss sich bewusst sein, dass er wohl als Verräter in die deutsche Geschichte eingehen wird. Unterlässt er jedoch die Tat, dann wäre er ein Verräter vor dem eigenen Gewissen.« Als Verräter in die deutsche Geschichte einzugehen – das fürchtete von Kluge mehr als alles andere. Mit seiner Absage an von Stülpnagel war der Putsch in Paris gescheitert. Der »Walküre«-Plan hatte in Frankreich bis dahin funktioniert – die straff geführte Wehrmacht konnte mit den richtigen Leuten an der Spitze die NS-Machtstrukturen leicht aushebeln. Nach dem Stauffenberg-Attentat jedoch zeigte sich, dass die Armee nur militärisch ein Machtfaktor im Dritten Reich war: Politisch konnte und wollte sie ihr Gewicht nicht in die Waagschale werfen. Die

Im Grunde wussten die Männer, dass es wahrscheinlich vergeblich sein würde. Für sie war es ein Sühnegang. Sie wollten zeigen, dass es im deutschen Volk noch so etwas wie Gewissen, Anstand und Gerechtigkeit gegeben hat.
Uta Freifrau von Aretin, Tochter Henning von Tresckows

Natürlich kam das Attentat des 20. Juli 1944 zu spät. Aber so etwas kann man nicht mit dem Terminkalender planen. Es kam doch auf die Möglichkeiten an, und die waren aufs Äußerste beschränkt.
Richard von Weizsäcker, Wehrmachtoffizier

Wir bekamen plötzlich einen Anruf aus dem Propagandaministerium. Goebbels verlangte eine Verbindung mit Hitler. Daraufhin haben wir den »Führer«-Bunker angerufen: »Mein Führer, der Reichsminister Dr. Goebbels wünscht Sie zu sprechen, darf ich verbinden?« – »Verbinden Sie.« Da obsiegte bei uns natürlich die Neugier, und wir hörten, wie Goebbels kurz die Vorgänge schilderte und dann sagte: »Ich habe hier Major Remer, er hat den Befehl, mich gefangen zu nehmen. Ich habe ihn überzeugt davon, dass Sie leben. Darf ich Major Remer an den Apparat holen?« Hitler stimmte zu und fragte: »Remer, erkennen Sie meine Stimme?« – »Jawohl, mein Führer!« – »Ich gebe Ihnen hiermit den Befehl, das ganze Regierungsviertel abzusperren und jeden Widerstand mit Waffengewalt zu brechen. Jeder, der nicht für mich ist, ist sofort zu liquidieren. Haben Sie mich verstanden?« – »Jawohl, mein Führer!« Remer hat diesen Befehl dann in Berlin ausgeführt.
Alfons Schulz, Wehrmachtsoldat, Telefonist in der »Wolfsschanze«

Wehrmacht als Instrument des Widerstands – das blieb der Wunschtraum überaus optimistischer Konspirateure.

In der Folge des Attentats wurde vielmehr deutlich, dass es in der Armee eine große Anzahl überzeugter Nationalsozialisten gab, die ihre Treue zu Hitler über alles stellten. In Berlin war es ein fanatischer NS-Offizier, der dem Putsch noch am Abend des 20. Juli den Garaus machte. Major Ernst Remer, Kommandeur des Wachbataillons »Großdeutschland«, ließ mit drei Kompanien das Regierungsviertel abriegeln – so wie es die »Walküre«-Befehle vorsahen.

Doch Remer misstraute dem angeblichen Notstand. Eigenständig ergriff er die Initiative. Er eilte zu Goebbels und ließ sich mit Hitler in der »Wolfsschanze« verbinden. Der »Führer« war wohlauf; damit war für Remer die Sache klar – er befahl seinen Truppen, den Bendlerblock zu umstellen. Die Handvoll Verschwörer um Stauffenberg, die von hier den Putschversuch ausgelöst hatten, standen auf verlorenem Posten. Sie wurden am späten Abend des 20. Juli entwaffnet und gefangen genommen. Ihr Vorgesetzter, Generaloberst Friedrich Fromm, verurteilte sie standrechtlich zum Tode – er war von den Verschwörern am Nachmittag unter Hausarrest gestellt worden, weil er sich geweigert hatte, den »Walküre«-Befehl ohne eine Bestätigung von Hitlers Ableben auszugeben. Kurz nach dem Blitzurteil des Standgerichts richtete ein Peloton des Wachregiments im Innenhof des Bendlerblocks die Gewehre auf vier deutsche Offiziere: Unter den Salven des Erschießungskommandos starben Oberst Claus Graf Schenk von Stauffenberg, Oberst Albrecht Ritter Merz von Quirnheim, Oberleutnant Bernd von Haeften und General Friedrich Olbricht.

Die Nachricht von dem Attentat überraschte die Soldaten, die an den Fronten im Einsatz waren. Karlhans Mayer, damals an der Ostfront, beschreibt seine Reaktion: »Na, so eine Schweinerei. Jetzt fallen die dem Führer noch in den Rücken.« Im Offizierskasino habe es durchaus Beunruhigung und Diskussionen gegeben. Die einhellige Meinung: »Das ging viel zu weit, dass man die Person des Führers angegriffen hat. ... Es hätte eh nicht genutzt, habe ich mir gedacht. Denn wenn er weg ist, kommt ein

> **Die vier wurden nacheinander erschossen. Es wurden jeweils die Namen aufgerufen. Soweit ich mich erinnere, starb General Olbricht als Erster, dann Stauffenberg, Mertz von Quirnheim und Haeften als Letzter. Stauffenberg rief noch: »Es lebe das heilige Deutschland!«**
>
> Erwin Schenzel, Offizier im Bendlerblock

»Das Komplott der verräterischen Offiziersclique ist zusammengebrochen«: Wehrmachtoffiziere im Bendlerblock am 21. Juli 1944

anderer, der macht es vielleicht noch schlimmer.« Und der Veteran Willi Gemmer berichtet im ZDF-Interview: »Ich war damals Unteroffizier und Gruppenführer. Die Landser waren entrüstet. Das muss ich ehrlich sagen. Die haben gedacht: ›Jetzt haben wir diese Opfer gebracht, und dann kommt auch noch so was.‹« Heinz Mittelstädt, damals Kriegsberichterstatter, hatte Stauffenberg in Afrika kurz kennengelernt. Er beschreibt seine Reaktion auf das Attentat: »Wir haben das alle als eine Schweinerei angesehen. Man konnte doch so etwas nicht in diesem schlimmen Zustand des Krieges machen. Ich habe das alles erst viel später richtig verstanden. Es ging uns nach Kriegsende erst langsam auf, dass da Menschen mit einem wunderbaren Hintergrund das Beste gewollt haben für Deutschland.«

Auch die gefangenen Generäle in Trent Park diskutierten die Ereignisse des 20. Juli. Generalleutnant Friedrich Freiherr von Broich, der 1943 in Tunesien in Gefangenschaft geraten war, lobte am 21. Juli den Attentäter Stauffenberg: »So ein fabelhafter Mann. Er ist mein Ia gewesen. … Wir haben uns oft unterhalten. Schon im Jahr 1942 ist er bei den ganzen Feldmarschällen herumgefahren und hat versucht … Er sagte, wenn die Führung weiter so bleibe, dann gebe es eine restlose Katastrophe, wie sie dann ja auch kam.« Sein Gesprächspartner an jenem Tag war Generalleutnant Theodor Graf von Sponeck, der ebenfalls im Mai 1943 in die Hände der Briten geraten war. Er kommentiert das missglückte Attentat: »Leider ist es ja nicht geglückt. Ich kann nur sagen: Dass dem Stauffenberg das nicht geglückt ist, das ist ein Jammer…!« Die versammelte Offiziersrunde ahnte, gegen wen sich Hitlers Zorn nun richten würde. General von Sponeck allerdings sah auch Vorteile in Hitlers Rachefeldzug gegen die Generalität. »Ich möchte mal sagen, so grausam es ist: Die Wut der Nazis gegen die Generäle ist ja für die kommende Zeit vielleicht gar nicht schlecht. … Im Großen und Ganzen sind alle, die jetzt verfolgt werden von der Gestapo, für eine kommende Zeit besser raus. Vielleicht ist diese Tat doch so etwas, was das Volk – sagen wir einmal – *uns* gutschreiben wird.« Laut Aufzeichnungsprotokoll führt ein nicht identifizierbarer Gesprächspartner den Gedanken fort: »Ja, also, das Volk wird sagen: Das war unser Heer! Haben wir immer gehofft! Sie haben's versucht!« Offenbar waren sich die Herren der Ironie dieses Gedankens sehr bewusst; das Abhörprotokoll verzeichnet Gelächter. Die Gefangenen schienen sich bereits auf den Tag zu freuen, an dem sich die deutsche Generalität mit dem Widerstand gegen Hitler schmücken würde. Einer der schärfsten Analysten in Trent Park war General Dietrich von Choltitz – er war im August 1944 in Frankreich gefangen genommen worden. Im Lager stellte er klar, wem dereinst die Ehre gebühren würde – nicht der deutschen Generalität, sondern ganz allein den Männern des 20. Juli: »Die kriegen alle noch mal ein Denkmal, denn es sind die einzigen vaterländischen, entschlossenen und einsatzbereiten Leute gewesen. Denn die haben gesehen, in welches wahnsinnige Unglück wir weitergeführt werden, wenn es so weitergeht.«

> »Wenn diese Zivilisten mir zu Hause sagen: ›Ihr Generäle seid schuld!‹, sage ich:
> ›Wir? Wir haben uns doch den nicht ausgesucht. Wir können doch nichts dafür,
> wenn der legal Oberbefehlshaber wird. Wir können doch nicht meutern! – Aber wer
> soll denn sonst meutern?‹«
>
> General der Infanterie Dietrich von Choltitz in Trent Park,
> Dezember 1944

Die Verschwörer, die am 20. Juli losgeschlagen hatten, waren bereit gewesen, ihr Leben zu opfern – das war für Soldaten im Kriege gewiss nichts Ungewöhnliches. Aber die Männer um Tresckow und Stauffenberg hatten einen besonders schweren Weg gewählt: Widerstand gegen die eigene Führung. Im Krieg konnte das letztlich auch als Parteinahme für den militärischen Gegner bewertet werden. Gleichzeitig wussten sie, dass die Alliierten auch einer neuen deutschen Regierung, die den Krieg beenden wollte, nicht sonderlich wohlgesonnen waren. Wie ein Menetekel stand die Forderung nach »bedingungsloser Kapitulation« im Raum. Diesen Loyalitätskonflikt nahmen die Verschwörer in Kauf. Sie wollten durch die Beendigung des Krieges weitere Opfer an Menschenleben verhindern. Sie konnten nicht einmal ahnen, dass in den neuneinhalb Monaten vom Juli 1944 bis zum Kriegsende mehr Menschen umkommen sollten als in den fünf Kriegsjahren zuvor. Die Männer, die am 20. Juli handelten, mussten außerdem einen sehr persönlichen Loyalitätskonflikt bewältigen. Sie hatten als Soldaten den Eid auf die Person Adolf Hitlers geleistet, ihm »unbedingten Gehorsam« geschworen. Wer gegen Hitler putschte, brach bewusst mit der Tradition des Treueids und des Gehorsams. Damit machten sich die Verschwörer zu absoluten Außenseitern in der Wehrmacht. Aber das zählte nicht mehr für sie, sie wollten den Verbrechen des Regimes Einhalt gebieten. Nicht mehr der »Führer« hatte das Kommando, sondern eine höhere Instanz – ihr Gewissen. Und das befahl ihnen, menschlichen Anstand als einzigen Maßstab für ihr Handeln zu setzen. Im Namen ihres Gewissens und der Menschlichkeit waren sie gezwungen, wie Verbrecher zu konspirieren. Das Attentat am 20. Juli war der Höhe- und Schlusspunkt dieser Konspiration.

> Der Entschluss dieser Offiziere, die Widerstand geleistet haben, ist natürlich auch immer im Erlebnis des Krieges begründet. Wobei das für uns eine inzwischen sehr ferne, stark nationale Komponente hatte – die Sorge um Deutschland, die Sorge um das Vaterland, und natürlich auch die Sorge, dass dieses Vaterland moralisch verkommt.
>
> Christian Hartmann, Historiker

> Ein Gewissenskonflikt lag eigentlich bei uns allen vor. Wir standen zwischen dem überlieferten anerzogenen Bewusstsein der Pflichterfüllung gegenüber dem Staatsoberhaupt, aber auch dem Volk und dem Reich, und der zunehmenden moralischen Fragwürdigkeit der Spitzenpersönlichkeiten und jetzt Hitlers. So tat man also seine Pflicht, wenn auch oft mit bedrängtem Gewissen.
>
> Ulrich de Maizière, Generalstabsoffizier

Der »Aufstand des Gewissens« war auch der Aufstand einer jüngeren Generation von Offizieren. Nicht die oberste Führungsspitze der Armee erhob sich gegen Hitler, sondern eine Riege von Stabsoffizieren bis hin zum Obersten, flankiert von einigen wenigen Generälen. Was der Konspiration immer fehlte, war eine prominente militärische Führungspersönlichkeit. Etliche Feldmarschälle der Wehrmacht wurden von den Verschwörern umworben. Keiner hat sich jedoch bereit erklärt, die Fronde tatkräftig zu unterstützen. Bemerkenswert aber ist auch die Tatsache, dass keiner der Angesprochenen die Verschwörer verriet. Offenbar fühlten sie sich innerhalb der Armee an einen gewissen Korpsgeist gebunden, der in der Tradition der Reichswehr stand. Doch der Korpsgeist reichte bei den meisten nur zum Schweigen – nicht zum Handeln.

Die meisten der Wehrmachtangehörigen, die sich gegen Hitler erhoben hatten, bezahlten ihren Einsatz mit dem Leben. Henning von Tresckow war inzwischen zum Generalmajor befördert worden – am 21. Juli stand seine 2. Armee nordöstlich von Warschau in schweren Abwehrkämpfen gegen die Rote Armee. Als er morgens von Fabian von Schlabrendorff geweckt wurde und von dem misslungenen Attentat und dem gescheiterten Staatsstreich erfuhr, wusste er, was zu tun war. Er habe eine hohe Partie gespielt, sagte er. »Wer eine solche Partie verloren hat, der muss die Konsequenzen ziehen.« Er verabschiedete sich von Fabian von Schlabrendorff: »Jetzt wird die Welt über uns herfallen und uns beschimpfen. Aber ich bin nach wie vor der felsenfesten Überzeugung, dass wir recht gehandelt haben. … Wenn einst Gott Abraham verheißen hat, er werde Sodom nicht verderben, wenn auch nur zehn Gerechte darin seien, so hoffe ich, dass Gott auch Deutschland um unseretwillen nicht vernichten wird.« Tresckow ließ sich kurz darauf an die Front bei Ostrów fahren – dort machte er sich allein auf den Weg in einen Wald. Er zündete eine Gewehrgranate und beging Selbstmord.

General Karl-Heinrich von Stülpnagel wurde am 21. Juli aus Paris abberufen: Auf dem Weg nach Berlin ließ er seine Limousine bei Verdun anhalten. Am Ufer der Maas schoss er sich eine Kugel in den Kopf. Er starb nicht, sondern erblindete nur. Sein Sohn Walter erfuhr an der Westfront von den Vorgängen in Paris, sein Vorgesetzter erlaubte ihm, nach Verdun zu reisen, wo sein Vater in einem Lazarett lag. Der schwerverletzte General konnte nicht zu ihm sprechen, erinnert sich der Sohn. »Ich habe im Stillen gesagt, Vater ich bin stolz auf dich. Das konnte ich natürlich nicht laut sagen.« Leutnant Walter von Stülpnagel wurde kurz darauf verhört, in Sippenhaft genommen und aus der Armee ausgestoßen. 1945 durfte er – »zur Bewährung« – wieder an die Front. Sein Vater starb 1944 nach der Verhandlung vor dem Volksgerichtshof am Strang in Plötzensee.

»Preußen im wahrsten Sinne des Wortes«: Generalfeldmarschall Erwin von Witzleben war einer der Verschwörer, die vor dem Volksgerichtshof angeklagt wurden

Feldmarschall Günther von Kluge – der Zauderer, der sich nie konsequent gegen Hitler gestellt hatte – führte den Kampf an der Westfront weiter. Angesichts der Kräfteverhältnisse sah er keine realistische Chance, den alliierten Vormarsch zu stoppen. Ob seines »Versagens« wurde er am 17. August auf Befehl Hitlers abgelöst und nach Deutschland zurückberufen. Auf der Rückfahrt beging er während einer Rast bei Verdun Selbstmord mit einer Zyankalikapsel.

Die Wochen nach dem 20. Juli waren eine Zeit der Verfolgungen und Verhaftungen, der Verhöre, Folterungen und Prozesse. Die beteiligten Offiziere wurden durch einen »Ehrenhof der Wehrmacht«, als dessen Vorsitzender Generalfeldmarschall von Rundstedt fungierte, aus der Wehrmacht ausgestoßen und dann vor dem Volksgerichtshof abgeurteilt. Insgesamt 21 Generäle sowie 33 Oberste und Oberstleutnante bezahlten ihren Einsatz gegen Hitler mit dem Leben – das ist ein hoher Blutzoll, wenn man bedenkt, dass nur knapp 200 Wehrmachtangehörige voll in die Attentats- und Putschpläne eingeweiht waren und bei Weitem nicht alle verhaftet werden konnten.

> Nach dem 20. Juli 1944 verhaftete die Geheime Staatspolizei etwa 600 Personen. Aber darin sind schon die Frauen, die Kinder und die Sippenhäftlinge mit einbegriffen. Das heißt, die Zahl der wirklich aktiven Verschwörer in der militärischen Opposition gegen Hitler können wir auf wenige hundert begrenzen.
>
> Johannes Tuchel, Historiker

> Diese Offiziere waren alle stolz. Das waren Preußen im wahrsten Sinne des Wortes. Sie sind in dieser Haltung gestorben.
>
> Rudolf Kuphal, Wehrmachtsoldat

In einer Armee, in der während des Krieges 17,3 Millionen Soldaten dienten – davon waren 500 000 Offiziere –, mochte eine solch kleine Gruppe wohl Pläne schmieden, doch für eine Erfolg versprechende Ausführung fehlte ihr zu jedem Zeitpunkt die Basis. Zwar hatte in der Wehrmacht die Zahl der Unzufriedenen von Kriegsjahr zu Kriegsjahr zugenommen: Die Niederlage vor Moskau 1941, die Katastrophe von Stalingrad zur Jahreswende 1942/1943, die Niederlage in Nordafrika im Mai 1943 und die darauffolgende Landung der Alliierten in Südeuropa, der D-Day 1944 – all das hatte das Reich Tag für Tag näher an den Abgrund gebracht. An den Fronten, insbesondere im Osten, starben im Sommer 1944 täglich Tausende deutscher Soldaten, in der Heimat verwüsteten Bomben die Städte. Doch die Unzufriedenheit in der Wehrmacht weitete sich nie zu einer flächendeckenden Rebellion aus. Trotz aller Aussichtslosigkeit im Kampf gegen übermächtige Gegner blieben Gehorsam und Pflichterfüllung die Regel; die allermeisten blieben ihrem Eid treu – und damit dem »Führer« des Reiches, Adolf Hitler. Widerstand in der Wehrmacht war die Ausnahme. Es gab die Männer des 20. Juli, die ihrem Gewissen folgten und dafür starben. Ihr Anschlag auf den Diktator

»Die Rache des Regimes«: Im Berliner Gefängnis Plötzensee wurden nach dem 20. Juli 1944 fast Dutzende Verschwörer hingerichtet

war der spektakulärste Akt des Widerstands in der Wehrmacht. Im Schatten des Attentats und seiner Folgen wird oft vergessen, dass es andere Soldaten gab, die Widerstand leisteten – den Widerstand des »kleinen Mannes«. Viele schöpften in ihrer Dienststellung und in ihrem persönlichen Zuständigkeitsbereich die Entscheidungsspielräume voll aus – und verhinderten damit Unrecht. Manche riskierten Kopf und Kragen und wurden zu Rettern von Verfolgten und Todgeweihten. Einige Soldaten suchten die Kooperation mit dem Gegner, um Hitlers Herrschaft zu beenden. Eine größere Anzahl von Wehrmachtsoldaten desertierte. Diese »Verweigerer« hatten individuelle Gründe, nicht alle waren politisch bewusste Widerständler. Doch ihre mutige Entscheidung, nicht mehr mitzumachen, verdient Respekt. Die Masse der Soldaten aber ging den Weg, den Hitler eingeschlagen hatte, bis zum letzten Tag des Krieges mit. Es war der Weg in die totale militärische Niederlage.

Kampf bis zum Untergang

Eine eigenartige Anspannung liegt über der Stadt. Es ist die Ruhe vor dem Sturm, die den Alltag in Aachen lähmt. Zwar sind Geschäfte und Dienststellen, die von Bombenschäden verschont blieben, vereinzelt geöffnet, hier und da zeigt sich noch etwas Leben auf der Straße. Doch Luftangriffe und die herannahende Front zwingen die

»Wir haben eine Schlacht verloren, aber ich sage euch: Wir werden diesen Krieg doch gewinnen!«
Aufruf Feldmarschall Models an die Soldaten des Westheeres, Anfang September 1944

verbliebenen Bewohner Anfang September 1944, Höhlenbewohnern gleich, in die Luftschutzbunker der Stadt. »Wir hatten so das Gefühl, gleich passiert etwas«, erinnert sich Finni Kruth, die damals als Schülerin hinter meterdickem Beton ihr provisorisches Zuhause hatte. »Es hatte sich herumgesprochen, dass die Stadt nicht übergeben wird, dass uns Kämpfe bevorstehen. Aber wir wussten nicht, was auf uns zukommt.« Die Bedrohung Aachens ist greifbar, aber noch abstrakt.

Seit über einem Jahrtausend war die alte Reichsstadt Deutschlands Tor zum Westen und Grenzbastion zugleich. Wie in einer Festung ist das Stadtbild bis heute von mittelalterlichen Mauern und Wehrtürmen durchzogen. Just hier, wo einst deutsche Kaiser und Könige gekrönt wurden, sollte nun der Krieg in das Reich zurückkehren, das ihn vom Zaun gebrochen hatte. Nach der Landung der westalliierten Truppen an der französischen Normandieküste im Juni 1944 und dem Zusammenbruch der deutschen Verteidigung im Westen drangen amerikanische und verbündete Armeen schier unaufhaltsam Richtung Rhein vor. Ihrer an Material und Mannschaftsstärke weitaus überlegenen Kampfkraft hatten die versprengten und ausgebluteten Wehrmachtverbände kaum noch wirkungsvollen Widerstand entgegenzusetzen. Die Haupttätigkeit der Verteidiger bestand in einem überhasteten Rückzug.

»Die Wehrmacht schlägt den Feind zurück«: Himmler vor Soldaten der Waffen-SS an der Westfront, Herbst 1944

Somit war Aachen als westlichste Grenzstadt des Hitler-Reichs von der Einnahme durch den Feind bedroht. Um dies zu verhindern, erließ die nationalsozialistische Führung drastische Weisungen. »Im Falle eines Feindeinbruchs in Aachen ist jedes Haus zu verteidigen«, lautete in diesen Tagen ein »Führer«-Befehl. »Ein Absetzen etwa vom Süd- zum Nordrand der Stadt gibt es nicht!«

Hier ging es auch um ein Symbol. Auf Heimatboden sollte der Krieg nach dem Willen der deutschen Führung eine neue Dimension erhalten. »Jeder Bunker, jeder Häuserblock in einer deutschen Stadt«, so hämmerte eine weitere Weisung des »Führers« den Soldaten an der Westfront im September 1944 ein, »jedes deutsche Dorf muss zu einer Festung werden, an der sich [sic!] der Feind entweder verblutet oder die ihre Besatzung im Kampf Mann gegen Mann unter sich begräbt. Es gibt jetzt kein großzügiges Operieren mehr, sondern nur Halten der Stellung oder Vernichtung.« Unterstrichen wurde die Weisung mit unverhohlenen Drohungen: »Die Führer aller Grade sind dafür verantwortlich, dass dieser Fanatismus in der Truppe und in der Bevölkerung geweckt, ständig gesteigert und als Waffe gegen die Eindringlinge auf deutschem Boden zur Auswirkung

»Eigenwilliger, aber loyaler Truppenführer«:
Gerhard Graf von Schwerin

kommt. Wer … seine Aufgabe nicht unter vollem Einsatz seines Lebens löst, ist zu beseitigen und zur Verantwortung zu ziehen.«

Unter dem Diktat der personellen Verluste trat das verbissene Halten dieser »Festungen« und ganzer Frontabschnitte in der Strategie der Wehrmacht zunehmend an die Stelle einer dynamischen Kriegführung. Entgegen dem Mythos, der die Armee bis in die Nachkriegszeit umwehte, verfügte sie zu dieser Zeit weder über eine halbwegs adäquate Kampfkraft noch über ein militärisches Konzept zur Abwehr der alliierten Großoffensiven. Als Ausdruck dieser Agonie blieb weithin nur die sture Einigelungstaktik, die keineswegs gegnerische Kräfte in nennenswertem Umfang zu »binden« vermochte, aber mit immensen Opfern unter Soldaten und Zivilbevölkerung erkauft wurde.

Im Kampf um Aachen sollte die ideologische Vorgabe an die Verteidiger, sich in ihren Stellungen festzukrallen, eine Nagelprobe bestehen. Das Ringen um die »uralte deutsche Kaiserstadt«, davon gingen die Meinungsmacher im Propagandaministerium aus, werde in der Bevölkerung als »Gradmesser unserer Kampfkraft im Westen überhaupt angesehen«. In diesem Sinne schwor SS-Führer Himmler persönlich die Bewohner in ei-

ner Rede vor einem Aachener Bunker am 10. September 1944 auf den geforderten Endkampf ein.
»Die Wehrmacht schlägt den Feind zurück«, soll
der amtierende Innenminister und Ersatzheer-
Chef dort nach Augenzeugenberichten verkündet haben. »Aachen wird nicht geräumt.«

Auf seine eigenen Untergebenen allerdings
schien der Appell seine Wirkung verfehlt zu haben. Schon wenige Tage nach der Visite hatten
sich die führenden Vertreter von Staat, Polizei
und Partei aus der bedrohten Grenzstadt abgesetzt. Zurück ließen sie einen diffusen Räumungsbefehl, der die Restbevölkerung verschreckte und
für heilloses Chaos auf den Straßen sorgte.

Als die Vorausabteilungen der Wehrmacht am Abend des 12. September in Aachen eintrafen, stießen sie auf Tausende von Bewohnern vor den
Bahnhöfen und auf völlig verstopften Ausfallstraßen. Fortwährende Jagd-
bomberangriffe und erste Artillerieeinschläge verschärften die Panikstim-
mung. Die Soldaten verständigten den Kommandeur ihrer 116. Panzerdivision, den fünfundvierzigjährigen Generalleutnant Gerhard Graf von
Schwerin. Der mit Ritterkreuz, Eichenlaub und
Schwertern dekorierte Berufssoldat aus einer adligen Beamtenfamilie galt als eigenwilliger, doch
gegenüber der Führung und seinen Soldaten loyaler Truppenführer.

Als Stadtkommandant von Aachen sah er sich
nun mit einem Dilemma konfrontiert, das in diesem letzten Kriegsjahr die gesamte Wehrmacht
an allen Fronten umtrieb: weiterkämpfen oder
weichen? Sollte er die Stadt und ihre noch rund
25 000 verbliebenen Bewohner in die befohlene
Festungsschlacht hineinziehen, die nach allen vorausgegangenen Erfahrungen mit der überlegenen
Schlagkraft der Alliierten wenig aussichtsreich
schien?

Jahrzehnte nach dem Krieg gab Schwerin eine
eindeutige Antwort darauf: Er habe damals den

Versuch unternommen, »die alte Kaiserstadt aus dem Kampfgebiet herauszuhalten und vor dem Untergang zu retten«. Mehr noch: Es sei seine Absicht gewesen, mit der Aufgabe Aachens ein Loch in die Front zu reißen, somit »alles zu tun, um den Krieg zu beenden, der aussichtslos geworden war«. Vor dem Hintergrund solcher, weitgehend von ihm selbst lancierten Interpretationen entwickelte sich nach dem Krieg ein regelrechter Mythos um den zum »Retter von Aachen« erhobenen Feldherrn.

In der Tat unternahm Schwerin unmittelbar nach seinem Eintreffen in Aachen Schritte, die sich als Abweichen von der vorgegebenen Linie auslegen ließen: Die schutzlos umherirrenden verbliebenen Bewohner ließ er wieder in ihre Quartiere zurückschicken. Am nächsten Morgen hinterlegte er gar im örtlichen Fernmeldeamt eine schriftliche Nachricht »an den Kommandeur der US-Truppen, die die Stadt Aachen einnehmen: Ich habe die törichte Evakuierung der Zivilbevölkerung gestoppt und bitte Sie nun, diese zu schonen.« Eine Botschaft an den Feind: höchst riskanter Tabubruch für einen deutschen Offizier.

Zumindest aber belegt die schriftliche Mitteilung, dass Schwerin noch am Morgen des 13. September davon ausging, Aachen den in Kürze erwarteten US-Truppen kampflos zu überlassen. Die erste deutsche Großstadt, die vom Krieg eingeholt wurde, schien alle Aussichten zu haben, von diesem doch noch weitgehend verschont zu bleiben.

Doch es kam alles anders. Für Aachen gab es keine Rettung. Die Kriegskeule sollte die historische Kaiserstadt mit unverminderter Wucht treffen. Schwerins angebliche Bemühungen um eine friedliche Übergabe der Stadt erweisen sich bei genauerer Betrachtung der Fakten und Dokumente weitgehend als selbst gestrickte, wenngleich hartnäckig aufrechterhaltene Legende aus der Nachkriegszeit.

Wie aus den militärischen Berichten jener Tage klar hervorgeht, hatte der Kommandeur weniger das Wohl der Bevölkerung als vielmehr die Be-

> **Da seine Truppen nicht vor den Amerikanern in Aachen sein würden, entschied Schwerin, eine friedliche Übergabe der Stadt vorzubereiten. Er hinterließ im Telegrafenamt der Stadt eine Nachricht für die Amerikaner – von denen er glaubte, sie würden bald da sein –, in der er ihnen die verbliebene Zivilbevölkerung zur Fürsorge empfiehlt.**
> Christoph Rass, Historiker

> **Er war sehr eigenwillig. Er hatte eine feste Meinung, und die hat er auch vertreten. Das konnte man in Aachen sehen. Er war bereit, die Stadt kampflos zu übergeben, trotz gegenteiligem »Führer«-Befehl**
> Heinz Heidt, Wehrmachtsoldat

Oben: »Ich habe die törichte Evakuierung der Zivilbevölkerung gestoppt«: Flüchtlinge im Raum Aachen
Unten: »Halten der Stellung oder Vernichtung«: Die alte Kaiserstadt Aachen sollte nach dem Willen Hitlers bis zum Äußersten verteidigt werden.

wegungsfreiheit seiner Truppen im Sinn, als er die Flüchtlingskolonnen von den Straßen holen ließ. Und als Schwerin es anfänglich unterließ, die geforderte Verteidigungsbereitschaft in Aachen herzustellen, so lag es schlicht daran, dass er dies gar nicht konnte: Das Gros seiner Soldaten befand sich zu diesem Zeitpunkt erst im Anmarsch. So musste der Truppenführer noch am Vormittag davon ausgehen, dass die Alliierten *vor* dem Hauptkontingent seiner eigenen Division in Aachen eintreffen würden. Er rechnete daher offenbar mit der raschen Einnahme der Stadt durch die US-Truppen, möglicherweise befürwortete er das auch.

Doch in diesem Fall hatte er sich verkalkuliert. Die Amerikaner drangen keineswegs in die Stadt ein. Nach der aufreibenden Verfolgungsjagd der zurückliegenden Wochen sammelten die alliierten Truppen am »Westwall« vor der Stadt, der allerdings mehr gefürchtet als ein tatsächliches Hindernis war, erst einmal neue Kraft.

Für Schwerin änderte dies die Ausgangslage grundlegend. Sollte er jemals einen kampflosen Rückzug aus Aachen erwogen haben, so revidierte er dieses Planspiel jetzt radikal. Schon am Nachmittag bezogen seine inzwischen nachgerückten Truppen die befohlenen Verteidigungsstellungen um die Stadt. Aachen wurde damit auf Befehl des Truppenführers zu jenem Kriegsschauplatz, zu dem er es angeblich nicht machen wollte.

Die Aachener Bevölkerung bekam die Folgen umgehend zu spüren. Um die Kampfmoral und Operationsfähigkeit seiner Truppe zu bewahren, sah sich der Kommandeur vor Ort genötigt, strikte Disziplin einzufordern. Die Bewohner sollten von der Straße verbannt, Plünderungen unterbunden werden. Tatsächlich hatten manche der sich selbst überlassenen Bürger schon damit begonnen, herrenlose Läden oder Wirtschaften auszuräumen. Manche von ihnen fühlten sich dabei allerdings durch eine Verwaltungsanordnung bestärkt, die die Warenlager der Stadt der freien Verfügung oder einem Räumungsverkauf überließen, bevor sie demnächst den Invasoren in die Hände fallen würden. Doch die Soldaten der Division, die inzwischen in die Stadt eingerückt waren, griffen weisungsgemäß durch: Beispielsweise zogen sie aus einem Weinlokal in der Innenstadt Aachener, die gerade dabei waren, ein Kellerfass zu leeren.

Aber im Netz dieser Greifaktionen verfingen sich auch Schaulustige, die nichts mit solchen Plünderungen zu tun hatten – unter ihnen die beiden vierzehnjährigen Jugendlichen Johann Herren und Karl Schwartz. Ihr

Am »Westwall« machten die US-Truppen zunächst Halt, um neue Kräfte für den weiteren Vormarsch zu sammeln, 15. September 1944

damaliger Gefährte Egon Koch, der sie begleitet hatte, kann heute noch mit Gewissheit bestätigen, dass es allein die Neugier gewesen sei, die die beiden Jungen an den Schauplatz der Razzia getrieben hatte. Die Häscher in Uniform machten indes keinen Unterschied. Zusammen mit den anderen Delinquenten lieferten sie auch die zwei Burschen an ein Standgericht des Stadtkommandanten ab. Während die Erwachsenen wieder freikamen, verurteilte dieses Tribunal unter Vorsitz von Offizieren eines am Ort eingesetzten Panzergrenadierregiments ausschließlich die beiden Halbwüchsigen zum Tod durch Erschießen. Einer Bestätigung durch höhere Instanzen bedurfte das Todesurteil nach dem Standrecht nicht.

»Man hatte den Jungens die Augen mit großen Herrentaschentüchern verbunden«, schildert die Augenzeugin Finni Kruth. »›Mama, Mama, Mama‹, schrie der Karl, ›ich will nicht sterben, ich hab nichts getan! Mama, ich will nicht sterben!‹ Doch dann rief ein Soldat: ›Feuer!‹, und die beiden fielen hin. Der Karl hat sich danach noch mal aufgerappelt und einige Meter weitergeschleppt. Da lief so ein junger Leutnant hinter ihm

Da war ein Gartenrestaurant, im Keller unten waren riesige Fässer, da waren so an die zehn Frauen und Männer am Trinken. Als wir wieder oben waren, kam auf einmal ein Kommando Soldaten an und riegelte sofort alles ab. Johann stand gegenüber auf der Straße, und Karl und ich kamen aber nicht mehr rüber. Die Leute wurden aus dem Keller rausgeholt und auf den Lastwagen geladen. Plötzlich bemerkte der Offizier den Johann. Wahrscheinlich nahm er an, weil die Tür eines Lebensmittelladens aufstand, der wäre in dem Geschäft gewesen. Also wurde auch er auf den Wagen aufgeladen. Jetzt wurde der Karl kopflos: »Komm, wir laufen weg, sonst werden wir auch noch verhaftet.« Der war richtig mit den Nerven fertig. Ich sagte: »Karl, das nützt nichts. Der sieht doch, dass wir nichts haben, der lässt uns doch in Ruhe.« Aber Karl war so in Panik geraten, dass er auf nichts mehr hörte. Er lief los, und in dem Moment kam ein Kradfahrer um die Ecke, sah den laufen, sprang ab und schlug ihn mit dem Gewehrkolben nieder. Jetzt stand ich da, und der Offizier packte mich am Arm. Ich riss mich los und bin dann um mein Leben gelaufen. Ich hörte Schüsse hinter mir, ob das mir galt, weiß ich nicht. Ich bin nur noch gelaufen. Auf einem riesigen Trümmerstück fiel ich in einen Schacht rein. Da habe ich gelegen – stundenlang. Erst dann bin ich da raus.

Egon Koch, Freund der erschossenen Jugendlichen

her und sagte: ›Was, du willst nicht sterben?‹, und hat ihm den Gnadenschuss gegeben.«

Warum diese gnadenlose Härte gegen unschuldige Halbwüchsige – und das in einer Phase größter Bedrohung von außen? In welchem Zusammenhang steht der Willkürakt mit dem militärischen Geschehen in Aachen? »Durch diese extreme Form von Gewaltanwendung: Tötung von Kindern«, analysiert der Aachener Historiker Christoph Rass, der den Fall eingehend studiert hat, »dadurch dass sie gerade die Jüngsten aussuchten, sandten die Wehrmachtseinheiten eine eindeutige Botschaft an die Bevölkerung: Die Herrschaft war wieder zurückgekehrt, die Wehrmacht hatte die Macht in Aachen übernommen. Die Abschreckungswirkung dieser Hinrichtungen sollte die Menschen von den Straßen treiben und der Wehrmacht Handlungsfreiheit verschaffen.« Diesen Freiraum benötigten die Truppen im bevorstehenden Kampf um die Stadt.

Konnte dies alles ohne Wissen und Einverständnis des örtlichen Kommandanten geschehen sein, der die zugrunde liegenden Weisungen erlassen hatte? Nach dem Krieg beteuerte Gerhard Graf von Schwerin mehrmals, er habe von den Hinrichtungen nichts gewusst. Doch diese Behauptung wird als schlichte Lüge enttarnt durch einen Bericht, den er selbst einen Tag nach dem Vorfall an seinen Vorgesetzten gesandt hatte. »Ich befahl«, heißt es in dem eigenhändig unterzeichneten Dokument, »überführte Plünderer standgerichtlich abzuurteilen. Dies ist geschehen. Zwei Plünderer sind erschossen worden.« Allerdings waren es keine Plünderer, sondern zwei Kinder, die das Pech gehabt hatten, zu jener Zeit am falschen Ort gewesen zu sein.

Am Tag ihres Todes war der Hauptverantwortliche des Geschehens nun selbst in der Klemme – nicht wegen der Repressalien an der Zivilbevölkerung, sondern wegen seiner Fehlkalkulation mit dem alliierten Einmarsch in der Stadt. Schwerins handschriftliche Briefbotschaft an den Feind konnte sich nun gegen ihn selbst kehren. Zwar ordnete er an, den Zettel wieder aus dem Fernmeldeamt zurückzuholen, doch das Corpus Delicti war unauffindbar, sein Inhalt indes längst telefonisch an die vorgesetzten Dienststellen in Köln weitergemeldet.

Schwerin war sich wohl bewusst, dass sein Schreiben ihm als »Feindbegünstigung« oder »Defätismus« ausgelegt werden konnte. Tatsächlich verfügte unmittelbar nach den Ereignissen Generalfeldmarschall Walter Model, der Oberbefehlshaber der Heeresgruppe, den Divisionskommandeur abzusetzen und gegen ihn eine kriegsgerichtliche Untersuchung einzuleiten. Zur Anklage stand dabei auch Schwerins eigenmächtige Aufhebung des Evakuierungsbescheids für die Bevölkerung. Doch anders als die beiden in Aachen erschossenen Jugendlichen erwartete den unbotmäßigen Grafen ein eher wohlwollendes Verfahren. Nicht nur seine unmittelbaren Vorgesetzten stellten sich hinter ihn, Protektion erhielt der verdiente Krieger offenbar auch aus der höchsten Führungsetage des Reiches. Später, in britischer Kriegsgefangenschaft, wo seine Gespräche mit anderen deutschen Offizieren heimlich abgehört und aufgezeichnet wurden, mutmaßte Schwerin, dass der Leiter der NSDAP-Kanzlei, Martin Bormann, persönlich zu seinen Gunsten interveniert habe. Denn die Partei habe selbst das geringste Interesse gehabt, das Versagen der örtlichen Funktionäre bei der Evakuierung der Aachener Bevölkerung publik zu machen. In der Tat handelte es sich bei dem kriegsgerichtlichen Verfahren, das im November endgültig eingestellt wurde, im Ergebnis eher um eine Formsache. Es blieb ohne strafrechtliche Folgen für den Generalleutnant – im Gegenteil: Schon im Dezember 1944 fand sich für ihn eine neue Verwendungsmöglichkeit auf dem oberitalienischen Kriegsschauplatz, wo er noch im April 1945 in den hohen Rang eines Generals der Panzertruppe erhoben wurde. Eine Bestrafung sieht anders aus.

Nach dem Krieg zog Kanzler Adenauer Gerhard Graf von Schwerin als Berater für den Aufbau der Bundeswehr heran. Intrigen und Differenzen verhinderten aber eine dauerhafte Rückkehr auf den militärischen Berufsweg. Am Schauplatz seines Einsatzes im Krieg freilich wurde Schwerin ehrendes Andenken zuteil. Der zum »Retter von Aachen« stilisierte Kriegsveteran durfte sich 1957 in das Goldene Buch der Stadt eintragen. Schon zu Lebzeiten, 1963, wurde gar eine Straße nach

> Aachen hat mir in ungewöhnlicher Weise dafür gedankt, dass ich den Versuch gemacht habe, die Stadt vor dem Untergang zu retten.
> Gerhard Graf von Schwerin, 1974

ihm benannt, was der Stadtrat allerdings 2007 wieder rückgängig machte. Die beiden vierzehnjährigen Exekutionsopfer hingegen wurden auf einer Gedenktafel in Aachen bis über 60 Jahre nach ihrem Tod weiterhin als »Plünderer« verunglimpft, bis das Oberlandesgericht Köln 2005 ihre Rehabilitation bestätigte. Ihr Schicksal war jahrelang weitgehend ignoriert worden.

Unter dem Strich hatte der für Aachen zuständige Wehrmachtkommandeur ein bezeichnendes Verhaltensmuster an den Tag gelegt. Nach anfänglich zaghaften Ansätzen zur Resistenz wagte Schwerin doch nicht den

»Der Retter von Aachen«?: Nach dem Krieg gelang es Schwerin, einen regelrechten Mythos um seine eigene Person zu schaffen (Foto von 1950)

riskanten Ausbruch aus der Uniformität militärischer Konventionen, obwohl er sich der verheerenden Konsequenzen einer Schlacht um Aachen sehr wohl bewusst war. Anders als nach dem Krieg beschönigend dargestellt, hatte er die Rettung der Bevölkerung weder ernsthaft in Angriff genommen noch erreicht.

Was er sich später zugute hielt verhindert haben zu wollen, geschah nach seiner Ablösung bis zur bittersten Konsequenz. Weisungsgetreu wurde unter Schwerins Nachfolger, Oberst Gerhard Wilck, um buchstäblich jedes Gebäude erbittert gefochten. In den Ruinen von Aachen lauerten Scharfschützen, unter vielen Treppenabsätzen waren Sprengfallen verborgen. Allein 2000 US-Soldaten starben in einem gnadenlosen Häuserkampf. »Wer kampflos weicht, ist ein Volksverräter«, lautete ein Tagesbefehl des Oberbefehlshabers Walter Model an die Truppen

> Natürlich, ich hätte früher Schluss machen können, vielleicht, um dieses unsinnige Blutvergießen zu verhindern. Dann wäre mir nichts übrig geblieben, ich wäre also zum Tode verurteilt worden wegen Pflichtverletzung. Also, ich habe immer wieder einen Kampf innerlich geführt um Gehorsam und Pflicht und Ehre.
>
> Gerhard Wilck, 1975

»Irgendein Grund zum Durchhalten war nicht da«: Schwerins Nachfolger, Oberst Gerhard Wilck (hinten, 2. von links), im November 1944 in Trent Park

im Westen. Als Ergebnis einer sechswöchigen Schlacht glich die Stadt in weiten Teilen einem Trümmerfeld. »Nach verbissenstem Ringen Haus um Haus, Mann um Mann hat die Kampfgruppe Aachen letzte Munition verschossen«, meldete Wilck am 21. Oktober 1944 in der üblichen Durchhalteprosa. »Vorher gilt letzter Gruß in unerschütterlichem Glauben an unser Recht und unseren Sieg unserer geliebten deutschen Heimat. Es lebe der Führer!«

Nur wenige Tage später, nach seiner Gefangennahme und Überführung in das britische Offizierslager Trent Park, klang Wilcks pathetische Botschaft allerdings schon deutlich verändert: »Irgendein Grund zum Durchhalten war nicht da«, vertraute er am 25. Oktober einem mitgefangenen Oberst an, »denn wir banden nicht drei oder vier Divisionen, was immerhin zweckvoll gewesen wäre, wir störten nicht den Nachschub des Gegners; es war also diese ganze Einschließung beziehungsweise unser Kampf dort in Aachen also vollkommen sinnlos geworden.« Auch der zuvor noch mit hehren Worten beschworene Glaube an den »Endsieg« schien angesichts der eigenen Kriegsgefangenschaft schlagartig verflogen: »Die Leute

277

»Von der Kriegskeule mit Wucht getroffen«: US-Soldaten mit gefangen genommenen Wehrmachtangehörigen im eroberten Aachen

sind so kriegsmüde und darauf eingestellt, nun Schluss zu machen um jeden Preis, dass ich fürchte, dass sich das also über ganz Deutschland ausbreiten wird.«

Waren die Deutschen kampfesmüde – nun, da der Krieg endgültig ihre Heimat erreicht hatte? Anzeichen dafür gab es: abfällige Äußerungen, von den Spitzeln der Partei penibel zusammengetragen, weiße Bettlaken vor den Fenstern – oft im letzten Moment vor der Ankunft der Alliierten an die Stelle der Hakenkreuzflaggen hinausgehängt – und eine merkliche Zunahme standrechtlicher Urteile gegen »Deserteure« und sogenannte »Defätisten« zeugten davon, dass der Glaube an eine Wende des Krieges in der Bevölkerung rapide im Schwinden begriffen war.

Ähnliche Anzeichen machten sich auch an der Front bemerkbar, wenngleich hier kein durchgängiges Schema feststellbar ist: »Soweit man sich mit der Entwicklung der Kriegslage befasst«, bilanzierte die Feldpostprüfstelle der Heeresgruppe A im Herbst 1944 nach der Auswertung der Soldatenpost nüchtern, »tritt eine erhebliche Kriegsmüdigkeit zutage. Eine

Anzahl von Briefschreibern spricht davon, dass man das Soldatensein gründlich satt habe, jedoch sieht eine gleiche Masse von Männern mehr notgedrungen als begeistert ein, dass diese schwere Belastung von Heimat und Front durchgestanden werden müsse, wenn nicht alles verloren sein soll.«

Ungeachtet solcher Zweifel ging der Kampf unvermindert weiter. Und das, obwohl man sich in den militärischen Dienststellen bis hinauf in die oberste Führung keine großen Illusionen mehr darüber machte, dass dieser Krieg verloren war. Es war wie mit einem Familiengeheimnis: Jeder wusste davon, doch niemand wagte es offen auszusprechen oder gar daran zu rühren. In weitgehender Kenntnis der Aussichtslosigkeit forderten Befehlshaber aller Rangstufen von ihren Untergebenen die Fortsetzung der Kämpfe, und die Befehlsempfänger führten diese Befehle ohne nennenswerte Verweigerungsquote aus – besonders im Osten, wo die antibolschewistische NS-Propaganda und die berechtigte Angst vor einem Rachefeldzug die Kampfmoral zusätzlich anheizten.

> Es war eigentlich bis zum Feldmarschall hinauf jeder überzeugt, dass wir im Westen keinen Blumentopf mehr gewinnen konnten, sondern der Krieg verloren war. Und die Bevölkerung war natürlich der gleichen Ansicht.
>
> Winrich Behr, Generalstabsoffizier

Auch hier hatte die Front im Herbst 1944 die deutsche Reichsgrenze erreicht. Die gigantische Sommeroffensive der Roten Armee zum dritten Jahrestag des deutschen Überfalls auf die Sowjetunion am 22. Juni 1944 hatte den deutschen Heeresgruppen ihre verlustreichste Niederlage seit dem Ersten Weltkrieg beigebracht. Innerhalb von drei Wochen waren 28 Verbände der Heeresgruppe Mitte mehr oder minder zerschlagen worden. Das militärische Debakel der Wehrmacht hatte den Sowjets den Weg nach Riga, zur Weichsel und nach Warschau geöffnet.

Im Baltikum war eine gesamte deutsche Heeresgruppe von den übrigen Armee-Einheiten abgeschnitten. Militärisch hatte ihr Ausharren im von den Deutschen so genannten »Kurland« abseits der Hauptstoßrichtung der Roten Armee wenig Sinn. Im Gegenteil: Die notwendige Versorgung der 700 000 Soldaten auf dem Seeweg hielt die Kriegsmarine von anderen Aufgaben fern.

Dennoch lautete auch auf dem Baltikum die Devise: »Halten um jeden Preis.« Es war eine vor allem ideologisch motivierte Vorgabe, die auf der

Oben: »Es kommt mir keiner von der Insel – es sei denn nach Sibirien«: Heeresgruppenführer Schörner (MItte) auf der Überfahrt nach Sworbe, Oktober 1944
Unten: »Als einfacher Soldat kommst du nie heil hier raus«: Deutsche Soldaten im Kurland-kessel

Vorstellung beruhte, dass ein »deutscher Soldat« kein erobertes Gebiet kampflos wieder aufgeben dürfe.

Als Vollstrecker dieser Weisung vor Ort konnte Hitler auf einen ehrgeizigen Heeresgruppenbefehlshaber zählen: Ferdinand Schörner gehörte nicht gerade zu den Bedenkenträgern in der Generalität. Der zweiundfünfzigjährige Generaloberst betrachtete sich selbst als politischen Soldaten im Krieg der Weltanschauungen. Was dies in der Konsequenz verhieß, bekamen die von der deutschen Propaganda zu Helden gekürten »Kurlandkämpfer« bald zu spüren. Sie standen mit dem Rücken zum Meer. Der Rückzug war ihnen verwehrt, der Nachschub von widrigen Umständen abhängig, während die Rote Armee mit immer neuen Kräften anstürmte. Trotz verbissener Gegenwehr wurden die deutschen Verbände in immer kleineren Kesseln zusammengedrängt.

Nördlich von Riga blieb den Besatzern Anfang Oktober 1944 als letzter Rückzugsort nur noch die Estlands Küste vorgelagerte Insel Ösel, auf Estnisch Saaremaa. Doch auch auf dem beschaulichen Eiland gingen die Kämpfe mit unverminderter Härte weiter. Am 10. Oktober sahen sich die verbliebenen Reste der Wehrmacht auf die lediglich 200 Quadratkilometer große Halbinsel Sworbe zurückgedrängt. Es war nur noch eine Frage der Zeit, bis die dezimierten Verteidiger überrannt werden würden. Dennoch gab es kein Einlenken. Die rund 10 000 auf Sworbe eingesetzten deutschen Soldaten wurden von ihrer Führung mit Drohungen unter Druck gesetzt. »Es kommt mir keiner von der Insel – es sei denn nach Sibirien«: Diesen zynischen »Führer«-Befehl habe Hermann Ulrichs, vierundzwanzigjähriger Hauptmann und Bataillonskommandeur, seinen Untergebenen damals vortragen müssen, wie er aus der Erinnerung berichtet. An Rückzug oder Flucht aus der wasserumschlossenen Falle war nicht zu denken. Und dass sich die Sowjets gegenüber zurückbleibenden Verwundeten oder Gefangenen korrekt verhalten würden, daran glaubte keiner der Soldaten. Also lag die Bedeutung ihres Kampfeinsatzes auf der estnischen Insel für die meisten darin, das schier unvermeidliche Sterben immer noch weiter hinauszuzögern.

> Der Generalstab des Heeres wollte die Heeresgruppe Kurland, die keine strategische Bedeutung mehr hatte, von dort abbefördern und zur Stärkung der Oderfront einsetzen. Das hätte natürlich eine wesentliche weitere Verfestigung dieser Front ergeben, aber das wurde von Hitler strikt abgelehnt.
> Bernd Freiherr Freytag von Loringhoven, Generalstabsoffizier

An allen Fronten summierten sich in dieser Kriegsphase die Verluste zu einem unfassbaren Aderlass. Allein an der Ostfront kamen im dritten Quartal des Jahres 1944 über eine halbe Million deutscher Soldaten ums Leben. Jeden Tag starben im Schnitt 5750 Wehrmachtangehörige, jede Woche eine Menschenmenge in der Größenordnung von zweieinhalb kampffähigen Divisionen.

»Der Tod gehörte zum Alltag«, bestätigt Kurt Vetter, der als Obergefreiter auf Sworbe in vorderster Front gekämpft hatte, »und wir standen immer vor der Frage: ›Wie lange willst du das hier eigentlich noch durchstehen?‹ Nur eines war uns klar: Als einfacher Soldat vorne kommst du nie heil hier raus. Irgendwann erwischt es dich. Wenn du Glück hast, eine Verwundung, nach der du noch gehen kannst. Und wenn du Pech hast, dann wird dein Körper oder werden deine Beine zerrissen …«

> Unsere Aufgabe war Verteidigung, weiter nichts. Denn wir konnten ja nicht mehr angreifen. Wir sollten diese Insel verteidigen. Wohl wissend, dass das militärisch völlig sinnlos war und wir auch militärisch hoffnungslos dem Gegner unterlegen waren.
>
> Kurt Vetter, Wehrmachtsoldat

»Keiner glaubt mehr daran«, schrieb Vetters Kampfkamerad August Müller am 30. Oktober an seine »liebe Frau und Tochter« zu Hause, »dass man dieses kleine Stück von der Insel Ösel [Sworbe] aufgeben will. Die Erde ist wirklich von unendlich vielem Blut getränkt. Es ist ja auch kein Wunder, wo der Raum so klein ist. Der Iwan verliert hier sehr, sehr viele Menschen. Von unserer alten Nachrichtenstaffel sind noch insgesamt drei Mann bei den zwei Bataillonen. Alle anderen verwundet bzw. gefallen. Der Krieg erfordert eben viel …«

Das war die tägliche Erfahrung in den morastigen Schützengräben, in denen es weder Matratzen noch Sanitäranlagen und – im Idealfall – gerade mal eine tägliche Verpflegungsration aus dem Blechgeschirr gab. Wenn ein Soldat fiel, galt der erste Griff seiner Kameraden oft dessen Brotbeutel und Munitionsvorrat, was die eigene Überlebenschance wiederum erhöhte. Einmal musste Kurt Vetter einen ganzen Tag lang von seinem Erdloch aus mit anhören, wie ein Kamerad, von einer Mine getroffen, erbärmlich um Hilfe schrie, bis dessen Stimme immer schwächer wurde. Niemand kam, um ihm in seiner Not beizustehen. Denn dabei wäre der Retter selbst unweigerlich einer Kugel zum Opfer gefallen.

Bei einem Sturmangriff traf das gegnerische Feuer auch Vetters Freund Bernhard Losensky, der schwer verwundet wurde. Vetter beugte sich zu

> *Das erste Bataillon, das ich übernahm, war vollkommen demoralisiert – und zwar zunächst mal das Offizierskorps. Und da die Offiziere völlig demoralisiert waren, konnten sie von den Mannschaften nichts verlangen. Gleich am ersten Tag habe ich das Bataillon befehlsgemäß in eine Stellung eingewiesen und ging zu meinem Gefechtsstand, als schon wieder der Posten von draußen kam und meldete, die Truppe gehe zurück. Warum gingen sie zurück? Irgendeiner hatte etwas gerufen, und schon liefen sie alle davon. Das war natürlich im höchsten Maße unangenehm. So ließ sich auch keine Verteidigung machen. Da habe ich sehr energisch durchgegriffen, mir zunächst mal die Offiziere geschnappt und ihnen gesagt, was los ist. Und dann änderte sich das sehr bald.*
>
> Hermann Ulrichs, Bataillonsführer auf Sworbe

ihm, rüttelte ihn, aber der Freund stöhnte nur noch. In diesem Moment kam der Befehl zum Rückzug. Der Obergefreite zögerte einen Moment, dann rannte er mit den anderen los, um seine eigene Haut zu retten – und ließ den sterbenden Kameraden zurück. »Dieses Erlebnis hat mich immer wieder wach gerüttelt, beinahe traumatisiert«, erzählt Kurt Vetter in der Rückschau mit leiser Stimme. »Den eigenen Freund liegen lassen zu müssen, nur weil man selbst das eigene Leben retten will.« Es war die bittere Konsequenz einer Durchhaltestrategie, die sich den nackten Überlebensdrang der einzelnen Soldaten zunutze machte.

> Man bleibt nicht unberührt. Man sieht, wie der beste Kamerad stirbt, und stellt sich die Frage: Wofür, für wen? Für Großdeutschland? Na, die Illusion hatten wir schon längst hinter uns gelassen. Es ging um unser eigenes nacktes Leben.
>
> Kurt Vetter, Wehrmachtsoldat

In der Heimat wurde das elende Sterben der Sworbe-Kämpfer zum heldenhaften Ringen glorifiziert – ohne nachvollziehbare militärische Begründung. Gegen Ende Oktober ließ es sich Heeresgruppenbefehlshaber Schörner persönlich nicht nehmen, den ausgelieferten Einheiten auf der Insel eine Visite abzustatten. »Er besuchte dann unseren Regimentsgefechtsstand«, erinnert sich der damalige Hauptmann Hermann Ulrichs. »Alle Kommandeure wurden dorthin befohlen. Schörner kam ohne Umschweife zur Sache und forderte uns auf, unsere Sorgen offen vorzutragen. Daraufhin wurde ohne besondere Scham oder Scheu ordentlich vom Leder gezogen. Alles, was fehlte, wurde rücksichtslos moniert. Schörner zeigte sich offenkundig beeindruckt und meinte, als er sich erhob: ›Sie werden von mir hören.‹ Tatsächlich trafen wenig später mal Feldpost, mal Munition, mal Winterkleidung, mal Marketenderware ein.«

Am Grundsatzbefehl freilich wagte niemand zu rütteln. »Selbstverständlich hat Schörner aus unserem Gespräch den Eindruck mitgenommen, dass die Halbinsel nicht zu halten ist«, rechtfertigt sich Hermann Ulrichs. »Aber der Eindruck allein genügt nicht. Wenn da ein ›Führer‹-Befehl besteht: ›Halten bis zum letzten Mann!‹ …« Anschließend machte sich Oberbefehlshaber Schörner umgehend wieder auf den Rückweg, der wegen sowjetischer Fliegerangriffe nicht ungefährlich war, und überließ die Inselkämpfer ihrem Schicksal.

»Wenn man nur mal hier von dieser verfluchten Insel herunterkäme. Aber es sieht gar nicht danach aus«, klagte der Frontsoldat August Müller Anfang November in einem Brief an die Familie und ergänzte eine Woche später resigniert: »Dass man aber auch hier auf der Halbinsel Sworbe liegen muss, ist tatsächlich zum Kotzen. Zudem hat man Sworbe noch zur Festung gemacht. … Wahrscheinlich sollen wir hier elend zugrunde gehen.«

Für die Grabenkrieger, die jeden Tag aufs Neue ihr Leben riskierten, drehte sich das gesamte Dasein bald nur noch um eine Frage: Was gibt es noch für Möglichkeiten, einigermaßen heil davonzukommen? Kurt Vetter und seine engsten Vertrauten vermochten darauf nur eine Antwort zu finden: Sie selbst mussten für ihre eigene Verwundung sorgen. Denn nur wer verletzt war, hatte Aussichten, dem Tod oder der Gefangenschaft zu entgehen. Allerdings durfte man sich den sogenannten »Heimatschuss« nicht eigenhändig beibringen. Dies wäre im Feldlazarett unweigerlich bemerkt und umgehend mit der Todesstrafe geahndet worden. »Daher haben wir geknobelt«, berichtet Vetter. »Wer das lange Streichholz zieht, muss schießen. Wer kurz zieht, darf das Bein hinhalten. Ich habe lang gezogen. Daraufhin habe ich mit meiner Maschinenpistole auf

Der Tenor der Befehle, die Schörner herausgegeben hat an die Offiziere und Mannschaften, das war nationalsozialistische Ideologie pur: Ihr müsst kämpfen bis zum letzten Mann, und wer das nicht tut, ist ein Verräter und kommt vors Standgericht.

Heinrich Schwendemann, Militärhistoriker

Schörner war ein Energiebündel, er platzte vor Energie. Wegen seines energischen Durchgreifens war er überall in hohem Maße gefürchtet. Je höher die Dienstgrade waren, und es hieß: Schörner kommt, desto schneller flüchteten die und nahmen volle Deckung.

Hermann Ulrichs, Bataillonsführer auf Sworbe

das Bein meines Kameraden geschossen. Der sackte um und hat gejammert, aber ich sagte zu ihm: ›Nun sei mal zufrieden, du kommst doch jetzt nach Hause!‹«

Dass dieser Vorfall keine Ausnahmeerscheinung in einer Extremsituation war, zeigt eine Erhebung der Heeresgruppe Nord. Demnach hatte sich im Kurland die Anzahl der Selbstverstümmelungsfälle im November 1944 gegenüber dem Vorjahr um immerhin 180 Prozent erhöht. Wer eine Verwundung abbekam, die ihn am Leben ließ, und wer dabei nicht der Selbstverstümmelung überführt wurde, hatte gleichsam das große Los gezogen. Ein paar Tage später ereilte Kurt Vetter selbst dieses zweifelhafte »Glück«. Eine Kugel, diesmal aus einem sowjetischen Gewehrlauf, traf ihn in den Rücken. »Ich war richtig froh«, schildert Vetter seine Gefühle, »besonders als ich gemerkt habe, dass ich mich trotzdem noch fortbewegen konnte. Endlich hatte ich meinen Heimatschuss!« Mit einem Verwundetentransport entkam er dem Schlachtfeld – zu einem Zeitpunkt, da die Verteidiger nur noch auf wenige Quadratkilometer zusammengedrängt waren. Zurück auf deutschem Boden, gelang es Vetter später, in amerikanische Kriegsgefangenschaft zu geraten. Aus dem Krieg brachte er aber gesundheitliche Spätfolgen nach Hause, mit denen er bis zu seinem Tod Anfang 2007 zu kämpfen hatte.

> Wir hatten einen Spruch: »Wir wollen lieber mit einem heilen Kreuz aus dem Krieg kommen, als mit einem Eisernen Kreuz im Krieg bleiben.« Und danach haben wir gehandelt.
>
> Kurt Vetter, Wehrmachtsoldat

Um die Zeit seiner Verwundung erreichte ein kleines Päckchen die Familie des Obergefreiten August Müller, zusammen mit ein paar Grußworten: »5 Päckchen Tabak und Seife. Sachen, die mich doch nur unnütz belasten. Den Tabak kannst du ja gegen andere Sachen eintauschen. Für euch beide liebe Grüße und Küsse. Euer Papa! Dein lieber Mann.« Es sollte sein letztes Lebenszeichen bleiben. August Müller kehrte nie von der idyllischen Insel zurück, die ihm zum Fluch geworden war – wie so vielen seiner Kameraden: Nach sechswöchigem Kampf um Sworbe waren allein auf deutscher Seite über 4000 Soldaten tot oder vermisst. Erst als wirklich alles verloren war, durften die letzten Überlebenden auf Transportschiffen abziehen. »Euer Heldenkampf wird ehrenvoll in die Geschichte eingehen!«, rief Generaloberst Schörner ihnen zur Begrüßung auf dem Festland zu – und weiter: »Eurer harren nach kurzen Tagen der

Ruhe neue Aufgaben. Ihr werdet, gehärtet durch die Kampfzeit auf Ösel, weiter euren Mann stehen, wo immer ihr hingestellt werdet.«

Es war sicher nicht allein die Wirkung solch markiger Appelle, die die Soldaten der Wehrmacht in der Endphase des Krieges dazu antrieb, auch angesichts hoffnungsloser Unterlegenheit »weiter ihren Mann zu stehen«. Was hielt die überwiegende Mehrheit des Millionenheers davon ab, ihre Waffen zu strecken – bis zum eigenen Untergang? Eindeutige Antworten darauf sind schwierig – und so vielschichtig wie diese Armee, die eine gesamte Gesellschaft in sich vereinte und auf ganz unterschiedlichen Schlachtfeldern überall in Europa kämpfte. Zudem fehlt es an gesicherten, nicht von Unschärfen der rückblickenden Betrachtung überlagerten Erkenntnissen. Meinungsumfragen unter den Soldaten oder auch nur eine freie Bekundung der eigenen Meinung waren damals undenkbar. Dennoch lassen sich aus den vorhandenen Quellen gewisse Grundmuster der Anschauungen und Verhaltensweisen der Soldaten herausfiltern.

Ein wesentliches Merkmal für die Einstellung der Landser war sicher deren Abstumpfung im Kriegsalltag. So kommt ein Zustandsbericht der 10. Armee im Herbst 1944 zu dem Schluss: »Die physischen und psychischen Belastungen der Materialschlacht lassen den Soldaten nur noch an der Grenze des Menschenmöglichen seine Pflicht tun. Er kämpft, weil es befohlen ist, und um sein nacktes Leben.« Wer über Jahre in die Militärmaschinerie eingebunden war, gelernt hatte, im Zusammenspiel mit den Kameraden das eigene Überleben zu sichern, für den ist es schwer vorstellbar, auf eigene Faust aus diesem Apparat auszubrechen – gerade in Extremsituationen.

Viele Soldaten fühlten sich auch dem Fahneneid verpflichtet, mit dem sie Hitler persönlich »unbedingten Gehorsam« geschworen hatten. Trotz schwindendem Enthusiasmus darf nicht übersehen werden, in welchem Ausmaß noch im fünften Kriegsjahr gerade die jüngeren Jahrgänge weiterhin innerlich dem Regime verbunden waren. Nach einer amerikanischen Umfrage unter deutschen Kriegsgefangenen war die Hälfte der Befragten Ende 1944 immer noch der festen Ansicht, das »Dritte Reich« werde den Krieg gewinnen. Nicht weniger als zwei Drittel dieser Soldaten bekundeten immer noch ihr Vertrauen in den »Führer« – und das in Gefangenschaft. Ein ähnliches Bild ergeben Feldpostbriefe, aus denen eine oft wundergläubige Erwartungshaltung gegenüber der deutschen Führung und dem »Führer« ablesbar ist.

Besonders anfällig für diesen religiös anmutenden Fanatismus war jene Generation, die von Kindesbeinen an den Indoktrinationsapparat des NS-Systems durchlaufen hatte. »Als ich 1942 zur Prüfung für Offiziersanwärter antrat«, beschreibt der zu jener Zeit siebzehnjährige Klaus Mauelshagen eine verbreitete Mentalität, »hatte ich Angst, dass der Krieg zu Ende geht, bevor ich selbst an die Front kommen würde. Als wir dann zum Einsatz kamen, hatten wir die Einstellung, dass wir uns bewähren, immer tapfer sein müssten, also auch im Kugelhagel den Kopf nicht einziehen durften, wenn wir ein Ziel angriffen. Bis zum Schluss haben wir an den ›Endsieg‹ geglaubt.«

Von 1943 an bemühte sich das Regime intensiv darum, diesen Glauben aufrechtzuerhalten. In dem Maß, in dem militärische Erfolge ausblieben, kam der ideologischen Schulung immer größere Bedeutung zu. Mit Nachdruck drängte Hitler persönlich darauf, auf die Soldaten der Wehrmacht mit einer »wehrgeistigen Erziehung« einzuwirken. An die Stelle des traditionellen Ehrenkodex der Armee sollte eine »fanatische Treue« zum Führerstaat »bis zum Endsieg« treten. Mit der Ausbildung sogenannter »Nationalsozialistischer Führungsoffiziere« (NSFO) sollte die Wehrmacht systematisch von politisch sattelfesten Soldaten durchdrungen werden. Auch wenn diese nebenamtlichen Politkommissare in Uniform bei fronterfahrenen Landsern keinen Eindruck zu schinden vermochten, wandelte sich die Armee doch unmerklich von einem eher politikfernen Militärapparat in eine zunehmend nationalsozialistisch gefärbte Massenorganisation. Ein Klima politischer Einschüchterung und Überwachung legte sich wie Mehltau über die Truppe, und die militärische Laufbahn stand nun vor allem forschen Parteisoldaten offen.

»Leuchtendes« Beispiel in dieser Hinsicht war Generaloberst Ferdinand Schörner, der nicht von ungefähr damit beauftragt wurde, sich um die forcierte Politisierung des Heeres zu kümmern. Er war ihr Koordinator

> **Wir haben immer noch an den Endsieg geglaubt. Es ist unglaublich, wenn man das heute hört, aber wir haben bis zum Schluss geglaubt, an die Vergeltungswaffen, die uns immer vorgegaukelt wurden.**
> Klaus Mauelshagen, Wehrmachtsoldat

> **Man schuf einen neuen Offizier, den »Nationalsozialistischen Führungsoffizier«. Dieser sollte den verantwortlichen Truppenführer beraten. Er war sozusagen dessen rechte Hand für die Motivation der Soldaten.**
> Jürgen Förster, Militärhistoriker

Oben: »Der Stahlhelm noch drei Nummern zu groß«: Zuletzt warf das Regime auch zahlreiche Kindersoldaten in die Schlacht
Unten: »Physisch und psychisch an der Grenze des Menschenmöglichen«: Soldaten der Wehrmacht im Frühjahr 1945

Oben: »Gegen Marodeure und feige Drückeberger ist mit Standgerichten an Ort und Stelle schärfstens vorzugehen«: In den letzten Kriegsmonaten schnellte die Zahl von Hinrichtungen nach oben
Unten: »In Schanden davongelaufen«?: Nach dem Ende der Kämpfe bergen GIs die Leiche eines deutschen Soldaten, der wegen versuchter Fahnenflucht aufgehängt worden war

und Vordenker zugleich: »Kriege wie diese werden weder durch zahlenmäßige noch durch materielle Überlegenheit entschieden«, verkündete er in einer Denkschrift. »In Weltanschauungskämpfen ist die kämpferische Idee die entscheidende Waffe.« Der stramme General war selbst Prototyp für das neue Leitbild des politischen Soldaten. Zu Reichswehrzeiten zum Gebirgsjäger ausgebildet, hatte Schörner im Dritten Reich eine bemerkenswerte Militärkarriere hingelegt. Hitler schätzte an ihm neben seiner bedingungslosen Ergebenheit, dass er auch ideologisch motivierte Befehle bedenkenlos ausführte. Nachdem er Anfang 1943 auch formell Mitglied der NSDAP geworden war, erhielt er schon vier Wochen später das goldene Parteiabzeichen.

In seiner Eigenschaft als oberster Politoffizier verlangte Schörner von jedem Befehlshaber unbedingte Siegesbereitschaft und eine mehr als nur loyale Einstellung zur offiziellen Glaubenslehre: »Zwischen seiner Einsatzbereitschaft als Soldat und seinem politischen Bekenntnis darf kein Widerspruch klaffen.« Die gezielte Ideologisierung der Kriegführung, resümiert der Militärhistoriker Jürgen Förster, habe Wirkung gezeigt: »Der deutsche Soldat hat auf diese Weise länger durchgehalten, das hat das Sterben verlängert.«

Eine besondere Rolle spielte dabei das eingefahrene Prinzip von Befehl und Gehorsam, das den Soldaten eigenes Denken oder Handeln nach Gewissensnorm systematisch austrieb. »Wo ein Offizier sich in der Stille von Zweifeln erfassen lässt, ist er bereits wankelmütig und dadurch wertlos geworden. Seine Handlungsweise ist dem Verrat gleichzusetzen«, hieß es 1945 kategorisch im Neujahrsappell der Wehrmacht an die Offiziere. Schörner stellte den Oberbefehlshabern der Armeen anheim, es als »soldatisches Verbrechen« zu brandmarken, wenn »Befehle nicht auf die Minute und auf den Meter genau« eingehalten würden.

Welche Konsequenzen jedes Abweichen von der vorgegebenen Linie haben konnte, wurde in der Endphase des Krieges auf drastische Weise deutlich. Wo der Kampfgeist schwand, sollte mit rigoroser Härte nachgeholfen werden. Angst sollte

> **Hitler hatte ihm ihn den letzten Jahren als Feuerwehr benutzt. Er durfte führen, überall, wo eine Front ins Rutschen geriet, wurde er hingetan. Es gab andere Generäle, die für die Führung zu schnell an Rückzug dachten. Das tat Schörner nicht, sondern er versuchte die Leute zu motivieren – bewusst nationalsozialistisch zu motivieren. Das war sein Charakteristikum. Deshalb wurde er geschätzt, deshalb bekam er das goldene Parteiabzeichen. Deshalb wurde er Feldmarschall.**
>
> Jürgen Förster, Militärhistoriker

vielerorts mangelnden Einsatzwillen ersetzen. »Gegen Marodeure und feige Drückeberger«, gab OKW-Chef Wilhelm Keitel im Herbst 1944 als Marschroute aus, »ist mit Standgerichten an Ort und Stelle schärfstens vorzugehen und angesichts der Soldaten sofort zur Abschreckung zu vollstrecken. Nur äußerste Rücksichtslosigkeit wird diesen die Heimat bedrohenden Verfall der Kriegsmoral aufhalten; durch Waffenanwendung in jeder Form muss hier aufgeräumt werden.«

Gerade in den letzten Kriegsmonaten wurde diese Vorgabe immer häufiger in die Tat umgesetzt. Im Zuge der allgemeinen Auflösungserscheinungen traten vermehrt Standgerichte und Feldjägerkommandos mit Erlaubnis zum sofortigen Waffengebrauch an die Stelle oder Seite der bestehenden Kriegsgerichtsbarkeit. Sogenannte »Feiglinge« oder »Deserteure« wurden häufig ohne rechtliche Klärung der Umstände noch am selben Tage verurteilt und erschossen. Insgesamt ist nach Schätzungen davon auszugehen, dass von 30 000 verhängten Todesurteilen gegen Angehörige der Wehrmacht etwa 20 000 vollstreckt wurden – zur gezielten Abschreckung. So mussten etwa in Wuppertal frisch ausgebildete Rekruten im Frühjahr 1945 beinahe täglich Kameraden aus der eigenen Einheit hinrichten, die der »Fahnenflucht« bezichtigt waren.

Auch Generaloberst Schörner war dafür berüchtigt, mit vermeintlichen Deserteuren kurzen Prozess zu machen. »Wir sind dies unserem tapferen Frontsoldaten schuldig«, erklärte er im Herbst 1944, »der endlich wissen muss, dass jeder Feigling wie jeder Unbeteiligte am Krieg sowieso sein Leben verwirkt hat.« Auf Schörners militärischen Werdegang wirkte sich sein rigoroses Durchgreifen durchaus förderlich aus. Anfang 1945 zog

Wir waren auf dem Weg zur Front, und plötzlich erschien Schörner aus Richtung der Front. Wir hatten etwas abseits gelagert, und ich habe beobachtet, dass ein einzelner Landser von Richtung Front nach rückwärts ging. Schörner lief sofort auf den zu mit seiner Gruppe, es gab ein kurzes Gespräch. Dann gab Schörner einem seiner Leute einen Befehl – hören konnte ich ihn nicht, aber er beauftragte anscheinend einen anderen –, der mit dem dann in den Straßengraben ging und ihn erschossen hat.

Heinz Drossel, Oberstleutnant im Kurland

Hitler den von ihm geschätzten Durchhaltekrieger aus dem Kurland ab und versetzte ihn nach einer erneuten verheerenden Großoffensive der Roten Armee zur Heeresgruppe Mitte, wo er als neuer Oberbefehlshaber die Front an der Ostgrenze des Reiches wieder stabilisieren sollte – mit drakonischer Härte, aber durchaus nicht ohne Wirkung. Mehr denn je regierte er hier mit brutalen Disziplinierungsmaßnahmen.

Insgesamt blieb aber das Durchgreifen von gnadenlosen Truppenführern und Militärrichtern bis zuletzt eine Ausnahmeerscheinung. Die Anzahl der »Fahnenflüchtigen« in der Wehrmacht hielt sich deutlich in Grenzen. Gemessen an der Millionenstärke der gesamten Armee waren überzeugte Deserteure oder Überläufer eine verschwindende Minderheit. Selbst wer des Kampfeinsatzes überdrüssig war, blieb häufig weiter bei seiner Einheit. Ein ganz gewichtiges Motiv dabei war für viele das Zugehörigkeitsgefühl zur Truppe. Die Fronten zu wechseln galt als Verrat an den eigenen Kameraden. »Es war verwerflich, es war eine Schande, zum Gegner überzulaufen«, beschreibt der damals zwanzigjährige Rekrut Heinz Heidt die verbreitete Mentalität. »Das war uns schon frühzeitig eingeimpft worden, und das haben wir auch immer so empfunden. Lieber wollten wir in Ehren untergehen als in Schanden davonlaufen.«

Zu diesem kollektiven Druck gesellte sich, besonders an der Ostfront, die schlichte Angst vor dem, was jenseits der Frontlinie zu erwarten war. Genährt durch Goebbels' Gräuelpropaganda, aber auch durch die Kunde von tatsächlichen Vorfällen, rechneten die Soldaten mit dem Schlimmsten für den Fall, dass sie dem Kriegsgegner in die Hände gerieten. Vor allem im Osten harrten die Verteidiger vielfach schon deshalb in ihren Stellungen aus, weil sie befürchteten, andernfalls der sowjetischen Rache ausgeliefert zu sein und eine Gefangennahme nicht zu überleben.

Aber auch mit anderen Begründungen versuchten viele Soldaten, trotz Aussichtslosigkeit und Unterlegenheit ihrem Tun noch einen Sinn zu verleihen. Selbst als sich im Westen schon erste Auflösungserscheinungen bemerkbar machten, wurde an der Ostfront weitergekämpft in dem Glauben, dadurch wenigstens die Flucht der Bevölkerung aus den deutschen Ostgebieten abzuschirmen. Diese Vorstellung wurde von einer NS-Propaganda noch genährt, die den Eindruck erweckte, dass die Evakuierung der bedrängten Zivilisten allein dem ungebrochenen Kampfeswillen der Wehrmacht zu verdanken sei. Mit dieser Begründung rechtfertigten viele

Befehlshaber bis in die Nachkriegszeit ihre Durchhalteweisungen.

Bei näherer Betrachtung erweist sich der Rettungsgedanke freilich weitgehend als Schimäre, oft auch als nachträgliche Schutzbehauptung der Verantwortlichen. In Wirklichkeit ordnete die Wehrmacht im letzten Kriegsjahr die Belange der ostdeutschen Zivilbevölkerung ihrer ideologisch begründeten Kriegführung unter. Bei der Nutzung der Transportkapazitäten hatte die Rettung der Flüchtlinge keineswegs die oberste Priorität. Im Vordergrund stand vielmehr, den Abwehrkampf aufrechtzuerhalten. »Die Bevölkerung hat man vielerorts im Stich gelassen«, resümiert der Historiker Heinrich Schwendemann nach der Analyse von Befehlen, Berichten und Transportlisten. »Bei einer anderen Prioritätenfestlegung hätten sowohl die Bevölkerung als auch die Soldaten aus den Kesseln an der Ostsee vollständig abtransportiert werden können.« So waren Millionen dem Schicksal ausgeliefert, vor dem sie vorgeblich bewahrt werden sollten. Das ändert allerdings nichts daran, dass sich die Verteidiger subjektiv durchaus als Beschützer der fliehenden Landsleute empfunden haben konnten. Nur der Initiative nachrangiger Befehlshaber war es zu verdanken, dass immerhin rund eine Million Flüchtlinge über eine Seebrücke in Sicherheit gebracht werden konnten.

Andere Soldaten realisierten zwar ihre offenkundige Unterlegenheit, sie verließen sich jedoch darauf, dass sich das Blatt, wie pausenlos verheißen, noch wenden könne. »Es war für uns durchaus schmerzlich, dass es an allen Fronten rückwärts ging«, bestätigt Klaus Mauelshagen. »Trotzdem machten wir weiter, weil wir uns sagten: ›Jetzt erst recht!‹ Manchmal glaubt man auch an Wunder, und da hilft es einem dann, wenn man von der Entwicklung neuer Waffen hört, und dass neue Divisionen mit diesen Waffen ausgerüstet würden. Das haben wir alles geglaubt, und das hat uns auch geholfen.«

Die Meinungsmacher des Regimes zogen alle Register, um dieses Trug-

Er sagte zu uns: Wir haben jetzt die Aufgabe, dafür zu sorgen, dass so viele deutsche Menschen, Zivilisten und Soldaten wie möglich noch in den Westen flüchten können.

Fredo Pötsch, Stabsoffizier

In der Propaganda hat man den einfachen Soldaten versucht, weiszumachen: Ihr kämpft hier, damit die Bevölkerung vor dem Bolschewismus gerettet wird. Aber in den militärischen Befehlen, auf die es ankam, da stand drin: Militärisches Gerät hatte höhere Priorität als die Flüchtlinge. Da stand nichts drin: Man solle die Front halten, um die Zivilbevölkerung in Sicherheit zu bringen. Die Zivilbevölkerung hat man größtenteils alleingelassen.

Heinrich Schwendemann, Historiker

bild aufrechtzuerhalten. Jeder militärisch noch so unbedeutende Gegenangriff wurde zur kriegsentscheidenden Wende hochstilisiert. Die mit allen verfügbaren Kräften der Wehrmacht gestartete Offensive durch die verschneiten Ardennen Richtung Westen zum Jahresende 1944 wurde allgemein als Hoffnungszeichen gewertet, obgleich der Angriffsschwung schon nach wenigen Tagen wieder ins Stocken geriet. Als dann im März 1945 einem deutschen Truppenverband aus Schörners Heeresgruppe bei Görlitz ein Durchbruch durch die sowjetische Front gelang, eilte sogleich Goebbels persönlich an den Schauplatz des Geschehens. Der Propagandaminister, in Personalunion auch »Bevollmächtigter für den totalen Kriegseinsatz«, bewunderte Generaloberst Schörner ohnehin für dessen draufgängerisches Wesen. »Was er mir im Einzelnen über seine Methoden zur Hebung der Moral vorträgt, ist großartig«, notierte Goebbels am 9. März 1945 in sein Tagebuch. »Er geht mit solchen Figuren [den Deserteuren] ziemlich brutal um, lässt sie am nächsten Baum aufhängen und ihnen ein Schild beigeben.«

Auf dem Marktplatz der kurzzeitig zurückerkämpften niederschlesischen Stadt Lauban inszenierte Goebbels für die Kameras der Wochenschau eine markige Siegesparade, die allerdings ob der Zusammensetzung der tapferen Eroberer leicht gespenstisch anmutete. »Was da an ›kämpfenden Truppen‹ gezeigt wurde«, schildert Fredo Pötsch, der als Ordon-

»Auf dem Marktplatz in Lauban, der völlig zerstört ist, haben Fallschirmjäger, die bei der Operation von Lauban sehr ruhmvoll beteiligt waren, Aufstellung genommen. Schörner spricht zu den Truppen und findet in seiner Rede die rühmendsten Worte für mich und meine Arbeit. Er preist insbesondere meinen ständigen und unermüdlichen Kampf für einen totalen Krieg und wünscht diesen Bestrebungen Glück. Er sagt, dass ich als einer der wenigen Männer das Ohr der Front in vollem Umfange besäße. Ich antwortete darauf mit einem sehr starken Appell an die Moral der Truppe und vor allem an die geschichtlichen Aufgaben, die sie heute zu versehen hat. In der Tat bietet ja auch das Lokalkolorit dazu die besten Voraussetzungen. In diesem Raum gibt es kaum eine Stadt und kaum ein Dorf, in dem Friedrich der Große nicht einen seiner Siege erfochten oder eine seiner Niederlagen erlitten hat.«

Goebbels, Tagebuch, 9. März 1945

nanzoffizier Schörner nach Lauban begleitete, die Szenerie, »waren ältere Männer, die man zum Volkssturm gezwungen hatte, und Kinder oder Jugendliche, denen der Stahlhelm noch drei Nummern zu groß war. Es war kein stolzes Bild, das sich da bot. Wir hatten eher das Gefühl, hier sollte eine Show abgezogen werden.«

Es war der letzte große Propagandaauftritt des kleinen Agitators – zu einer Zeit, als die militärischen Würfel woanders fielen. Einen Tag vor der

»Hier wurde eine Show abgezogen«: Heeresgruppenchef Schörner und Propagandaminister Goebbels in Lauban

Rückeroberung des Städtchens Lauban war den Alliierten im Westen ein wirklich strategischer Coup gelungen: Am 7. März 1945 überquerten amerikanische Soldaten bei Remagen den Rhein. Alle verzweifelten Versuche der deutschen Verteidiger, die Brücke zuvor noch zu sprengen, waren fehlgeschlagen. »Die Brücke ist ihr Gewicht in Gold wert!«, soll General Eisenhower, Oberbefehlshaber der alliierten Streitkräfte, nach dem Überraschungserfolg frohlockt haben. Die größte natürliche Barriere war genommen, der Weg ins Herz des Reiches frei.

Für die Deutschen war Remagen nicht nur eine militärische Katastrophe, sondern auch ein psychologischer Schock. Erstmals seit Napoleon überschritten feindliche Truppen den »Vater Rhein«, die mystische Verkörperung deutschen Nationalstolzes. Wütend schuf Hitler per »Führer«-Erlass kurzerhand eine neue Institution, die den Terror gegen die eigenen Soldaten weiter verschärfte: das fliegende Standgericht. Es handelte auf direkte Weisung des obersten Kriegsherrn, konnte sofort jeden Soldaten anklagen und das Urteil unmittelbar vollstrecken – unabhängig vom Dienstrang. Die ersten Opfer des neuen Gerichts: vier Offiziere in Remagen. Hitler ließ Schuldige finden und sie dann wegen »Feigheit« hinrichten.

Nach dem Remagen-Desaster rückte im Westen ein General immer stärker ins Blickfeld, den Hitler als seinen »besten Feldmarschall« bezeichnete: Walter Model, im April 1944 zum Generalfeldmarschall befördert, seit Mitte August 1944 Oberbefehlshaber der Heeresgruppe B, der noch einzigen intakten und schlagkräftigen Truppenansammlung im Westen. Der Reichswehrsoldat alter Schule berief sich stets auf das preußische Leitbild des loyalen, aber unpolitischen Offiziers. Dem Staat wollte er dienen, unabhängig von den

»Die Brücke ist ihr Gewicht in Gold wert!«: Nach dem Rheinübergang bei Remagen war für die Westalliierten der Weg ins Innere des Reiches frei

großen Linien der Politik, die er bis zu seinem Tod öffentlich nicht zu beurteilen wagte. Dank seiner oft unkonventionellen, aber effizienten Führungsmethoden hatte Model sich schon beim »Russlandfeldzug« den Ruf eines begnadeten Defensivtaktikers erworben. Mit 53 Jahren wurde er zu einem der jüngsten Feldmarschälle der Wehrmacht. Als »Feuerwehrmann« schickte Hitler seinen loyalen Gefolgsmann von einem prekären Frontabschnitt zum nächsten und pries ihn als »Retter der Ostfront«. Der effiziente Helfer im Kampf gegen die Rote Armee sollte nun auch den Untergang im Westen aufhalten.

Dort wurde die Lage immer prekärer. Am 11. März warfen die Alliierten 4662 Tonnen Bomben auf Essen ab, am nächsten Tag 4800 Tonnen auf Dortmund. Nicht nur die Zivilbevölkerung

> Es hieß damals: »Das hat der Model wieder hingemodelt.« So ist es ihm auch mehrfach gelungen, eine ganze Armee oder Front sowohl im Osten als auch später im Westen zum Stehen zu bringen.
>
> Günther Reichhelm, Generalstabsoffizier

> Er war ein Soldat der alten Schule, aber in Kenntnis der modernen Waffen. Er war sicher kein sturer Verfechter einer militärischen Idee, sondern er war immer bereit, in einer besonderen Situation besondere Wege zu finden. Insofern war er modern.
>
> Winrich Behr, Generalstabsoffizier

war zermürbt, auch der Oberkommandierende der Westfront, Albert Kesselring, diagnostizierte bei seinen Truppen »einen gefährlichen Zustand der Erschöpfung«, wie er in seinen Memoiren schrieb. »Viele Offiziere waren Nervenbündel, andere krank, wieder andere unfähig.« Dies lag auch an der schlechten Ausrüstung. Im Februar 1945 bekamen die Truppen im Osten insgesamt etwa 1500 Sturmgeschütze – der Oberbefehlshaber West erhielt ganze 67. Nachschub war nicht in Sicht. Rüstungsminister Speer prognostizierte im März den Zeitpunkt für den endgültigen Zusammenbruch der deutschen Wirtschaft auf »4–8 Wochen«.

Diesen Mangel an Material sollte Models energischer Führungsstil kompensieren. Hitler vertraute dem drahtigen und temperamentvollen Mann, dessen altmodisches Monokel so gar nicht zu seinen unkonventionellen Fähigkeiten passte. Model war dynamisch, impulsiv und rastlos, mit wenig Sinn für die militärische Etikette. Er schimpfte, polterte und drohte. »Uns ist immer unverständlich geblieben«, sagt der spätere Bundeswehrgeneral Peter von der Groeben nach dem Krieg über seinen eigenwilligen Vorgesetzten, »wie es möglich war, dass ein im alten Heer erzogener … Soldat so schlechte Manieren haben konnte.«

Selbst gegenüber seinem »Führer« nahm Model kein Blatt vor den

»Wer kampflos weicht, ist ein Volksverräter«: Generalfeldmarschall Model unterhält sich mit Hitlerjungen, die bei Schanzarbeiten an der Westfront eingesetzt waren

Mund. Vermutlich widersprach keiner seiner Gesprächspartner Hitler so oft und so energisch wie Model. »Dem Mann traue ich zu, dass er es schafft«, sagte Hitler einmal über seinen Generalfeldmarschall. »Aber ich möchte selber nicht unter ihm dienen.« Doch um Politik ging es in all den Streitgesprächen nie. »Model hat sich in der Kritik immer auf seine Armee, später auf seine Heeresgruppe beschränkt. Er hat insofern nicht Hitler kritisiert, sondern nur gekämpft für die Zuführung von neuen Truppen, Waffen oder Benzin«, erinnert sich sein Ordonnanzoffizier Günther Reichhelm. »Aber das tat er mit einer Härte, dass es häufig zu Brüllereien zwischen ihm und Hitler gekommen ist.«

Solche Konflikte belegen keineswegs eine innere Distanz zum Nationalsozialismus. Model hinterfragte Hitlers taktische Vorstellungen, aber nie die Ideologie, die den Krieg erst ermöglicht hatte. In dieser Hinsicht unterschied sich der oft so unkonventionelle Truppenführer nicht von den anderen willfährigen Befehlshabern der Wehrmacht. Loyalität und Ehrgefühl, Erbe eines traditionsreichen Militärverständnisses, brachten Soldaten auf allen Ebenen der Wehrmacht dazu, Unrecht und Maßlosigkeit dieses Krieges weitgehend auszublenden. Schon 1943 hatte der später hingerichtete Widerstandskämpfer Ulrich von Hassel der militärischen Führungsschicht zwar »technisches Können« und »physischen Mut« zugestanden, aber »wenig Zivilcourage« und »keinerlei innere, auf wirklicher Kultur beruhende geistige Selbstständigkeit.«

Paradoxerweise zählte gerade die Generalität, der Hitler nach dem gescheiterten Attentat vom 20. Juli 1944 stark misstraute, zu seinen verlässlichsten Helfern. Als erster Befehlshaber von Rang sandte der in militärischen Fragen oft so widerspenstige General Walter Model seinem dem Tode entronnenen »Führer« ein Ergebenheitstelegramm. Der versuchte Tyrannenmord widersprach grundlegend seiner Vorstellung von bedingungsloser Loyalität gegenüber der politischen Führung. Ein »Verbrecher-Attentat« sei der Anschlag, schrieb Model in einem Privatbrief aufgebracht, und »völlig unverständlich«. In der Endphase passte sich der Feldmarschall auch im Sprachduktus den ideologischen Leitbildern des Regimes zunehmend an. So wetterte er Ende März 1945 darüber, dass »immer noch weite Kreise des deutschen Volkes und damit auch der Truppe vom jüdischen und demokratischen Gift der materialistischen Denkweise verseucht sind«. Zu diesem Zeitpunkt bezeichnete Goebbels ihn in seinem Tagebuch als »fanatischen Anhänger des Führers und einen richtigen Nationalsozialisten«.

Dennoch wurde aus dem altgedienten Haudegen auch in den letzten Monaten kein Parteigänger vom Format eines Ferdinand Schörner. »Er war überhaupt kein Politiker. Er blieb bis zuletzt wirklich nur Militär und überlegte auch nur militärisch«, charakterisiert ihn sein damaliger Stabsoffizier Winrich Behr. »Model hat nicht einmal zu überlegen *gewagt*, ob es nicht vielleicht vernünftiger sei, den Alliierten das Tor aufzumachen und sie durchzulassen, damit sie früher in Berlin seien als die Russen. Das wäre eine politische Frage gewesen, und diese Frage hat er sich nicht gestellt.« Model war Prototyp des gefügigen Technokraten, der sein außergewöhnliches Talent dem Regime unreflektiert zur Verfügung stellte.

»Führer sein heißt glauben. Wer selbst nicht an den Sieg glaubt, kann nicht mit der erforderlichen Härte und Todesverachtung kämpfen. Er ist fehl am Platze. Wer nicht den bedingungslosen Willen zum Sieg hat, ist ein Schwächling und eine Gefahr für die Truppe.«
Tagesbefehl Models vom 29. März 1945

Er war letztendlich ein pflichtbewusster General, der aber nicht ausbrechen konnte.
Günther Reichhelm, Generalstabsoffizier

Oben: »Gefährlicher Zustand der Erschöpfung«: Deutsche Soldaten in den Ruinen einer niederrheinischen Stadt, März 1945
Unten: »Für den Wahn vom Endsieg geopfert«: In den Kämpfen nach der alliierten Luftlandung bei Wesel gefallene deutsche Luftwaffensoldaten, 14. März 1945

Oben: »Wir sahen Tag für Tag, welche Überlegenheit die alliierte Luftwaffe hatte«: Chaotische Zustände nach einem Angriff alliierter Jagdbomber
Unten: »Den Sack zuschnüren«: Amerikanische Truppen marschieren in eine westdeutsche Stadt ein

Und darauf war das marode Reich mehr denn je angewiesen. Die Kampfbedingungen an Rhein und Ruhr entwickelten sich verheerend für die deutsche Armee. Nach einer gewaltigen Luftlandeoperation und der millionenfachen Rheinüberquerung nahmen die Alliierten Models Heeresgruppe B Ende März in die Zange: die 9. US-Armee von Norden her, die 1. US-Armee von Süden. Am 1. April schlossen im ostwestfälischen Lippstadt Soldaten beider Verbände den Ruhrkessel. Mehrmals hatte Model in Berlin nachgesucht, sich zurückziehen und das Ruhrgebiet aufgeben zu dürfen – vergeblich. Jetzt saß er in der Falle: Drei Armeen mit gut 320 000 Mann und 24 Generälen waren eingeschlossen, mehr Soldaten als 1943 in Stalingrad.

In den folgenden Tagen schnürten die Alliierten den »Sack«, wie sie den Kessel bald nannten, immer weiter zu. Model konnte nur noch reagieren. Militärisch sinnvolle Operationen waren kaum noch möglich. »Worin besteht die Strategie des Feindes?«, fragte die Abteilung Feindaufklärung des alliierten Oberkommandos in ihrem Lagebericht. »Die Antwort lautet, dass es im Westen keine gibt.«

Hinzu kam, dass die deutschen Streitkräfte nicht mehr über genügend Ausrüstung und meist nur noch auf dem Papier über vollständige Kampfstärke verfügten. Models Einheiten im Ruhrgebiet, höhnte der britische Feldmarschall Montgomery in einem Befehl siegessicher, bestünden nur noch »aus Kriegsschulen, Badeeinheiten, Taubenschlägen«.

Aus einer dieser »Kriegsschulen« kam Lothar Ester. Gerade erst hatte er eine Schulung für Offiziersanwärter begonnen, da wurde er zum Kampfeinsatz an einer Autobahn bei Beckum beordert. Den Namen Model hatte er zu diesem Zeitpunkt noch nie gehört. Ohne jede Übersicht über die militärische Lage zählte für ihn nur sein erster Einsatzbefehl – zusammen mit anderen Kameraden am Rande der Autobahn etwa anderthalb Meter tiefe »Panzerdeckungslöcher« auszuheben. Die Taktik war so einfach wie lebensgefährlich: In ihrem Versteck sollten die jungen Rekruten so lange warten, bis alle alliierten Panzer an ihnen vorbei- oder über sie hinweggerollt waren, um diese dann gleichzeitig von hinten mit den Panzerfäusten »zu erledigen«.

In der Ferne hörte Ester schon das monotone Motorengeräusch der amerikanischen Sherman-Panzer. Noch nie hatte er erlebt, wie stark dieses Brummen zu einem Dröhnen anschwellen konnte. Dann waren die Ketten der Panzer nur noch drei, vier Meter von seinem Schlupfloch entfernt, deutlich konnte er schon ihre Kanonenrohre erkennen. Die Nervosität der Panzerfaustschützen wuchs. Nur einen Schuss hatten sie, und der musste bei allen zielsicher sitzen, noch bevor die Panzerbesatzungen reagieren konnten. »Es war fürchterlich«, beschreibt Lothar Ester seine Feuertaufe im Rückblick, »dass man die Panzer vorbeifahren sah und wusste, gleich fliegen einige in die Luft.«

Doch in dieser Situation gingen einem der Kameraden offenbar die Nerven durch. Er feuerte seine Waffe ab, noch bevor die Panzer die vorgesehene Stelle erreicht hatten. Jetzt musste auch Ester schießen. »Der Turm des Gefährts flog bei der Explosion weg. Ein fürchterliches Bild, das ich nie vergessen werde.« Die verbliebenen Panzer zögerten nicht lange mit ihrer Reaktion. »Sie fuhren auf eines der Schützenlöcher zu, drehten sich darauf mit ihren Ketten einmal um 360 Grad und hinterließen somit das Grab der Soldaten, die in dem Loch gelegen hatten.« Andere Unterstände wurden mit Flammenwerfern regelrecht ausgeräuchert. Lothar Ester wartete starr vor Angst, was geschehen würde, den Stahlhelm im Nacken, die Nase im Sand. Er überlebte dank des kleinen Zufalls, dass sein Versteck unentdeckt blieb.

> **Nach kurzer Zeit kamen die nächsten Panzer, und die haben nicht mehr gewartet, bis wir sie abschossen, sondern sie kamen mit Flammenwerfern und haben da viele dieser Panzerdeckungslöcher ausgeräuchert. Wir hatten Glück, wir haben nichts mitbekommen in unserem Loch.**
>
> Lothar Ester, Wehrmachtsoldat

Inzwischen begann selbst bei Esters sonst so krisenfestem Heeresgruppenbefehlshaber die Zuversicht zu schwinden, den Kessel noch einmal aufbrechen zu können. Seinem Adjutanten Günther Reichhelm, der zur Entgegennahme eines neuen Einsatzbefehls in Hitlers »Führer«-Bunker beordert wurde, gab Model einen langen Brief mit, den er an seine Frau adressiert hatte. »Ich ahnte, dass Model von seinem Leben Abschied nehmen würde«, sagt Reichhelm heute. »Ich konnte mir nicht vorstellen, dass er in Gefangenschaft gehen würde.«

Dank der ihm befohlenen Mission konnte der junge Ordonnanzoffizier dem Ruhrkessel entrinnen. Nur mit viel Glück überstand Reichhelm seinen Hasardflug durch den vom Gegner beherrschten Luftraum. Er musste notlanden und erreichte Berlin per Auto. Noch abenteuerlicher verlief seine Unterredung im Hauptquartier: »Ich habe Hitler gesagt: ›Die Hee-

Als ich dann mit der Besprechung fertig war und mir ein Stein vom Herzen fiel, dass
er endlich kapiert hat, dass der Krieg im Ruhrkessel zu Ende ist, begann Hitler mit
erhobener Stimme: »Die Heeresgruppe B darf nicht untergehen – sie muss entsetzt
werden, und die Rheinfront muss wieder aufgebaut werden!« Da habe ich gedacht:
Der Kerl ist verrückt geworden. Mit was für Kräften eigentlich?

Günther Reichhelm, Generalstabsoffizier

resgruppe B ist von allen Seiten eingeschlossen. Der Kampfgeist der Soldaten ist gleich null. Die letzte Seele des Widerstands ist Model, der aber
keinerlei Möglichkeiten mehr hat, seinen Truppen Befehle zu geben.
Denn es gibt nichts mehr zu befehlen.‹ Hitler zögerte und antwortete
dann sinnierend: ›Model war mein bester Feldmarschall.‹«

»War«! Während Model nibelungentreu die Stellung im umkämpften
Ruhrkessel hielt, hatte sein oberster Kriegsherr ihn längst abgeschrieben.
Nach einer Pause setzte Hitler zu einem wirren Monolog an. Er forderte
Überraschungsangriffe, sprach von Armeen, die kaum noch existierten,
bestand darauf, dass Models Heeresgruppe durchhalten müsse. Reichhelm
war fassungslos. »Nachdem ich Hitler zuvor mit so bewegten Worten all
das vorgetragen habe, hatte ich den Eindruck, es hat keinen Zweck mehr,
einem solchen Irren zu widersprechen.«

In seinem letzten Quartier, einem Gutshof bei Düsseldorf, vermochte
Hitlers »bester Feldmarschall« sich den weit fortgeschrittenen Wirklich-
keitsverlust seines »Führers« immer noch nicht auszumalen. Andererseits
wollte er ihn keinesfalls enttäuschen. Eingeschlossen im Ruhrkessel, aber
durchdrungen von Loyalität und militärischem Pflichtgefühl, dachte Model nicht ans Aufgeben – wenngleich er damit auch das Leben seiner Soldaten weiterhin unnötig opferte. Selbst in offenkundig aussichtsloser Lage
schlug der Heeresgruppenchef im April zwei Kapitulationsangebote des amerikanischen Generals
Matthew B. Ridgway aus. Der hatte ihm per Brief
eine »ehrenvolle Kapitulation« versprochen und
dabei an seine Vernunft appelliert: »Bedenken Sie
die Zukunft Ihrer Nation, und legen Sie die Waffen nieder. Die deutschen Menschenleben, die

**Die Amerikaner hatten über-
haupt keine Lust, diesen Kessel
mit Verlusten zu erkämpfen. Die
Truppe selber hatte nur den
Gedanken, irgendwie den Krieg
zu beenden.**

Winrich Behr, Generalstabsoffizier

Sie dadurch retten, wird Ihr Land dringend brauchen, um seinen würdigen Platz in der Gesellschaft der Völker wieder einzunehmen.«

Doch Model blieb hart. »Das war es wohl«, notierte Ridgway in seinen Memoiren. »Was in meiner Macht stand, habe ich getan. Von nun an würde das vergossene Blut über Models Haupt kommen.« Anfang April hieß es in einer Analyse der 12. US-Armee: »Wir werden Zeugen der einzigen Alternative zur bedingungslosen Kapitulation – der allmählichen Desintegration und Zerstörung der Wehrmacht.« Von einem Werkzeug, das gegen die Kriegsgegner gerichtet war, begann sich die Wehrmacht in ein Instrument der Selbstvernichtung zu verwandeln.

Lothar Ester war es vergönnt, sein Leben nicht Models unbeugsamer Auffassung von Pflichterfüllung opfern zu müssen. Er hatte das seltene Glück, zusammen mit seinen Kameraden von einem einsichtigen Vorgesetzten mit den Worten »Der Krieg ist für euch zu Ende. Seht zu, dass ihr die Mutter wiederseht, die wartet auf euch!« in ein ungewisses Schicksal entlassen zu werden. Tagelang schlug sich Ester mit seinen Kameraden durch die Wälder des Sauerlands in Richtung Brilon. Kurz vor der Ankunft in ihrem Heimatort wurden die jugendlichen Frontheimkehrer am 6. April 1945 von einer bewaffneten Einheit des »Reichs-arbeitsdienstes« (RAD) überrascht, die der Wehr-macht unterstellt war. »Sie wollten uns klarma-chen, dass wir dem Befehl zuwiderhandelten«, erzählt Ester. »Wenn wir nicht nach Paderborn zurückgingen, würden sie uns erschießen.«

In diesem Moment eskalierte die Situation. Zu-nächst unbemerkt, hatten sich amerikanische Sol-daten über einen Waldweg herangepirscht. Nach einem kurzen Feuergefecht zwischen RAD- und US-Soldaten beeilten sich Ester und seine Kame-raden, die amerikanischen Stellungen zu errei-chen. Doch plötzlich peitschten Schüsse aus dem Gebüsch. Wie sich später erweisen sollte, hatten die Arbeitsdienstführer von hinten auf die eige-nen Landsleute geschossen. Esters Kameraden gingen zu Boden, einer war sofort tot, ein wei-terer schwer verletzt, nur wenige Meter vom ret-

»… Plötzlich kommen aus dem Wald drei RAD-Führer mit Waffen zu uns. Wir werden umstellt. Wir erhalten unheim-liches Feuer, robben zurück, dem Ami genau in die Arme. Nur einer fehlt: Jupp Kreite-mann. Wie wir später erfahren, ist er von einem Feldmeister erschossen worden, weil er sich ergeben wollte.«
Tagebuch von Lothar Ester

Wir haben gekämpft, aber keine Hoffnung mehr gehabt. Jeder hat gehofft, dass er wieder nach Hause kommt, dass ihm nichts mehr passiert, und so haben wir uns auch verhalten. Wir waren keine Kämpfer mehr.
Josef Weyand, Wehrmachtsoldat

Oben: »Seht zu, dass ihr die Mutter wiederseht, die wartet auf euch!«: Zwei deutsche Soldaten machen sich in den letzten Kriegstagen auf eigene Faust auf den Weg nach Hause
Unten: »Die Angst vor dem Moment des Übergangs«: Wehrmachtsoldaten ergeben sich den Alliierten

tenden Gewahrsam entfernt. Lothar Ester selbst überlebte auch diesen Zwischenfall mit viel Glück nahezu unverletzt. Noch heute ringt er nach Erklärungen: »Ich kann mir nur vorstellen, dass es Hass war, der diese Arbeitsdienstleute getrieben hat. Ihr ganzes Leben hatten sie dem System verschrieben, und sie glaubten nach wie vor an den Endsieg. Dadurch waren wir für sie Verräter.« Und damit – in den Augen der Endkampffanatiker – todeswürdig.

Doch bei vielen der »Endkämpfer« kehrte jetzt, im Angesicht der schier unausweichlichen Niederlage, die Vernunft allmählich wieder zurück. »Ursprünglich waren wir eingerückt, um das Vaterland zu verteidigen«, beschreibt Heinz Heidt, Soldat im Ruhrkessel, seine damalige Gefühlslage. »Aber als wir gesehen haben, dass nichts mehr zu verteidigen war, da kam der Selbsterhaltungstrieb wieder hoch. Da war es vorbei mit der soldatischen Ehre und der Fahneneid für uns nicht mehr bindend. Es gab nur noch eines: gesund nach Hause zu kommen und den Krieg zu überleben.«

Abgeschnitten vom Kontakt zu ihrer Führung, begannen manche Einheiten im Ruhrkessel, Munition und Waffen vor dem heranrückenden Feind zu zerstören, andere ließen sich bereitwillig entwaffnen. Die Zahl der Gefangenen stieg in den letzten Kriegsmonaten sprunghaft an, bis April sollten über eine Million Deutsche allein in amerikanischem Gewahrsam sein. Die Deutschen seien »ein geschlagener Haufen«, schrieb US-Leutnant Duplantier in sein Tagebuch, »und bereit, mit der ganzen Sache Schluss zu machen. ... Ein Jammer, dass sie nicht schon längst so gedacht haben.«

Fernab vom Frontgeschehen, im britischen Gefangenenlager Trent Park, dämmerte auch einigen hochrangigen deutschen Offizieren jetzt diese Erkenntnis. »Ich habe es früher immer für falsch gehalten, die Waffen zu strecken«, vertraute Generalleutnant Ferdinand Heim im März 1945 einem Offizierskollegen an. »Es hätte einen schweren Knacks in unserem Volk gegeben, der sich vielleicht zukünftig ganz unheilvoll ausgewirkt hätte. Aber jetzt, jetzt muss Schluss sein, es ist ja einfach Wahnsinn.« »Es ist ja Selbstmord!«, bestätigte Generalleutnant Karl Wilhelm von

> Wir hatten Angst vor der Gefangennahme, vor allem vor dem Moment des Übergangs. Wenn Sie überlaufen, wissen Sie nicht, ob Ihre Kameraden Sie von hinten erschießen oder der Feind von vorne, denn er hätte es für eine Kriegslist halten können.
>
> Franz Schrage, Wehrmachtssoldat

Schlieben, woraufhin Heim ergänzte: »Es ist absoluter Selbstmord eines Millionenvolks, wie ihn die Geschichte überhaupt noch nicht kennt.«

Für andere Mitgefangene kam eine Kapitulation nach wie vor nicht in Frage, obwohl sie ziemlich detailliert über die aussichtslose Kriegslage im Bilde waren. »Wir gehen nicht unter!«, verkündete etwa General Dietrich von Choltitz, nach dem Krieg wegen seiner angeblichen Weigerung, die französische Hauptstadt zu zerstören, als »Retter von Paris« gefeiert, in Trent Park. »Jedes anständige Volk kann einen Krieg verlieren; dann ist es eben dumm geführt, politisch total blödsinnig hingestellt. Aber es kann den Krieg nicht verlieren, wenn es so anständig bis zum Ende kämpft. Das ist doch die große Angst der anderen!« Zustimmung erfuhr er durch Generalleutnant Otto Elfeldt: »Jetzt ist tatsächlich der kriegerische Ruhm des deutschen Soldaten durch keine Niederlage, wie wir sie noch erleiden mögen, mehr zu brechen. Dieses Volk kann nur in Ehren untergehen.« Darauf General Choltitz laut Abhörprotokoll: »In Ehren den Krieg *verlieren. Untergehen* tut es nicht!« Diese Einstellung entsprach durchaus dem Meinungsbild im aktiven Offizierkorps.

Nach dem gescheiterten Attentat und der daraus resultierenden Verfolgungswelle wagte in der Endphase keiner der Befehlshaber mehr, dem Kriegsherrn die Kapitulation vorzuschlagen. Die deutlichsten Vorstöße in dieser Hinsicht hatten im Sommer 1944 die Feldmarschälle Rommel und von Kluge unternommen – vergebens. Zwar meldeten viele Truppenführer die katastrophale Lage in ihren Frontabschnitten an das »Führer«-Hauptquartier, doch nur, um danach wieder ihrem Dienstalltag nachzugehen, geflissentlich realitätsferne Befehle auszuführen und aussichtslose Strategien zu entwickeln. Das Massensterben ihrer Soldaten nahmen sie in Kauf. Das vorzeitige Kriegsende blieb ein Tabuthema. »Hat man keine Reserven mehr, dann hat das Kämpfen bis zum letzten Mann keinen Sinn«, schrieb Ende März 1945 der Chef des Wehrmachtführungsstabs, Alfred Jodl – bezeichnenderweise nur in sein Tagebuch. Anders als noch im Kaiserreich war es der Politik gelungen, die Militärführung vollständig zu dominieren. Hitler hatte seine Generäle zu einer willenlosen und austauschbaren Funktionselite degradiert.

Trotz aller Willfährigkeit, trotz Überwachungsapparats und rigider Befehlsstruktur war das übrige Offizierskorps in der Endphase des Krieges allerdings keineswegs vollständig uniformiert im Sinne des geforderten fanatischen Durchhaltewillens. Weiterhin gab es Befehlshaber in Uniform, die ihren Ehrbegriff mit ihrem Gewissen zu vereinbaren versuchten.

In der thüringischen Kleinstadt Gotha sah sich der Standortälteste mit der strikten Weisung konfrontiert, wie andernorts auch, die Stadt als »festen Platz« um jeden Preis zu halten. Zu seinem Dienstantritt musste der Kampfkommandant Josef Ritter von Gadolla sich per Unterschrift dazu verpflichten, die Stadt »bis zum Tode« zu verteidigen. »Jedes Übergabeangebot ist abzulehnen«, wurde ihm eingeschärft. »Für Sie und Ihre Besatzung gibt es nur Kampf bis zum Äußersten.« Doch der Oberstleutnant, gebürtiger Österreicher und überzeugter Katholik, vermochte es schwerlich mit seinen Überzeugungen in Einklang zu bringen, die Befolgung des Haltebefehls über das Wohl der Stadt und ihrer Bewohner zu stellen. Als amerikanische Truppen am Ruhrkessel vorbei nach Thüringen vorrückten, stand Gadolla vor der bedeutungsschweren Entscheidung: Sollte er den rigorosen Anweisungen Folge leisten oder für die kampflose Übergabe der Stadt sein Leben einsetzen? Zu welchem Zweck, so haderte er, sollte er sich mit gerade einmal rund 5000 Verteidigern der alliierten Streitmacht entgegenstellen? Karl Linz, damals Hauptmann in Gotha, hatte den Eindruck, dass sich Gadolla »in einem innerlichen Konflikt zwischen seinen Pflichten als Soldat, Offizier und Kampfkommandant einerseits und den moralischen Geboten der Menschlichkeit und Vernunft andererseits befand«. Anders als beinahe sämtliche Berufskollegen entschied der Kampfkommandant sich in diesem Zwiespalt am Ende gegen seine Pflicht – und für die Vernunft.

»Machen Sie sich um sich und Ihre Kinder keine Sorgen. Ich werde dafür sorgen, dass Gotha nicht verteidigt wird«, vertraute Gadolla am 2. April 1945 seiner Hauswirtin an. Tatsächlich gelang es dem charakterfesten Truppenkommandeur, den nationalsozialistischen Lokalpolitikern, die bereits ihre Flucht vorbereiteten, eine Absichtserklärung abzuringen,

> Als Österreicher hatte er eine gewisse Aversion gegen alles, was preußisch-deutsch war. Das war wohl historisch bedingt. Als sich sein Fahrer einmal über einen Offizier beschwerte, sagte Gadolla zu ihm: »Na, lass gut sein – das ist ein sturer Preuß'.«
>
> Helga Raschke, Historikerin

»Ich opfere mich für die Stadt«: Oberstleutnant Josef Ritter von Gadolla (sitzend) wollte
die Zerstörung Gothas abwenden

die Stadt den Alliierten kampflos übergeben zu wollen. Nach dem Lagebericht in der Kommandozentrale in Schloss Friedenstein hatte der
Oberstleutnant die militärischen und politischen Funktionäre weitgehend
insofern überzeugt, dass eine Verteidigung der Stadt zu diesem Zeitpunkt
zwecklos wäre. Die Amerikaner standen unmittelbar vor der Stadt, in der
bereits Feindalarm ausgelöst war. Artilleriegeschosse hatten das Landes-
theater in Brand gesetzt. In dieser Situation befahl Gadolla den ihm unterstellten Truppen den Rückzug. Er habe dabei »keinen Zweifel aufkommen« lassen, »dass er sich der persönlichen Folgen seiner Handlungsweise
voll und klar bewusst war«, erinnert sich Karl Linz. »Ich opfere mich für
die Stadt«, soll er mehrmals gesagt haben.

*Gadolla musste sich per Handschlag verpflichten, bis zum letzten Mann und bis
zum letzten Blutstropfen um Gotha zu kämpfen, und dazu wurden natürlich viele
Vorkehrungen getroffen. Es wurden Gräben gezogen, es waren die Sechzehnjähri-
gen einberufen worden. Die Leute aus dem Lazarett, die Verwundeten wurden alar-
miert, wer laufen konnte, musste mitmachen.*

Helga Raschke, Historikerin

Am 3. April gegen 16 Uhr brach der Oberstleutnant zu einem waghalsigen Unterfangen auf. Mit seinem Dienstwagen, der mit einer weißen Parlamentärsflagge bestückt war, versuchte Gadolla sich zu den Amerikanern vor der Stadt durchzuschlagen, um ihnen Übergabeverhandlungen anzubieten. Doch die Fahrt wurde abrupt durch SS-Angehörige unterbrochen, die damit drohten, den überführten Offizier umgehend zu erschießen. Der Kommandant war in der eigenen Stadt nicht mehr Herr des Geschehens. Die weißen Bettlaken, die er an den Häuserfassaden hatte aufhängen lassen, wurden wieder abgerissen. Immerhin gelang es Gadolla mit einer Ausrede, seinen Verfolgern zu entkommen.

Ohne lange zu zögern, unternahm er einen zweiten Versuch, mit dem Feind Kontakt aufzunehmen – mit noch größerem Risiko. Bis er einen neuen Wagen organisieren konnte, war es bereits nach 19 Uhr. Das Scheinwerferlicht drohte ihn zu verraten, gleichzeitig musste er befürchten, dass US-Vorposten in der Dämmerung sein Verhandlungssignal verkennen und auf ihn feuern könnten, zumal in den Vororten bereits gekämpft wurde, denn einzelne Einheiten hatten sich Gadollas Rückzugsbefehl widersetzt. Auch die Alliierten hatten Gotha unter Beschuss genommen. Tiefflieger jagten, von der deutschen Flugabwehr weitgehend unbehelligt, über die Stadt.

Größere Aufmerksamkeit schienen die dafür zuständigen Soldaten indes auf das Geschehen in den Straßen zu richten: Kurz vor seinem Ziel wurde der Wagen der Unterhändler von Angehörigen einer motorisierten Flak-Abteilung angehalten. »Ein Feldwebel riss die Wagentür auf, hielt mir eine Pistole vor die Nase«, erinnert sich Gadollas Fahrer Ernst Rudolph. »Im nächsten Augenblick hatte man mich am Mantel gepackt und aus dem Wagen gezerrt.« – »Wartet nur, ihr Lumpen, ihr Schufte, ihr Landesverräter!«, brüllten die Soldaten die Wageninsassen an. Ungeachtet seines militärischen Dienstgrades nahmen sie Gadolla und seine Begleiter kurzerhand in Gewahrsam und rissen dem Stadtkommandanten die Rangabzeichen von der Uniform. Nur eine telefonische Anweisung vermochte sie gerade noch davon abzubringen, die vermeintlichen »Verräter« eigenmächtig zu erschießen. Ordnung musste sein: Noch in der Nacht wurde Gadolla an die nächstgelegene Wehrmachtkommandantur in Weimar überstellt. Seinem Fahrer war es während eines alliierten Angriffs auf den Transport gelungen zu fliehen.

Den Angeklagten traf vor dem Weimarer Militärgericht die ganze Härte des damaligen Kriegsrechts. Vergeblich berief sich Gadolla auf die Rückendeckung seiner Mission durch die örtliche Zivilverwaltung. Auch sein Appell an die Vernunft verfehlte jede Wirkung: »Ich habe dies alles als Idealist getan, um die Stadt nicht dem Verfall und Tod zu überlassen.« Ungerührt beharrte die Anklage darauf, dass er gegen seine Verpflichtung gehandelt habe, die Stadt »bis zum Äußersten« zu verteidigen. Das Urteil bestätigte dieses Verdikt: »Tod und Verlust der Wehrwürdigkeit.« Nicht nur sein Leben, auch seine Ehre sollte der Befehlsverweigerer verlieren.

Am 5. April 1945 erteilte Pfarrer Leo Schramm dem Katholiken die Sterbesakramente. Wie er von dem Gespräch berichtete, habe Gadolla nach seiner Ansicht »aus echter Gewissensentscheidung« gehandelt, um »Menschen vor unsinnigem Sterben zu bewahren«. Gegen sieben Uhr morgens legten die Soldaten auf den Überzeugungstäter an. »Ich sterbe, damit Gotha leben kann!«, soll der Todeskandidat noch gerufen haben, bevor er unter der Gewehrsalve zusammenbrach.

> Das Gericht hat sich berufen auf diesen Befehl, dass er so die Stadt bis zum Letzten zu verteidigen hatte. Und das hatte er nicht gemacht. Folglich kam er vor das Standgericht und wurde dann am anderen Tag erschossen.
>
> Helga Raschke, Historikerin

Diese Vorstellung jedenfalls sollte sich erfüllen. Anders als viele umkämpfte Städte wurde Gotha von den Alliierten tatsächlich beinahe unversehrt eingenommen. Da Gadolla seine Truppen aus der Stadt zurückgezogen hatte und immer noch weiße Laken an den Fassaden hingen, konnten die US-Verbände bis zum Rathaus vordringen, ohne einen Schuss abzugeben. Kurz vor dem Zeitpunkt, da der Retter von Gotha für seinen Mut mit dem Leben bezahlte, unterzeichneten zwei Stadtvertreter die bedingungslose Kapitulation der Stadt.

Mit seiner konsequenten Gewissensentscheidung blieb Josef Ritter von Gadolla in der Wehrmacht eine seltene Ausnahmeerscheinung. Bis heute ist seine außergewöhnliche Tat allerdings weitgehend ungewürdigt. Mehr als 50 Jahre sollte es dauern, bis das Todesurteil gegen ihn, das selbst nach damaliger Rechtslage unzulässig war, aufgehoben wurde. Gerade weil der mutige Oberstleutnant unter den Befehlshabern der Wehrmacht eine solche Ausnahme darstellte, schien das Andenken an ihn lange Zeit nicht opportun: Allzu deutlich führte seine konsequente Befehlsverweigerung vor Augen, dass es durchaus eine Alternative gegeben hätte zu bedin-

> *»Bei uns ist nach wie vor Hochbetrieb durch den Kampf mit der ausgesprochenen Überlegenheit der Angloamerikaner, besonders in der Luft. Auch dieser Kampf muss aber durchgefochten werden, bis es ihnen hoffentlich klar wird, dass sie uns nicht klein kriegen und vernichten können. … Es gilt nur für alle, keinesfalls zu resignieren, sondern weiter sehr aktiv zu bleiben nach dem Fahnenspruch: Weiter mutig gestritten und lieber tapfer gestorben, als die Freiheit verloren und die Seele verdorben! … Sterben müssen alle, das wissen sie, mögen sie sich auch alle zum innerlich frohen Sterben bereitfinden!. Noch können wir alle gute Hoffnung haben! In diesem Sinne kämpfen wir alle!«*
>
> Brief Models an seine Frau, 24. März 1945

gungsloser Pflichterfüllung ohne Rücksicht auf Verluste, wie sie Hitlers Generäle bis zum Schluss praktizierten.

Auch Generalfeldmarschall Model mühte sich, den Erwartungen übergetreu gerecht zu werden. Nur gelegentlich, wie etwa bei der Umsetzung von Hitlers »Nero-Befehl«, der die vollständige Zerstörung der militärischen und wirtschaftlichen Infrastruktur forderte, wich der Oberbefehlshaber von der vorgegebenen Linie ab. Gegenüber seinen Soldaten indes zeigte er sich unnachgiebig. In einem Befehl vom 29. März predigte Model: »Noch mehr als bisher muss dem Gegner jeder Fußbreit deutschen Bodens bis zum Letzten streitig gemacht werden! Noch mehr als bisher muss jeder Einzelne bis zur Selbstaufopferung kämpfen!« Der früher unpolitische Militärtechnokrat hatte sich die ideologische Phraseologie des NS-Systems scheinbar vollständig angeeignet. Laut seinem Diktum waren inzwischen »glühende Leidenschaft und unerbittliche Härte, Durchdrungenheit von einer Idee und fanatischer Einsatz die kriegsentscheidenden Faktoren«. »Fanatischen Hass gegen all unsere Feinde« verlangte auch der politische Offizier in Models Stab und gab den Soldaten Tipps für die psychologische Kriegführung – in bisweilen unfreiwilliger Komik: »Man kann eine Parole an die Wand malen. Schön säuberlich und gerade mit Kalk oder Farbe. (Kalk findet sich in zerstörten Ortschaften mehr, als man glaubt. Nachsehen.) Man kann aber auch einen Mauerbrocken oder einen Ziegelstein nehmen und damit Buchstaben zeichnen. Es liegt ja genug Schutt herum. Leider.«

Trotz aller Durchhalterhetorik dürfte selbst der Generalfeldmarschall nicht mehr ernsthaft an den viel beschworenen »Endsieg« geglaubt haben. Zu eindeutig waren die Kräfteverhältnisse, bereits im Juni 1944 war die deutsche der alliierten Luftwaffe mit einem gegenüber 20 Flugzeugen hoffnungslos unterlegen. »Wir sahen Tag für Tag, welche Übermacht die alliierte Luftwaffe hatte«, berichtet Models Stabsoffizier Winrich Behr. »Tagsüber konnten wir nicht mehr mit dem Auto fahren. Kein Fernmelder konnte mehr auf einen Mast klettern, ohne abgeschossen zu werden. Es war uns klar, dass die Alliierten mit ihren unglaublichen Reserven in der Lage waren, uns alle wegzupusten. Bis zum Feldmarschall hinauf war jeder überzeugt, dass wir im Westen keinen Blumentopf mehr gewinnen konnten.« Gerade für einen rastlosen Truppenführer wie Model muss es schwer erträglich gewesen sein, tatenlos mit anzusehen, wie seine Feinde einen Erfolg nach dem anderen erzielten. Am 11. April eroberten die Alliierten Essen, Herz des Ruhrgebiets und Sitz der Krupp-Werke. In den folgenden Tagen fielen Duisburg, Mülheim und Dortmund.

Der gewiefte Defensivstratege Model wusste, dass seine letzte Verteidigungsschlacht verloren war. Am 15. April 1945 löste er bei Wuppertal auch formell die Heeresgruppe B auf, sein Amt als Oberbefehlshaber legte er offiziell nieder. Doch sogar im Augenblick der militärischen Niederlage vermochte er sich nicht zu einer Kapitulation durchzuringen. In einer improvisierten Abschiedsrede überließ der Befehlshaber es seinen Soldaten, zwischen drei Alternativen zu wählen: sich auf eigene Faust zu den weiter östlich operierenden Truppen durchzuschlagen, weiterzukämpfen bis zum Tod oder, soweit es seinen Andeutungen zu entnehmen war, Selbstmord zu begehen. Sich den Alliierten zu ergeben gehörte nicht zu den Optionen. Diese Variante war Models Denken fremd – auch für sein eigenes Handeln. »Ein Feldmarschall geht nicht in Gefangenschaft!«, hatte Model seinem Sohn in einem Brief mitgeteilt. Es war die Geisteshaltung, die er nun auch seinen Soldaten nahelegte. Darin wollte er ihnen zum letzten Mal Vorbild sein: »Ich habe eine kampferprobte Flakbatterie ausfindig gemacht«, verkündete er in der Abschiedsrede, »mit prächtigen jungen Soldaten, die

> Das war praktisch die Beendigung der Kampfhandlungen im Bereich der Heeresgruppe B. Praktisch könnte man auch sagen, die Kapitulation. Nur die Kapitulation wird ja dem Feind gegenüber erklärt. Hier war es keine Erklärung dem Feind gegenüber, sondern der eigenen Truppe: »Geht nach Hause, Jungs.«
>
> Winrich Behr, Generalstabsoffizier

mir das Versprechen gegeben haben, mit mir bis zum Letzten zu kämpfen und mit der Waffe in der Hand zu fallen.«

Doch dann vollzog sich doch noch ein Meinungsumschwung. Am 20. April vermittelte der sonst so verschlossene Feldherr den wenigen verbliebenen Begleitoffizieren für einen kurzen Moment eine Ahnung davon, was in ihm vorging. Die Rede, die Chefpropagandist Goebbels seinem »Führer« zu dessen Geburtstag darbrachte, war Auslöser für diese seltene Anwandlung von Selbstoffenbarung. In einem Waldstück bei Duisburg, wo Model mit seinen Getreuen unter freiem Himmel campierte, ertönten die Lobpreisungen des Propagandaministers aus einem alten Feldempfänger – wie Phantasmagorien aus einem fernen Land. »Goebbels stellte in seiner Ansprache die Situation so dar, als ob wir nur noch ein wenig zu warten hätten, dann sei der Krieg gewonnen«, erinnert sich Models Adjutant Winrich Behr. »Ich saß direkt neben Model, als er das hörte. Sein Gesichtsausdruck war deutlich verändert, und er murmelte nur noch: ›Das sind doch Schweinekerle. Und denen habe ich blindlings vertraut, mein ganzes Leben gewidmet, mein ganzes Ehrempfinden!‹« Im Rückblick hat Behr eine Erklärung für den abrupten Sinneswandel seines Chefs: »Solange Model von morgens bis abends zu befehlen hatte, hat er das alles weggewischt, hat gesagt: ›Das ist Politik, du tust ja nur deine Pflicht!‹ Aber nun, da er zum ersten Mal ohne Feldmarschallstab, von Mücken zerstochen, mit nur noch fünf Leuten, ohne ausreichende Verpflegung in einem Waldstück vegetierte, kam ihm doch sehr stark die ganze Absurdität der Situation zu Bewusstsein.«

Für Reue war es nun zu spät. Der entmachtete Feldherr war sich in diesem Moment durchaus im Klaren darüber, dass seine Befehle für den Tod Hunderttausender ihm anvertrauter Soldaten verantwortlich waren – einen sinnlosen Opfergang, wie er nun erkannte. Doch Model dachte keineswegs daran, sich seiner Verantwortung zu stellen: Mit einem Kopfschuss aus seiner Dienstpistole entzog er sich seiner bevorstehenden Gefangennahme. Das entsprach seinem Begriff von soldatischer Ehre. Dem von ihm ganz am Ende verteufelten Regime erwies er damit sogar noch einen letzten Dienst. Konnten die NS-Propagandisten den abtrünnigen Feldmarschall somit doch in den letzten Augenblicken des Krieges noch zum Helden verklären, der buchstäblich bis zur letzten Patrone gekämpft habe.

Wenn einer den Krieg hätte beenden können, wäre es Feldmarschall Model gewesen, aber er war zu preußisch, er war zu wenig politisch ausgerichtet, als dass er diesen Entschluss gefasst hätte. Er hat ihn wohl als Preuße gefasst, indem er sich zum Schluss das Leben genommen hat, weil er sagte: »Ich muss mit meiner Heeresgruppe untergehen.« Aber er hätte natürlich schon vorher an der deutschen Grenze sagen können: »Bis hierher und nicht weiter, ich entlasse meine Soldaten.« Er hätte sich schon am Rhein das Leben nehmen können, das wäre möglich gewesen.

Günther Reichhelm, Generalstabsoffizier

Auch 700 Kilometer weiter im Osten fand der letzte Geburtstag des »Führers«, der in den Jahren zuvor wie ein Staatsfeiertag zelebriert worden war, einen Widerhall. Doch anders als im Ruhrkessel schien im Hauptquartier der Heeresgruppe Mitte die front- und wirklichkeitsferne Lobpreisung des Kriegsherrn keine Ernüchterung zu bewirken – im Gegenteil: Der noch am 5. April 1945 zum Generalfeldmarschall beförderte Heeresgruppenbefehlshaber Schörner veranstaltete aus diesem Anlass einen zackigen Empfang. In einem umfunktionierten Sanatorium bei Königgrätz, heute Hradec Králové, in Böhmen, das ihm als Befehlszentrale diente, ließ Schörner die Angehörigen seines Stabes am 20. April zum Appell antreten. »Da waren aus seinem Mund noch flammende Worte der Verherrlichung Hitlers zu hören«, erinnert sich sein Stabsoffizier Fredo Pötsch. »Sinngemäß verkündete Schörner, dass der ›Führer‹ uns mit einer Aufgabe betraut habe und wir ihn bei der Erfüllung der Aufgabe nicht enttäuschen dürften.«

Einer der Soldaten, die die Folgen jenes proklamierten Kadavergehorsams mit allen Konsequenzen zu spüren bekamen, war Heinz Drossel. Während eines Genesungsurlaubs in seiner Heimatstadt Berlin hatte der Oberstleutnant zwar kurzzeitig mit dem Gedanken gespielt, das Kriegsende in einem Versteck abzuwarten. Doch dann hatten ihn die Umstände und seine Überzeugung dazu gebracht, verfolgten jüdischen Nachbarn in seiner Wohnung Unterschlupf zu gewähren. Die Wehrmachtsuniform war dabei sehr hilfreich, sie beugte misstrauischen

Er hatte an seiner Festigkeit in einer aufrechten Haltung mit einem klaren Wort nichts verloren. So wie er mir das allererste Mal gegenübergetreten ist persönlich, so hat er auch an diesem Tag gesprochen.

Fredo Pötsch, Stabsoffizier

Fragen vor und gab der illegalen Rettungsaktion nach außen einen seriösen Anstrich. Dennoch erschien es dem couragierten Offizier in dieser Situation und angesichts des rigiden Vorgehens gegen Deserteure am sichersten, noch einmal zu seiner Einheit zurückzukehren, die Ende April in der Nähe der mährischen Industriestadt Olmütz, des heutigen Olomouc, kämpfte – in Schörners Befehlsbereich. Zu dieser Zeit waren die Westalliierten bereits bis Leipzig und Magdeburg vorgedrungen, die Rote Armee kämpfte in den Außenbezirken der Reichshauptstadt. Weiter südlich, in Drossels Einsatzgebiet, lag die Front noch hunderte Kilometer von der Reichsgrenze entfernt. Und Heeresgruppenchef Schörner schien fest entschlossen, diese Stellung zu halten. Per Erlass hatte er verboten, Worte wie »Absetzen« auch nur zu erwähnen. Den rasanten Zuwachs der Verwundetenzahlen fasste er als »Versuch zur feigen Flucht« auf.

Zurück an der Front, wurde Heinz Drossel unmittelbar mit der verordneten Durchhaltementalität konfrontiert. Ein SS-Führer befahl ihm noch am 4. Mai, eine Anhöhe gegen die anrückenden Sowjets »bis zur letzten Patrone zu verteidigen«. Doch Drossel konnte sich sehr gut ausmalen, worin der eigentliche Grund für den Kamikazebefehl bestand: »Der SS-Offizier wollte mit Sicherheit nur seinen eigenen Rückzug sichern«, interpretiert er im Rückblick. »Er glaubte wohl, durch unseren Kampfeinsatz genügend Vorsprung vor den Russen zu gewinnen.« Der Befehlsempfänger konnte somit, wie viele Kameraden in dieser Endphase, zwischen Himmelfahrtskommando oder Standgericht wählen. In diesem Dilemma fand er einen Zwischenweg. Er gehorchte zunächst, setzte die Vorgabe dann eher halbherzig um: Mit seiner kleinen Einheit verschanzte er sich auf halber Höhe des Hügels. Doch der SS-Offizier ließ dieses Rettungsmanöver nicht gelten. »Bis ganz nach oben!«, brüllte er aus sicherer Entfernung. »Wir bleiben hier!«, erwiderte Drossel. »Dann lasse ich auf Sie schießen!«, drohte der SS-Offizier. In dieser Zwickmühle sah Drossel nur noch einen Ausweg: Er ließ die Maschinengewehre wenden und auf die SS-Leute in der Talsohle feuern, woraufhin diese überstürzt das Weite suchten.

Doch die Abwehrmaßnahme sollte ein drastisches Nachspiel haben. Nach seinem Rückmarsch zum Ausgangspunkt wurde Drossel sofort festgenommen. Dies hatte der SS-Führer noch vor seiner Flucht den verbliebenen Wehrmachttruppen befohlen. Noch am selben Tag musste der

> *Der SS-Offizier hatte einen Major gefunden und dem den Befehl gegeben, falls wir runterkommen, ein Standgericht über mich aufzumachen. Er fand auch noch sogar einen Oberleutnant und einen Feldwebel – das Gericht trat zusammen. Sie hatten es so schön gemacht, wie es ging. In einem Bauernhaus hatten sie einen Tisch in die Mitte gestellt und ein Tuch davor gehängt. Die Verhandlung selbst dauerte nur kurze Zeit. Ein Landser machte den Gerichtsschreiber. Das Urteil wurde gefällt, und der Major bestand darauf, sofort das Exekutionskommando zusammenstellen zu lassen.*
>
> Heinz Drossel

studierte Jurist, der schon häufig als Verteidiger Standgerichtsverfahren beigewohnt hatte, selbst vor dieses improvisierte Tribunal. Das Verfahren, in aller Eile in einem alten Bauernhaus vollzogen, endete umgehend mit einem Schuldspruch: Wegen Befehlsverweigerung wurde Heinz Drossel am 4. Mai 1945 zum Tode verurteilt. Der Vorsitzende des Gerichts bestand auf sofortiger Vollstreckung des Urteils. Doch der Delinquent hatte Glück. Einer der Richter vertrat die Ansicht, das Urteil sei nur rechtskräftig, wenn es von einem übergeordneten General unterschrieben worden sei. Das Gericht ließ Drossel daher lediglich in einen umfunktionierten Hasenstall einsperren. Diese kurze Galgenfrist genügte für den Delinquenten, angesichts der Auflösungserscheinungen zum Kriegsende dem sicheren Tod zu entrinnen.

Für Heinz Drossel kam es einer Erlösung gleich, sich drei Tage vor Kriegsende tschechoslowakischen Soldaten ergeben zu können. Mehr als ein halbes Jahrhundert nach Kriegsende wurde ihm wegen seines Einsatzes für die bedrängten jüdischen Nachbarn in Berlin eine besondere Auszeichnung zuteil: In der Jerusalemer »Allee der Gerechten« wurde ihm zu Ehren ein Baum gepflanzt – als einem von ganz wenigen früheren Wehrmachtsoldaten.

In der Phase seiner Gefangennahme, eine Woche nach Hitlers Selbstmord, ließ sein Vorgesetzter, Generalfeldmarschall Schörner, der die einzige halbwegs noch intakte Heeresgruppe der Wehrmacht befehligte, keine Lockerung der Einsatzbefehle erkennen. Von Hitler in seinem Testament zum letzten Oberbefehlshaber des Heeres ernannt, wich Schörner

Oben: »Es gab nur noch eines – den Krieg zu überleben«: Britische Soldaten durchsuchen deutsche Kriegsgefangene
Unten: »Ruhmloses Ende«: Nach ihrer Gefangennahme geben Soldaten der Wehrmacht ihre Waffen ab

bis zuletzt nicht von der Haltung ab, die ihm den Spitznamen »eiserner Ferdi« einbrachte. Es war eine mörderische Prinzipientreue. Gerade in der Endphase des Krieges, als es längst nicht mehr um Sieg oder Niederlage ging, sondern allenfalls um die Verlängerung der Galgenfrist für die Gralshüter des Regimes, war der Blutzoll unter den deutschen Soldaten höher als jemals zuvor.

Erst als alles zu spät war, einen Tag nach der deutschen Kapitulation, bewies Durchhaltegeneral Schörner eine erstaunliche Wandlungsfähigkeit: Am 9. Mai 1945 registrierte sein Begleitoffizier Fredo Pötsch mit Erstaunen und Enttäuschung, dass sein Vorgesetzter ihm plötzlich in einem Zivilanzug entgegentrat. Dessen dringlichster Wunsch war es nun offenbar, möglichst schnell ein Fahrzeug zu bekommen, das ihn zum nächstgelegenen Militärflugplatz bringen sollte. Von dort sollte ihn – angeblich laut direkter Weisung aus Berlin – eine Maschine zum »Endkampf« in die ominöse »Alpenfestung« befördern. Doch die wahre Absicht war nur allzu offenkundig: Schörner wollte einer Gefangennahme durch die Rote Armee entgehen und sich selbst zu den Westalliierten durchschlagen, während seine zurückbleibende Heeresgruppe einem ungewissen Schicksal entgegensah. »Ich war sehr enttäuscht«, erzählt auch Jürgen Barnstorf-Brandes, Fahrer in Schörners Stab. »Denn wir wurden im Stich gelassen. Der Krieg war zu Ende. Kein Mensch kümmerte sich mehr um die deutschen Soldaten.« Doch das Kalkül des Westflüchtlings ging nicht auf: Die Amerikaner nahmen den Generalfeldmarschall in den Alpen fest und lieferten ihn umgehend an die Sowjetunion aus. Nach einer Verurteilung zu 25 Jahren Arbeitslager kehrte Schörner 1955 aus sowjetischer Kriegsgefangenschaft über die DDR in die Bundesrepublik zurück.

Als einer von wenigen Wehrmachtgenerälen musste er sich für seine Befehlsführung nachträglich in mehreren Prozessen vor Gericht verantworten. Um sich offensichtlich von dem Nazi-Veteran abzusetzen, erließ die Bundesregierung ein spezielles Gesetz (»Lex Schörner«), das ihn um seine Pensionsansprüche brachte. 1957 wurde Schörner vom Landgericht München für mehrere Todesbefehle zu viereinhalb Jahren Gefängnis ver-

> Dass Schörner mir an diesem Morgen in einem Zivilanzug gegenübertrat, das hat mich etwas geschockt, das war mir unerklärbar. Er forderte mich auf, zum Flugplatz zu fahren. Als wir den Flugplatz erreichten, stand nur ein Flugzeug dort, und es gab ein ganz nüchternes Lebewohl.
>
> Fredo Pötsch, Stabsoffizier

urteilt, doch nach nur zwei Jahren aus gesundheitlichen Gründen aus der Haft entlassen.

Der alte Krieger blieb halsstarrig – kein Wort des Bedauerns, kein Zweifel angesichts der unzähligen Opfer seiner Durchhaltebefehle. »Heute gilt als rechtswidrig, was damals Gebot der Stunde war! Mein Verschulden ist, dass der Krieg verloren ging«, erklärte Schörner unter dem Beifall zahlreicher Kriegsveteranen.

Die Zustimmung, die einer von Hitlers Lieblingsgenerälen für seine ungebrochene Haltung erhielt, ist bezeichnend für die Wahrnehmung der deutschen Armee in der Nachkriegszeit: Im Schatten des Kalten Krieges pflegte die junge Bundesrepublik den Mythos von der »sauberen Wehrmacht«. Selbst Offiziere, die für eindeutig verbrecherische Befehle die Verantwortung trugen, erhielten Pensionen und konnten ungehindert eine neue Karriere in Wirtschaft und Politik in Angriff nehmen. Wenn Verbrechen des Nationalsozialismus zur Rede standen, wurden sie ohnehin übel beleumundeten Organisationen wie der SS zugeschrieben. Die Wehrmacht hingegen wurde zu einem regimefernen Apparat stilisiert, der von Hitler allenfalls für seine Zwecke missbraucht worden sei. Weitergekämpft habe sie 1945 allein in dem Bestreben, die bedrohte Zivilbevölkerung in den deutschen Ostgebieten vor der Roten Armee zu retten. In der neu aufflammenden Konfrontation mit dem Ostblock erwiesen sich solche Legenden als wirkungsvolle Legitimation.

Dabei wurde bereitwillig darüber hinweggesehen, dass die Wehrmacht keineswegs das missbrauchte Instrument eines schier allmächtigen Diktators war, als das sie ihre Apologeten nach dem Krieg gerne hinstellten. In Wirklichkeit war die Armee selbst bis zum Ende der alles entscheidende Machtfaktor. »Wenn die Generalität gesagt hätte: ›Jetzt ist Schluss!‹«, analysiert der Historiker Heinrich Schwendemann, »dann wäre in der Tat Schluss gewesen. Dann hätte Hitler machen können, was er wollte – er hätte allein nichts mehr ausrichten können. Aber die Wehrmacht hat weitergemacht bis zum Ende. Es gab nämlich da schon keine Trennung mehr in Armee und NS-Führung. Die Wehrmacht war genauso verstrickt in die Verbrechen des Regimes und hat diesen Krieg daher auf Gedeih und Verderb weitergeführt.«

Doch damit fügte Hitlers Streitmacht nicht nur den Kriegsgegnern millionenfach Tod, Leid und Elend zu. Am Ende kehrte sich die Strategie auch gegen die eigene Bevölkerung. »Im Grunde lief die ganze Strategie der Wehrmacht auf Selbstvernichtung hinaus«, so Historiker Schwendemann. »Eine Strategie, die zum Erfolg hätte führen können, hatte man schon lange nicht mehr. Aus militärischen und politischen Erwägungen heraus hätte man schon lange Schluss machen müssen. Doch der Krieg ging immer noch weiter in einem sozialdarwinistischen Sinn: Denn der Kampf bis zum Untergang war stets die Leitlinie der NS-Ideologie gewesen: Entweder man besteht als stärkste Rasse, oder man geht unter.«

Diese letzte ideologische Umkehrung aller ursprünglich proklamierten Kriegsziele blieb kein Hirngespinst. Sie zeigte auf umfassende, makabre und bis heute schauerliche Weise Wirkung: Allein in den letzten viereinhalb Kriegsmonaten 1945 starben noch über 1,3 Millionen deutsche Soldaten – das war ein Viertel aller deutschen Verluste im gesamten Krieg. In einer Phase, in der die Wehrmacht operativ schon weitgehend gelähmt war, in der ihre Luftwaffe buchstäblich am Boden lag, in der nahezu jede größere Stadt unter Bombenangriffen zu leiden hatte, in der der oberste Kriegsherr von seinem Berliner Befehlsbunker aus statt mit strategischen Vorgaben nur noch mit wirklichkeitsfernen Beschwörungsformeln agierte, vollführte seine Armee ihren größten eigenen Opfergang. Statt die Waffen zu strecken, schien sie ihre letzten Kräfte gegen sich selbst zu richten.

»Kampf bis zum Untergang« mutierte allzu oft zum »Untergang als Kampfziel«.

Natürlich gab es auf sämtlichen Hierarchiestufen vernünftige Befehlshaber, die mörderische Kampfesvorgaben auf elegante Weise umgingen oder abmilderten; natürlich bemühten sich allerorten vor allem altgediente Frontsoldaten darum, ihre Haut und die ihrer Kameraden in die Friedenszeit hinüberzuretten; natürlich wurde Fanatismus immer wieder mit Vernunft konfrontiert. Dennoch ließ sich die Wehrmacht als Organisation und ihr Offizierskorps weitgehend widerstandslos auch noch in den Dienst der selbstzerstörerischen »Endkampf«-Strategie einspannen. Nachträgliche Rechtfertigungen wie die Rettung der bedrohten Bevölkerung vermögen diese Tatsache nicht überzeugend zu beschönigen.

> **Der Krieg war nicht nur ein normales Mittel der Politik, sondern Kämpfen war ja das Zentrum der Ideologie. Ohne Kampf gibt es kein Dasein. Das wurde den Leuten dauernd vermittelt. Wenn wir nicht kämpfen, dann unterliegen wir dem Vernichtungswillen der Alliierten, dann ist mit Deutschland aus.**
>
> Jürgen Förster, Historiker

»Der preußische Offizier alter Schule«, konstatiert Jürgen Barnstorf-Brandes, Soldat in Schörners Stab, im Rückblick, »das war der Vater seiner Soldaten. Der hat zugesehen, dass er möglichst wenige Verluste hatte. Die Nationalsozialisten haben genau das Gegenteil gemacht und ihre Soldaten teilweise als Kanonenfutter verheizt. Die typischen Durchhaltebefehle wie ›Diese Stadt wird gehalten bis zum letzten Mann!‹ – das war völlig unpreußisch!«

Dabei war es ebenjene viel beschworene Militärtradition, die die große Mehrheit der Soldaten in Hitlers Heer geprägt hatte, auf die sie sich stützten und beriefen. Auf der Grundlage eines beinahe archaisch anmutenden Selbstbildes vom loyalen, unpolitischen Diener in Uniform vollführten sie einen Zerstörungs-, Vernichtungs- und am Ende auch Selbstvernichtungskrieg, der sämtliche Dimensionen kriegerischer Auseinandersetzungen sprengte. Nach Schätzungen kamen in jenen sechs Jahren weltweit mehr als 60 Millionen Menschen ums Leben – eine bis heute unfassbare Zahl. Mit großem Traditionsbewusstsein, soldatischem Rüstzeug und trotziger Befehlstreue ließ die Wehrmacht sich zum wirkungsvollen Instrument in diesem mörderischsten Krieg der Weltgeschichte machen.

Literatur

Allgemein

Das Deutsche Reich und der Zweite Weltkrieg. 10 Bände. Stuttgart 1979 ff.

Förster, Jürgen: Die Wehrmacht im NS-Staat – Eine strukturgeschichtliche Analyse. München 2007.

Müller, Rolf-Dieter/Volkmann, Hans-Erich (Hrsg.): Die Wehrmacht – Mythos und Realität. München 1999.

Neitzel, Sönke: Abgehört – Deutsche Generäle in britischer Kriegsgefangenschaft 1942–1945. Berlin 2005.

Overmans, Rüdiger: Deutsche militärische Verluste im Zweiten Weltkrieg. München 1999.

Smelser, Ronald/Syring, Enrico (Hrsg.): Die Militärelite des Dritten Reiches – 27 biographische Skizzen. Berlin, Frankfurt/Main 1995.

Ueberschär, Gerd. R. (Hrsg.): Hitlers militärische Elite. 2 Bände. Darmstadt 1998.

Wette, Wolfram: Die Wehrmacht – Feindbilder, Vernichtungskrieg, Legenden. Frankfurt/Main 2002.

Zu: Angriff auf Europa

Böhler, Jochen: Auftakt zum Vernichtungskrieg – Die Wehrmacht in Polen 1939. Frankfurt/Main 2006.

Deist, Wilhelm u. a. (Hrsg.): Ursachen und Voraussetzungen der deutschen Kriegspolitik (Band 1: Das Deutsche Reich und der Zweite Weltkrieg). Stuttgart 1979.

Frieser, Karl-Heinz: Blitzkrieg-Legende – Der Westfeldzug 1940. München 2005.

Janssen, Karl-Heinz: »Politische und militärische Zielvorstellungen der Wehrmachtführung«. In: Müller, Rolf-Dieter/Volkmann, Hans-Erich (Hrsg.): Die Wehrmacht – Mythos und Realität. München 1999, S. 75–84.

Maier, Klaus A. (Hrsg.): Die Errichtung der Hegemonie auf dem europäischen Kontinent. (Band 2: Das Deutsche Reich und der Zweite Weltkrieg). Stuttgart 1979 .

Schäfer, Kirstin A.: Werner von Blomberg. Hitlers erster Feldmarschall – Eine Biographie. Paderborn u. a. 2006.

Volkmann, Hans-Erich: »Von Blomberg zu Keitel – Die Wehrmachtführung und die Demontage des Rechtsstaates«. In: Müller, Rolf-Dieter/Volkmann, Hans-Erich (Hrsg.): Die Wehrmacht – Mythos und Realität. München 1999, S. 47–65.

Weinberg, Gerhard L.: »Rollen- und Selbstverständnis des Offizierkorps der Wehrmacht im NS-Staat«. In: Müller, Rolf-Dieter, Volkmann, Hans-Erich (Hrsg.): Die Wehrmacht – Mythos und Realität. München 1999, S. 66–74.

Zu: Wende des Krieges

Beevor, Antony: Stalingrad. München 1999.

Boog, Horst, u. a.: Der Angriff auf die Sowjetunion (Band 4: Das Deutsche Reich und der Zweite Weltkrieg). Stuttgart 1987.

Förster, Jürgen (Hrsg.): Stalingrad – Ereignis, Wirkung, Symbol. München 1992.

Guderian, Heinz: Erinnerungen eines Soldaten. Heidelberg 1951.

Hürter, Johannes: Hitlers Heerführer – Die deutschen Oberbefehlshaber im Krieg gegen die Sowjetunion. München 2006.

Rees, Laurence: Hitlers Krieg im Osten. München 2000.

Warth, Julia: Verräter oder Widerstandskämpfer? – Wehrmachtgeneral Walther von Seydlitz-Kurzbach. München 2006.

Wegner, Bernd: »Defensive ohne Strategie – Die Wehrmacht und das Jahr 1943«. In: Müller, Rolf-Dieter/Volkmann, Hans-Erich (Hrsg.): Die Wehrmacht – Mythos und Realität. München 1999, S. 197–209.

Zu: Verbrechen der Armee

Friedrich, Jörg: Das Gesetz des Krieges – Das deutsche Heer in Russland 1941 bis 1945. Der Prozess gegen das Oberkommando der Wehrmacht. München 1995.

Hartmann, Christian: »Verbrecherischer Krieg – verbrecherische Wehrmacht? Überlegungen zur Struktur des deutschen Ostheeres 1941–1944«. In: Vierteljahreshefte für Zeitgeschichte 52/2004, S. 1–75.

Hartmann, Christian/Hürter, Johannes/Jureit, Ulrike (Hrsg.): Verbrechen der Wehrmacht – Bilanz einer Debatte. München 2005.

Jureit, Ulrike (Hrsg.): Verbrechen der Wehrmacht – Dimensionen des Vernichtungskriegs 1941–1944. Hamburg 2002.

Kunz, Norbert: Die Krim unter deutscher Herrschaft (1941–1944) – Germanisierungsutopie und Besatzungsrealität. Darmstadt 2005.

Lieb, Peter: Konventioneller Krieg oder NS-Weltanschauungskrieg? – Kriegführung und Partisanenbekämpfung in Frankreich 1943/44. München 2007.

Manoschek, Walter: »Beweisaufnahmen: Pančevo, 22. April 1941«. In: Mittelweg 36/1999, S. 38–48.

Richter, Timm C. (Hrsg.): Krieg und Verbrechen – Situation und Intention: Fallbeispiele. München 2006.

Schmider, Klaus: Partisanenkrieg in Jugoslawien 1941–1944. Hamburg, Berlin, Bonn 2002.

Schreiber, Gerhard: Deutsche Kriegsverbrechen in Italien – Täter, Opfer, Strafverfolgung. München 1996.

Streim, Alfred: Die Behandlung sowjetischer Kriegsgefangener im Fall »Barbarossa« – Eine Dokumentation. Heidelberg, Karlsruhe 1981.

Streit, Christian: Keine Kameraden – Die Wehrmacht und die sowjetischen Kriegsgefangenen 1941–1945. Bonn 1997.

Welzer, Harald: Täter. Wie aus ganz normalen Menschen Massenmörder werden. Frankfurt/Main 2005.

Wette, Wolfram/Ueberschär, Gerd R. (Hrsg.): Kriegsverbrechen im 20. Jahrhundert. Darmstadt 2001.

Bröckling, Ulrich/Sikora, Michael: Armeen und ihre Deserteure – Vernachlässigte Kapitel einer Militärgeschichte der Neuzeit. Göttingen 1988.

Drossel, Heinz: Die Zeit der Füchse – Lebenserinnerungen aus dunkler Zeit. Waldkirch 2001.

Fest, Joachim: Staatsstreich – Der lange Weg zum 20. Juli. Berlin 1994.

Haase, Norbert/Paul, Gerhard (Hrsg.): Die anderen Soldaten – Wehrkraftzersetzung und Fahnenflucht im Zweiten Weltkrieg. Frankfurt/Main 1995.

Hoffmann, Peter: »Oberst i.G. Henning von Tresckow und die Staatsstreichpläne im Jahr 1943«. In: Vierteljahreshefte für Zeitgeschichte 55/2007, S. 330–364.

Hürter, Johannes: »Auf dem Weg zur Militäropposition – Tresckow, Gersdorff, der Vernichtungskrieg und der Judenmord. Neue Dokumente über das Verhältnis der Heeresgruppe Mitte zur Einsatzgruppe B im Jahr 1941«. In: Vierteljahreshefte für Zeitgeschichte 52/2004, S. 527–562.

Knopp, Guido: Sie wollten Hitler töten. München 2004.

Meyer, Ahlrich: Die deutsche Besatzung in Frankreich 1940–1944 – Widerstandsbekämpfung und Judenverfolgung. Darmstadt 2000.

Scheurig, Bodo: Henning von Tresckow – Ein Preuße gegen Hitler. Biographie. Berlin 2004.

Stahl, Friedrich-Carl: »General der Infanterie Karl-Heinrich von Stülpnagel«. In: Ueberschär, Gerd. R. (Hrsg.): Hitlers militärische Elite. Band 1. Darmstadt 1998, S. 240–247.

Streit, Christian: »Angehörige des militärischen Widerstands und der Genozid an den Juden im Südabschnitt der Ostfront«. In: Ueberschär, Gerd R. (Hrsg.): NS-Verbrechen und der militärische Widerstand gegen Hitler. Darmstadt 2000, S. 90–106.

Thun-Hohenstein, Romedio Graf von: Die Invasion in der Normandie. Österreichische Militärische Zeitschrift 44/2006, S. 29–38.

Wette, Wolfram (Hrsg.): Retter in Uniform – Handlungsspielräume im Vernichtungskrieg der Wehrmacht. Frankfurt/Main 2002.

Ziemann, Benjamin: »Fluchten aus dem Konsens zum Durchhalten – Ergebnisse, Probleme und Perspektiven der Erforschung soldatischer Verweigerungsformen in der Wehrmacht 1939–1945«. In: Müller, Rolf-Dieter/Volkmann, Hans-Erich (Hrsg.): Die Wehrmacht – Mythos und Realität. München 1999, S. 589–613.

Zur Mühlen, Bengt/Bauer, Frank (Hrsg.): Der 20. Juli 1944 in Paris – Verlauf, Hauptbeteiligte, Augenzeugen. Berlin-Kleinmachnow 1995.

Zu: Kampf bis zum Untergang

Baumann, Guido/Bönnemann, Otto/Meven, Walter: Die Tragödie von Aachen – Dokumentation über die Hinrichtung von Karl Schwartz und Johann Herren am 13. September 1944. Erlangen 2003.

Ehrlich, Egon/Raschke, Helga: Erinnerungen an Josef Ritter von Gadolla. Wien 2003.

Hillmann, Jörg/Zimmermann, John (Hrsg.): Kriegsende 1945 in Deutschland. München 2002.

Halten bis zum letzten Mann – Der Kampf um Ösel. Erinnerungen an die Jahre 1941–1946. Büsum 2004.

Kaltenegger, Roland: Schörner – Feldmarschall der letzten Stunde. Biographie. München/Berlin 1994

Kunz, Andreas: Wehrmacht und Niederlage – Die bewaffnete Macht in der Endphase der nationalsozialistischen Herrschaft 1944 bis 1945. München 2005.

Messerschmidt, Manfred: Die Wehrmachtjustiz 1933–1945. Paderborn u. a. 2005

Müller, Rolf-Dieter/Ueberschär, Gerd R.: 1945 – Das Ende des Krieges. Darmstadt 2005.

Rass, Christoph/Rohrkamp, René/Quadflieg, Peter M.: Gerhard Graf von Schwerin und das Kriegsende in Aachen. Aachen 2007.

Schwendemann, Heinrich: »Strategie der Selbstvernichtung – Die Wehrmachtführung im ›Endkampf‹ um das ›Dritte Reich‹«. In: Müller, Rolf-Dieter/Volkmann, Hans-Erich (Hrsg.): Die Wehrmacht – Mythos und Realität. München 1999, S. 224–244.

Stein, Marcel: Generalfeldmarschall Walter Model – Legende und Wirklichkeit. Bissendorf 2001.

Vetter, Kurt: »Ein Held war ich nicht« Kriegserlebnisse eines Deutschen 1942–1945. Dresden 2004.

Personenregister

Kursive Seitenangaben verweisen auf Abbildungen.

Orts- und Sachregister

Bildnachweis

AKG Images, Berlin: 32 u., 70 u., 134 u., 248, 272, 276

AP, Frankfurt: 321

Bayerische Staatsbibliothek, München/Fotoarchiv Hoffmann: 20, 61 li., 223, 225 u., 295

Bildarchiv Preußischer Kulturbesitz, Berlin: 43, 54 u., 106, 128 u., 134 o., 169 u., 179 o.r., 211, 216, 264, 288 o., 300 u., 301 o., 306 o.

Bundesarchiv, Koblenz: 15 (183-E10458), 22 (183-C13029), 25 li. (146-2005-0163), 30 (102-16108A), 38 (183-S28037), 46 o. (101I-012-0016-09), 46 u. (BA-101I-012-0018-06A), 47 (101I-121-0011-20), 61 r. (101I-769-0229-12A), 65 u. (146-1971-088-63), 75 (101I-769-0229-26), 78 (146-1989-030-27), 82 o. (183-L25085), 82 u. (146-2007-0127), 96 (146-1975-084-05A), 101 (101I-268-0169-09), 112 (101I-289-1091-26), 114 u. (146-1992-055-33), 122 o. (146-1972-042-22), 122 u. (146-1972-042-42), 125 (101I-218-0510-22), 128 o. (146-1971-070-73), 135 u. (183-P0926-309N), 146 o. (101I-020-1268-36), 155 o. (101I-138-1083-26), 155 u. (101I-138-1083-27), 159 (146-2007-0125), 161 r. (146-1997-017-20), 165 (146-2005-0131), 169 o. (101I-007-2477-06), 172 (101I-771-0391-35A), 173 (101I-031-2436-06A), 179 u. (183-B15171), 189 (101I-207-1913-24), 194 o. (101I-166-0525-39), 194 u. (101I-166-0527-03A), 196 (101I-316-1190-23), 207 (183-B12867), 222 (146-1991-015-31A), 240 o. (146-2007-0126), 240 u. (146-2004-0120), 241 (146-1983-077-14A), 252(146-1995-002-9A), 261 (146-1995-077-05), 266 (183-J27809), 277 (146-2005-0136), 298 (183-J28036), 300 o. (183-J28810)

Bundesarchiv-Militärarchiv, Freiburg: 147 u.

Deutsches Historisches Museum, Berlin: 188

Gedenkstätte Deutscher Widerstand, Berlin: 230 u., 249, 255

Keystone Pressedienst, Hamburg: 32 o., 35 (Topham Picture point), 278 (Topfoto)

Museum Berlin-Karlshorst, Berlin: 147 o.

Picture Alliance/dpa, Frankfurt: 289 u., 306 u., 319 o., 319 u.

SV-Bilderdienst, München: 65 o. (rue des Archives), 104 o., 107, 135 o., 137, 178 u., 179 o.li., 219, 228 o., 228 u., 234, 241 o., 270 u., 280 (Scherl)

Ullstein Bilderdienst, Berlin: 25 r., 39 o., 39 u., 42, 60, 70 o., 71, 91, 102, 104 u., 114 o., 117, 142, 146, 162, 178 o., 202, 218, 230 o., 238, 259, 270 o., 288 u., 289 o., 296, 301 u.

USHMM: 54 o.

Private Leihgeber: 140, 161 li., 205, 280 o.
Philipp Freiherr von Boeselager: 225 o., Kurt Wendt: 267, Egon Ehrlich: 310